国家卫生健康委员会"十四五"规划教材

全国高等职业教育专科教材

医用化学

供护理、助产专业用

主　编　孙彦坪　王　丽

副主编　刘亚玲　李炎武

编　者　（以姓氏笔画为序）

丁其春（漳州卫生职业学院）　　　李炎武（广州卫生职业技术学院）

王　丽（重庆医药高等专科学校）　杨国富（大理护理职业学院）

王　玲（安徽卫生健康职业学院）　邹　毅（赣南卫生健康职业学院）

刘亚玲（通化医药健康职业学院）　陈国华（聊城职业技术学院）

孙丽花（郑州卫生健康职业学院）　范　伟（菏泽医学专科学校）

孙彦坪（甘肃中医药大学）　　　　栗　源（包头医学院）

李芳蓉（甘肃中医药大学）

新形态教材

人民卫生出版社

·北京·

图书在版编目（CIP）数据

医用化学 / 孙彦坪，王丽主编. -- 北京 ：人民卫生出版社，2025.6. --（高等职业教育专科护理类专业教材）. -- ISBN 978-7-117-37467-5

Ⅰ. R313

中国国家版本馆 CIP 数据核字第 2025C53X56 号

人卫智网	www.ipmph.com	医学教育、学术、考试、健康，购书智慧智能综合服务平台
人卫官网	www.pmph.com	人卫官方资讯发布平台

医用化学
Yiyong Huaxue

主　　编：孙彦坪　王　丽
出版发行：人民卫生出版社（中继线 010-59780011）
地　　址：北京市朝阳区潘家园南里 19 号
邮　　编：100021
E - mail：pmph @ pmph.com
购书热线：010-59787592　010-59787584　010-65264830
印　　刷：人卫印务（北京）有限公司
经　　销：新华书店
开　　本：850×1168　1/16　印张：13　插页：1
字　　数：367 千字
版　　次：2025 年 6 月第 1 版
印　　次：2025 年 7 月第 1 次印刷
标准书号：ISBN 978-7-117-37467-5
定　　价：49.00 元
打击盗版举报电话：010-59787491　E-mail：WQ @ pmph.com
质量问题联系电话：010-59787234　E-mail：zhiliang @ pmph.com
数字融合服务电话：4001118166　E-mail：zengzhi @ pmph.com

高等职业教育专科护理类专业教材是由原卫生部教材办公室依据原国家教育委员会"面向21世纪高等教育教学内容和课程体系改革"课题研究成果规划并组织全国高等医药院校专家编写的"面向21世纪课程教材"。本套教材是我国高等职业教育专科护理类专业的第一套规划教材,于1999年出版后,分别于2005年、2012年和2017年进行了修订。

随着《国家职业教育改革实施方案》《关于深化现代职业教育体系建设改革的意见》《关于加快医学教育创新发展的指导意见》等文件的实施,我国卫生健康职业教育迈入高质量发展的新阶段。为更好地发挥教材作为新时代护理类专业技术技能人才培养的重要支撑作用,在全国卫生健康职业教育教学指导委员会指导下,经广泛调研启动了第五轮修订工作。

第五轮修订以习近平新时代中国特色社会主义思想为指导,全面落实党的二十大精神,紧紧围绕立德树人根本任务,以打造"培根铸魂、启智增慧"的精品教材为目标,满足服务健康中国和积极应对人口老龄化国家战略对高素质护理类专业技术技能人才的培养需求。本轮修订重点:

1. 强化全流程管理。履行"尺寸教材、国之大者"职责,成立由行业、院校等参与的第五届教材建设评审委员会,在加强顶层设计的同时,积极协同和发挥多方面力量。严格执行人民卫生出版社关于医学教材修订编写的系列管理规定,加强编写人员资质审核,强化编写人员培训和编写全流程管理。

2. 秉承三基五性。本轮修订秉承医学教材编写的优良传统,以专业教学标准等为依据,基于护理类专业学生需要掌握的基本理论、基本知识和基本技能精选素材,体现思想性、科学性、先进性、启发性和适用性,注重理论与实践相结合,适应"三教"改革的需要。各教材传承白求恩精神、红医精神、伟大抗疫精神等,弘扬"敬佑生命、救死扶伤、甘于奉献、大爱无疆"的崇高精神,契合以人的健康为中心的优质护理服务理念,强调团队合作和个性化服务,注重人文关怀。

3. 顺应数字化转型。进入数字时代,国家大力推进教育数字化转型,探索智慧教育。近年来,医学技术飞速发展,包括电子病历、远程监护、智能医疗设备等的普及,护理在技术、理念、模式等方面发生了显著的变化。本轮修订整合优质数字资源,形成更多可听、可视、可练、可互动的数字资源,通过教学课件、思维导图、线上练习等引导学生主动学习和思考,提升护理类专业师生的数字化技能和数字素养。

第五轮教材全部为新形态教材,探索开发了活页式教材《助产综合实训》,供高等职业教育专科护理类专业选用。

孙彦坪

副教授

　　甘肃中医药大学化学教研室主任，长期从事医药卫生类专业医用化学、无机化学、有机化学及分析化学课程理论与实践教学。主持或参与省部级教学科研课题 11 项，主持校级教科研课题 6 项。主编国家级规划教材 3 部，参编国家级规划教材 7 部；在国家级核心期刊上发表论文 10 余篇。多次获评为校级、市级优秀教师。

　　生命运动离不开化学反应，医用化学是医学生学习医学知识的根基。希望同学们通过医用化学，更好地理解生命的奥秘，不断求知，勇于探索，发现新知，用所学的专业技能和爱心为患者拂去病痛与不安，为人民健康保驾护航。

王 丽

副教授

　　重庆医药高等专科学校教务处副处长，重庆市职业教育学会课程资源建设专委会理事，从事学校教学管理工作 15 年。担任国家职业教育食品营养与检测专业教学资源库食品化学与健康课程建设负责人，参与国家职业教育药学专业教学资源库建设。参与编写《无机化学》《医用化学》《化学基础》等教材 8 部。主持市级和校级教研项目 6 项，发表多篇论文。获评为重庆市高校在线课程建设与应用先进典型、学校十佳教育工作者称号。

　　化学与医学之间存在着密不可分的联系，学习化学可以深入理解生命现象的本质，为未来的临床实践奠定坚实的基础。希望同学们在学习过程中不断启迪智慧，激发对生命的敬畏与热爱之情，为护理事业的发展贡献自己的力量。

医用化学是高等职业教育专科护理、助产专业学生必修的一门重要基础课程。旨在传授一定的化学基础知识和基本技能，它不仅有助于学生理解药物的药理、药效及生物过程中的化学变化，而且能够训练学生的临床药物配制技能。树立质量意识、生物安全意识和为患者服务的意识。

本次修订坚持以习近平新时代中国特色社会主义思想为指导，全面落实党的二十大精神进教材的要求，立足新发展阶段卫生健康职业教育高质量发展和推进健康中国建设对护理类专业技术技能人才培养需求，坚持以学生为中心，以能力培养为导向，落实知识、能力、素养并重的理念，以服务专业课和职业岗位需求为宗旨。注重对学生学习兴趣、学习动力及学习习惯等方面的培养，体现信息技术与高等职业教育深度融合，拓展学生学习空间，促进优质教学资源的融合共享。

为确保教材的整体优化，本版教材编写充分调研与参考了各院校教学大纲设计教材内容，构建凸显护理专业特色的化学知识体系，坚持"实用为主，够用为度"的原则。理论知识不追求学科的系统性和完整性，适度降低知识的难度，摒弃与专业联系不紧密的纯化学理论，简化复杂难懂的化学知识。不写繁杂的有机化学反应，如醇与 Lucas 试剂的反应、羰基与氨的衍生物的反应、酰胺与亚硝酸的反应等，突出化学反应现象的应用，淡化反应历程；精简部分化学结构，如胆甾酸、甾体激素、肾上腺素中环的顺反结构等，不写基元反应与复杂反应、速率方程、螯合滴定及化学平衡转化率的计算等内容，突出护理应用；在绪论中添加了有效数字；醇酚醚中加入硫醇等内容。实验指导分为基础知识、基本操作、定性实验、综合性实验4部分。

教材编写中注重素质教育内容的渗入，添加了家国情怀、科学精神、创新精神、文化自信、民族自信、团结协作、厉行节约、绿色环保、哲学思维等人生观价值观素材。

为了便于教与学，结合线上线下混合教学模式的特点，本教材采用了纸质教材和数字教材相结合的模式，大幅度扩充了教材内容，扫二维码可以查阅"教学课件""思维导图""实验视频""练习题"等，推动实现学生在数字化环境的自主学习、个性化学习和协作学习，拓展学生的知识面，提高学生学习兴趣，培养学生终身学习能力。为强化学生技能训练，凸显护理专业特色，我们特制定了"附录一 实验技能考核方案及评分标准"，强化学生在护理实践中常用溶液的配制和稀释的操作技能训练。

本教材共16章，包括无机化学、有机化学及实验指导三部分。实验内容安排了与护理专业及岗位需求紧密联系的8个实验，供兄弟院校根据实际选用。

本教材编写过程中，得到各位编者所在院校及有关专家的大力支持和帮助，在此致以衷心感谢，并对本书所引用文献资料的原作者深表谢意。

由于编者水平有限，加之教材编写时间紧、任务重，本书仍然会存在许多不足之处，敬请同行、专家和广大师生予以批评指正。

孙彦坪　王　丽

2025 年 6 月

目 录

第一章 | 绪 论

ER 1-1 教学课件

ER 1-2 思维导图

学习目标

1. 掌握：化学研究的对象；有效数字的保留、修约及运算规则。
2. 熟悉：化学与医学的关系；医用化学的内容。
3. 了解：医用化学的学习方法；化学在医学护理中的应用。
4. 学会：实验数据的修约和运算方法；科学地认识化学与健康的关系。
5. 具有奉献精神，坚持用双手创造自己的人生价值。具有尊重患者、爱护患者、应用化学知识进行健康指导的能力。

　　化学是一门历史悠久而又充满活力的自然科学，化学理论和方法是研究现代生命科学的基础。化学领域的进步促进了医学的发展。

情景导入

青霉素皮试液的配制

　　青霉素易引起过敏反应，人群中有 5%~6% 对青霉素过敏，而且任何年龄、任何给药途径、任何给药时间、任何剂型和剂量，均可引起过敏。因此，临床应用青霉素前必须做皮肤过敏试验。由于青霉素皮试液极不稳定，常温降解产物易引起过敏，必须临用前配制。

　　青霉素皮试液的标准：每 1ml 药液含青霉素 200~500U。

　　配制方法：以一瓶 80 万 U 青霉素为例。

青霉素	加生理盐水	要求	含量
80 万 U	4ml	溶解	20 万 U/ml
取上液 0.1ml	0.9ml	摇匀	2 万 U/ml
取上液 0.1ml	0.9ml	摇匀	2 000U/ml
取上液 0.1ml	0.9ml	摇匀	200U/ml

请思考：

1. 青霉素皮试液的配制原理是什么？
2. 举例说明化学知识在护理工作中的重要性。

第一节　化学在医学中的地位和作用

一、化学研究的对象

自然界是由物质组成的，物质有 2 种基本形态，即实物（substance）和场（field）。实物具有静止的质量，如分子、原子、电子等。场没有静止质量，如电场、磁场等。化学（chemistry）研究的对象主要是实物，习惯上称为物质。化学是在原子、分子水平上研究物质的组成、结构、性质、变化规律及其应用的一门自然科学。

化学研究的内容非常丰富，是人类认识世界、改造世界和利用物质世界的重要方法和手段。化学的发展经历了实践、认识、再实践、再认识、不断提高的过程，其研究的内容也逐渐丰富。到 19 世纪末，人们相继提出了科学元素论和原子 - 分子论、发现了元素周期律、建立了碳的四面体结构和苯环的六元环结构、确立了原子量和物质成分的分析方法，形成了比较完整的化学理论体系，相继建立了无机化学、有机化学、分析化学、物理化学四大化学基础学科。20 世纪开始，化学在理论、研究方法、实验技术和应用方面都发生了深刻的变化，衍生了许多新的分支，如高分子化学、核化学等。化学与其他学科相互渗透，相互融合，相互交叉，形成了许多边缘和应用学科，如医用化学、生物化学、药物化学等。化学不仅是一门实用性和创造性都很强的中心学科，而且对生命科学、环境保护、能源开发、新材料的合成等世界瞩目的重大课题的研究起到非常重要的作用。

随着科学技术的快速发展，现代医学已经逐渐发展到分子水平。化学治疗学不断取得新进展，人造器官、代血浆在临床中推广使用，放射性核素疗法在临床广泛应用等，使化学与医学的联系更加密切。

知识拓展

屠呦呦与青蒿素

我国科学家屠呦呦因在研制青蒿素等抗疟药方面的卓越贡献，获得了 2015 年诺贝尔生理学或医学奖。这是中国科学家首次获得该奖项。

青蒿素是从我国民间治疗疟疾的中草药——黄花蒿中分离出来的有效单体，分子式为 $C_{15}H_{22}O_5$，是含过氧基团的倍半萜类内酯化合物。是由中国科学家屠呦呦团队与中国其他机构合作率先发现、提取出来的。青蒿素的提取、分离及结构鉴定等应用了化学技术和方法。这一发现为全球疟疾患者带来福音。2004 年 5 月，世界卫生组织正式将以青蒿素为基础的联合疗法列为治疗疟疾的首选方案。英国权威医学刊物《柳叶刀》的统计显示：青蒿素复方药物对恶性疟疾的治愈率达到 97%。世界卫生组织 2021 年《全球疟疾报告》指出：从 2000 年到 2020 年，抗疟工作挽救了全球 1 060 万人生命，疟疾病死率降低了一半。

二、化学与医学

（一）医学的发展离不开化学

化学的研究成果促进了医学的发展。早在 16 世纪，欧洲化学家就致力于化学药物的研制，推动了医学与化学的共同发展。1800 年，英国化学家戴维发现了一氧化二氮的麻醉作用，随着更有效的麻醉药物如乙醚、普鲁卡因的相继发现，在临床实现了外科手术的无痛化。德国化学家霍夫曼于 1897 年通过化学合成生产的阿司匹林（aspirin，乙酰水杨酸），至今已有 100 多年的历史，不仅是世界上应用最广泛的解热、镇痛和抗炎药，而且因在体内的抗凝血作用，还应用于心脑血管疾病的防治。1932 年，德国科学家杜马克发现了一种偶氮磺胺染料可治愈细菌性败血症，在此启发下，化学家先后研制出抗生素、抗病毒药物和抗肿瘤药物数千种，使许多长期危害人们健康和生命的疾病得到有效控制，挽救了无数人的生命。

（二）人体生理和病理现象都离不开化学反应

人体生理和病理现象都有着复杂的化学变化。如呼吸、消化、循环、排泄及各种器官的生理活动，都是以体内化学反应为基础的。人体的基本营养物质糖、脂肪、蛋白质等在体内代谢同样遵循化学变化的基本原理和规律。人体从出生、成长、繁衍到衰老，包括疾病和死亡等所有生命活动，都是化学变化的表现。生物化学（biochemistry）是采用化学原理和方法研究人体的化学组成、结构及其在生命过程中化学变化的科学，在分子水平上揭示生命现象的化学本质。随着人们对大分子 DNA、RNA 和蛋白质的研究，诞生了以基因（gene）为核心的分子生物学（molecular biology），对医学和相关生物科学产生了重大的影响。

（三）诊断和治疗疾病离不开化学原理和方法

1. 诊断疾病离不开化学　各种疾病的机制、诊断、治疗及预防等都离不开化学理论与技术。临床实践证明，许多疾病的发生都与物质代谢紊乱及物质缺乏有关，如糖尿病、动脉粥样硬化、黄疸等由物质代谢紊乱引起；夜盲症、佝偻病等由缺乏某些维生素引起。测定血液中葡萄糖的含量，可用于诊断糖尿病；测定血液中一些酶活性的变化，能判断肝细胞和心肌细胞的损伤等。

2. 预防和治疗疾病离不开化学　医学上预防和治疗疾病需要药物，药物的化学结构、性质决定其作用和疗效。如常用碳酸氢钠、乳酸钠等治疗糖尿病、肾炎等引起的代谢性酸中毒；葡萄糖酸钙、乳酸钙等预防和治疗钙缺乏症；顺式二氯二氨合铂（Ⅳ）是第一代抗恶性肿瘤药物，能抑制癌细胞的生长而达到治疗的目的。

（四）临床护理工作离不开化学知识

1. 化学为护理人员提供认识健康和维护健康的基本知识　护理是一门研究维护、增进、恢复人类身心健康的护理理论知识、技术及其发展规律的综合性应用学科。现代护理人员的工作已不是局限于单纯、被动执行医嘱的护理工作模式，而是更注重服务对象的整体性及预防疾病和促进健康的措施，这就要求护理人员具有一定的疾病诊断、治疗、预防和健康教育的能力。化学能为护理人员提供认识健康和维护健康的基本知识，如指导病人了解疾病的致病因素，规范用药，合理营养，对病人进行必要的身心健康教育等。

2. 护理临床用药需要化学知识　护士在临床用药时不仅要知道给药途径和方法，还要了解药物的理化性质。药物都有药理作用和不良反应，临床用药的剂量、浓度及给药途径直接影响着疗效和毒副作用，不管是口服、肌内注射、静脉注射等，护士给患者给药前一定要了解药物的化学性质、作用机制、药物的浓度，随时观察用药的异常反应并采取必要的处理措施，这些都需要化学知识。

3. 药液的配制和消毒剂的稀释需要化学知识　作为临床输液常用的溶媒生理盐水、葡萄糖溶液等，其浓度分别是 9g/L 和 50g/L，浓度过高、过低都会影响血浆的渗透压，引起严重的后果；乙醇（酒精）能使细菌的蛋白质变性而起到杀菌作用，消毒酒精的浓度是 70%~75%，浓度过高、过低都不能很好地杀灭细菌；消毒剂过氧化氢的浓度在 1%~3% 之间，临床常用于治疗口腔炎、咽炎、齿龈脓肿及清洗伤口等，浓度过高会刺激皮肤及黏膜而使表皮起泡等。在临床护理工作中，经常遇到药液浓度的计算、配制以及消毒剂的稀释等问题，这需要护理人员应用化学操作技能完成药液和消毒剂的配制和使用。

三、医用化学的内容与学习方法

医用化学倡导"自主、探究、合作"的学习方式。为了学好本门课程，特提出如下优化学习效果的方法，供同学们参考。

1. **课前预习**　养成良好的学习习惯,课前扫一扫"教学课件""思维导图",结合线上教学资源做好预习,梳理本章的主要知识体系,把握本章重点、疑难点、考点等,并完成线上预习检测,使课堂学习有的放矢,不断提高自学能力,拓宽知识面,为终生学习打下良好的基础。

2. **主动参与课堂活动**　随着案例教学法(CBL)、项目式教学法(PBL)、翻转课堂、线上线下混合式教学等一系列新的教学方法进入课堂,教学中越来越突显自主学习的重要性,要求学生积极主动参与课堂教学活动,紧跟老师思路,积极思考,产生共鸣。数字融合部分提供的"实验视频、图片、动画及护考考点链接"等,帮助理解重点、化解难点,提高学习效率。

3. **注重练习与复习,学会小结**　每章学完,要及时对所学内容进行归纳小结,及时消化巩固学到的知识。"思考题""练习题"均可引导学生理解和运用所学化学知识解决相关问题,善于利用线上教学平台与教师完成互动,实时监测学习情况,将知识内化于心。不断提高分析问题、解决问题的能力。

4. **处理好理解和记忆的关系**　要学会分析、对比、归纳和迁移等学习方法,在理解的基础上,记忆一些基本概念、基本原理、重点公式,努力做到熟练掌握、灵活运用、融会贯通。

5. **重视实验,培养能力**　实验课是化学课程的重要组成部分,为学生提供直观的感性材料,是理解和掌握课程内容,学习科学实验方法,培养动手能力的重要环节。实验前进行预习,做到清楚实验目的,理解实验原理,明确实验步骤。在实验过程中,做到合理安排实验操作,注重操作的规范性,仔细观察实验现象,准确记录,善于思考,勤于分析。实验结束后,学会正确处理实验数据,分析实验现象和问题,得出结论,及时完成实验报告。

第二节　有效数字

在科学研究和化学实验数据记录中,我们遇到的数字分为两类。一类为不必通过测量即可得到的自然数,这类数字没有准确度问题。如:样品数量测量次数、化学反应的计量关系、各种常数值以及计算中的倍数等。另一类数字称为有效数字,是通过测量得到的测量值或数据计算结果。有效数字的位数与测量仪器的精密度和分析方法的准确度有关,准确地测量、正确地记录和计算实验数据,是获取准确分析结果的关键。我们必须掌握有效数字的规则和要求。

一、有效数字的意义

(一) 有效数字

有效数字(significant figure)是指在分析工作中实际能够测量到的,且具有实际意义的数字。包括测得的所有准确数值和最后一位可疑数值(欠准值)。

有效数字不仅能够表示数值的大小,还可反映测量结果的准确程度,在记录分析结果的位数(即有效数字的位数)时,必须与所用的测量仪器和分析方法的准确程度相适应。

例如,用分度值为 0.1g 的托盘天平称量时,应记录到小数点后第二位,如果某试样的质量为 6.45g,其中 6.4 是准确数字,最后一位"5"是估读值,是可疑数字;用万分之一的分析天平称量某物质的质量时,应记录到小数点后 4 位,如果称得某试样的质量为 1.037 5g,其中"1.037"是准确数字,而末位的"5"是估读值,是可疑数字;又如用 10ml 移液管移取液体样品 2ml,应记为 2.00ml,其中 2.0 是准确数字,最后一位数字"0"是可疑数字。

(二) 有效数字的位数

确定有效数字的位数,应遵从以下规定:

1. 数字中 1~9 均为有效数字,"0"是否是有效数字,视具体情况而定。当"0"位于其他非 0 数字之前,不是有效数字;当"0"位于其他非 0 数字之间或之后,"0"均为有效数字,如果一个数字中没有小数点,例如,2 185m 就无法确定其有效数字位数。

例如，0.001 2g 为 2 位有效数字；20.04ml 为 4 位有效数字；2.150 0g 为 5 位有效数字。

2. 科学计数法中，有效数字的位数只取决于乘号前面数字中有效数字的位数；百分数中有效数字的位数只取决于百分号前数值有效数字的位数。

例如，2.05×10^{-3}、$0.010\ 5 \times 10^{5}$、1.33% 均为三位有效数字。

需要注意的是：在进行单位换算时，有效数字的位数不变。当实验记录所得的数据过大或过小，可改用科学计数法，其有效位数也不能变。

例如，数字 21.03ml，改为用 L 为单位时，记为 0.021 03L，或 2.103×10^{-2}L。

3. pH、pK、lg 等对数值的有效数字位数，取决于其小数点后数字的位数，因其整数部分的数字代表原值的幂次方。

例如，pH=7.45，小数后是 2 位数字，因此有效数字位数是 2 位，而不是 3 位。

4. 凡定义给定的值、国际协议值以及没有误差的数值，其有效数字位数不受限制，如阿伏伽德罗常数、光速、相对原子质量、倍率或分率等。

二、有效数字的记录、修约及运算规则

在实际测量中，由于在测量过程中所使用的各种仪器的精度不完全一样，使测得的数据有效位数可能不同。为了获得正确的分析结果，必须按一定规则进行数据的记录、修约及运算，以得出合理的结论。

(一) 记录

在记录测量数据的有效数字位数时，根据所选用仪器的精度进行记录，记录数据只保留一位可疑数字。

(二) 有效数字修约规则

1. **四舍六入五留双**　即当被修约数字≤4 时，该数字舍去；当被修约的数字≥6 时，则进位；当被修约的数字等于 5 时，若 5 后数字不为 0，则进位，若 5 后无数字或为 0 时，则看 5 前面一位数，为偶数（包括 0），则舍去，为奇数则进位为偶数。

例 1-1　将下列数据修约为四位有效数字：

1.106 4、0.462 76、2.834 51、0.345 65、1.531 5、3.253 50。

解：1.106 4 → 1.106 │ 4 → 1.106

　　0.462 76 → 0.462 7 │ 6 → 0.462 8

　　2.834 51 → 2.834 │ 51 → 2.835

　　0.345 65 → 0.345 6 │ 5 → 0.345 6

　　1.531 5 → 1.531 │ 5 → 1.532

　　3.253 50 → 3.253 │ 50 → 3.254

2. **禁止分次修约**　原始数据的修约应一次修约到位。如将 5.748 6 修约为两位数，不能先修约为 5.749，再修约为 5.75，再修约为 5.8，而应一次修约为 5.7。

(三) 有效数字运算规则

进行有效数字的运算时，要先修约后计算。为使运算结果与数字的准确度保持一致，运算过程遵从以下规则：

1. **加减法**　几个数据相加减时，有效数字位数的保留，应以几个数据中小数点后位数最少的数据为准进行修约，即以数字中精确度最低的数字为准。

例 1-2　计算 0.012 1+25.64−1.057 82 的值。

解：该题应以小数点后位数最少的数据 25.64 为准，将数据均修约后进行计算，结果只保留 2位小数。

$$0.012\ 1 + 25.64 - 1.057\ 82 = 0.01 + 25.64 - 1.06 = 24.59$$

2. 乘除法 几个数据相乘除时，有效数字位数的保留，应以有效数字位数最少的数据为准进行修约，即以数字中相对误差最大的数字为准。

例1-3 计算 $14.28 \times 1.152\ 7 \div 1.05$ 的值。

解：该题应以有效数字位数最少的数据 1.05 为准，将数据均修约后进行计算，结果保留 3 位有效数字。

$$14.28 \times 1.152\ 7 \div 1.05 = 14.3 \times 1.15 \div 1.05 = 15.7$$

3. 对数运算 对数运算有效数字位数应与真数的有效数字位数保持一致。

例1-4 计算 0.010mol/L HCl 溶液的 pH。

解：$pH = -\lg[H^+]$，该题真数 0.010 为 2 位有效位数，结果仍保留 2 位有效数字。

即：$pH = -\lg[H^+] = -\lg 0.010 = 2.00$

（孙彦坪）

思考题

1. 1965 年 9 月 17 日，我国科学家用没有生命的简单有机物合成了具有生命活性的结晶牛胰岛素！这一划时代的贡献向人类庄严宣告：生命并不是"万能的神创造"的，而是化学反应的产物。

（1）这段话对你有何启示？

（2）护理专业为何要学习化学？

2. 2021 年，某市出现新型冠状病毒感染病例，某女士将市售过氧乙酸（浓度约为 40%）未作稀释处理，直接熏蒸用于房间消毒，1h 后出现眼睛、咽喉、胸部剧烈疼痛，入院就诊。

ER1-3

练习题

（1）导致患者眼睛、咽喉、胸部疼痛的原因是什么？

（2）通过查阅资料，说明过氧乙酸环境消毒的适宜浓度。

第二章 | 溶 液

ER 2-1 教学课件　　ER 2-2 思维导图

学习目标

1. 掌握：物质的量浓度；质量浓度；质量分数；体积分数；渗透压、渗透浓度。
2. 熟悉：分散系分类；渗透现象；渗透压与溶液浓度、温度的关系；胶体的性质；表面活性剂的结构及在溶液中的状态。
3. 了解：溶液配制和稀释、渗透压、乳化作用在护理工作中的应用。
4. 学会：浓度之间的换算；溶液的配制和稀释方法。
5. 具备运用渗透原理等相关知识对患者进行健康指导，树立良好的职业素养和职业道德。

　　将一种或几种物质分散在另一种物质中所形成的体系称为分散系（dispersed system）。被分散的物质称为分散相（dispersed phase），也称为分散质，容纳分散相的连续介质称为分散介质（dispersed medium），也称为分散剂。根据分散相粒子直径的不同将分散系分为 3 类：分散相粒子直径小于 1nm 的分散系称为分子或离子分散系；分散相粒子直径在 1~100nm 之间的分散系称为胶体分散系（colloidal dispersion）；分散相粒子直径大于 100nm 的称为粗分散系。胶体分散系又按分散相粒子的组成不同分为溶胶（sol）和高分子溶液（polymer solution）。在人体的生命过程中，机体组织和细胞所需要的各种物质，如无机盐、糖类、蛋白质、核酸等大多以分子或离子分散系、胶体分散系及粗分散系的形式存在，这些物质被不同的组织膜隔开，既独立地发挥着各自的生理功能，又彼此相互平衡，构成统一的有机体，从而维持正常的生命活动。

　　溶液是由溶质和溶剂组成的分散系，与生命过程有着密切的关系，离开溶液就没有生命。

情景导入

临床生化检验指标的组成量度表示方法

　　某患者，66 岁，近期参加了健康体检，体检报告中部分实验室检查指标结果如下：

　　血糖 7.33mmol/L（3.90~6.11mmol/L），甘油三酯 2.99mmol/L（0.5~1.7mmol/L），球蛋白 30.1g/L（20~40g/L），白蛋白 45.5g/L（40~55g/L）。

　　请思考：

1. 溶液的组成量度有几种表示方法？
2. 医学上常用的浓度单位有哪些？

第一节　溶液的组成量度

　　溶液的组成量度是指一定量溶剂或溶液中所含溶质的量。溶液的性质常常与溶液中溶质和溶剂的相对含量有关,如给患者输液或用药时,必须规定药液的量度和用量,溶液的渗透压大小与溶液的组成量度有关。因此,溶液的组成量度是溶液的一个重要特征。

一、溶液的组成量度的表示方法

(一) 物质的量浓度

物质的量浓度是溶液组成最常见的表示方法。物质的量浓度(amount of substance concentration)简称浓度,用符号 c_B 表示,也可写成 $c(B)$。其定义为溶质 B 的物质的量 (n_B) 与溶液的体积 (V) 之比,即

$$c_B = \frac{n_B}{V} \tag{2-1}$$

$$c_B = \frac{m_B}{M_B V} \tag{2-2}$$

医学上常用单位有 mol/L、mmol/L 及 μmol/L。在使用物质的量浓度时,也必须指明物质的基本单元。如 $c_{HCl} = 0.1$ mol/L。

例 2-1 正常人 100ml 血液中含葡萄糖 100mg,试计算其葡萄糖的物质的量浓度。

解:已知 $M(C_6H_{12}O_6) = 180$ g/mol。根据式(2-2)可得:

$$c(C_6H_{12}O_6) = \frac{m(C_6H_{12}O_6)}{M(C_6H_{12}O_6)V} = \frac{100\text{mg}}{180\text{g/mol} \times 0.10\text{L}} = 5.6\text{mmol/L}$$

(二) 质量浓度

质量浓度(mass concentration)用符号 ρ_B 表示,定义为溶质 B 的质量 (m_B) 除以溶液的体积 (V),即

$$\rho_B = \frac{m_B}{V} \tag{2-3}$$

医学常用单位为 g/L 或 mg/L。世界卫生组织建议:在医学上表示物质的浓度时,凡是相对分子质量已知的物质,在体液内的含量都用物质的量浓度表示。例如正常人体血液中的葡萄糖含量值,表示为 $c(C_6H_{12}O_6) = 3.9\sim6.1$ mmol/L。质量浓度常用于溶质为固体配制的溶液,例如对于静脉注射用的葡萄糖溶液可以直接写为"葡萄糖溶液 50g/L"或"50g/L 的葡萄糖溶液",以前的标签为5%,现在绝大多数情况下,标签上应同时标明质量浓度和物质的量浓度,即标明 50g/L 的 $C_6H_{12}O_6$ 和 0.28mol/L 的 $C_6H_{12}O_6$。

注意:质量浓度 ρ_B 与密度 ρ 是不同的。密度 ρ 是溶液的质量与溶液的体积之比,单位多用 kg/L;而质量浓度 ρ_B 是溶质的质量与溶液的体积之比。

例 2-2 100ml 生理盐水中含 0.90g NaCl,计算该溶液的质量浓度。

解:根据式(2-3)得:

$$\rho(NaCl) = \frac{m(NaCl)}{V} = \frac{0.90\text{g}}{0.10\text{L}} = 9.0\text{g/L}$$

(三) 质量分数

质量分数(mass fraction)指溶质 B 的质量 (m_B) 与溶液的质量 (m) 之比,符号为 ω_B,单位是 1,即

$$\omega_B = \frac{m_B}{m} \tag{2-4}$$

m_B 和 m 的单位必须相同,可以用小数或百分数表示,例如市售浓硫酸的质量分数为 $\omega(H_2SO_4) = 0.98$ 或 $\omega(H_2SO_4) = 98\%$。

例 2-3 1L 浓盐酸 $(\rho = 1.18$ kg/L) 中含 HCl 425g,计算该溶液的质量分数。

解:根据式(2-4)得:

$$\omega(\text{HCl}) = \frac{m(\text{HCl})}{m} = \frac{425\text{g}}{1.18\text{kg/L} \times 1\text{L}} = 36\%$$

（四）体积分数

体积分数（volume fraction）指相同温度和相同压力时，溶质 B 的体积（V_B）除以溶液的体积（V），符号为 φ_B，单位是 1，即

$$\varphi_B = \frac{V_B}{V} \tag{2-5}$$

体积分数常用于表示溶质为液体的溶液。如消毒用酒精溶液的体积分数为 $\varphi_B = 0.75$ 或 $\varphi_B = 75\%$。

例2-4 100ml 消毒酒精中含纯乙醇 75ml，计算该消毒酒精的体积分数。

解：根据式（2-5）得：

$$\varphi(\text{C}_2\text{H}_5\text{OH}) = \frac{V(\text{C}_2\text{H}_5\text{OH})}{V} = \frac{75\text{ml}}{100\text{ml}} = 0.75$$

二、溶液的组成量度的换算

同一种溶液的组成量度有多种表示方法，其浓度之间可以推导换算。

（一）物质的量浓度 c_B 与质量浓度 ρ_B 之间的换算

根据物质的量浓度和质量浓度的定义，由公式（2-2）和（2-3）可推导出它们之间的换算关系：

$$c_B = \frac{\rho_B}{M_B} \ \text{或} \ \rho_B = c_B \cdot M_B \tag{2-6}$$

例2-5 静脉注射生理盐水的物质的量浓度是 0.154mol/L，试计算该溶液的质量浓度是多少？

解：已知 $M_{\text{NaCl}} = 58.5\text{g/mol}$，根据式（2-6）得：

$$\rho_{\text{NaCl}} = c_{\text{NaCl}} \cdot M_{\text{NaCl}} = 0.154\text{mol/L} \times 58.5\text{g/mol} = 9.0\text{g/L}$$

（二）物质的量浓度 c_B 与质量分数 ω_B 之间的换算关系

根据物质的量浓度和质量分数的定义，由公式（2-2）、（2-4）及密度 $\rho = \dfrac{m}{V}$，可推导出它们之间的换算关系为：

$$c_B = \frac{\omega_B \cdot \rho}{M_B} \ \text{或} \ \omega_B = \frac{c_B M_B}{\rho} \tag{2-7}$$

例2-6 实验室常用密度为 1.84kg/L，质量分数为 0.98 的浓硫酸，计算该硫酸溶液的物质的量浓度。

解：已知 $\rho = 1.84\text{kg/L} = 1\,840\text{g/L}$，根据公式（2-7）得：

$$c(\text{H}_2\text{SO}_4) = \frac{\omega(\text{H}_2\text{SO}_4) \cdot \rho}{M(\text{H}_2\text{SO}_4)} = \frac{0.98 \times 1\,840\text{g/L}}{98\text{g/mol}} = 18.4\text{mol/L}$$

三、溶液配制和稀释的护理应用

（一）溶液配制

配制溶液时，首先要明确所配制溶液的体积、组成量度的表示方法、溶质的物态（固态或液态）和纯度等，通过计算得出所需溶质的质量，按计算量进行称取或量取，置于适当的容器中，加溶剂溶解到一定的体积，混匀即可。溶液配制常常分为两种情况：

1. 固体试剂配制溶液 如果溶质是固体，常用物质的量浓度和质量浓度表示其浓度，溶液配制步骤分为 6 步：

以配制 500ml 9g/L 的 NaCl 溶液为例：

（1）**计算**：计算溶质的质量：

$$m_{NaCl} = \rho_{NaCl} \cdot V_{NaCl} = 9g/L \times 0.5L = 4.5g$$

（2）**称量**：用电子天平称取纯净的 NaCl 4.5g 置于小烧杯中。

（3）**溶解**：倒入适量的蒸馏水搅拌至溶解。

（4）**定量转移**：将溶液转移到 500ml 的容量瓶中，并用少量蒸馏水冲洗小烧杯和玻璃棒 2~3 次，一并转入容量瓶。

（5）**定容摇匀**：继续向容量瓶中加蒸馏水到距刻度线 1~2cm 时，改用胶头滴管滴加至溶液的凹液面最低处与刻度线相切，并摇匀。

（6）**装瓶贴签**：将配好的溶液转移到试剂瓶中，贴好标签，标签要注明试剂名称、浓度和配制日期，保存备用。

2. 液体试剂配制溶液 如果溶质是液体，常用体积分数、物质的量浓度表示溶液的量度，其配制过程实质为溶液的稀释，其配制步骤与固体试剂配制溶液相似，只是其液体溶质用量筒或吸量管量取。

ER 2-3

生理盐水的
配制过程

（二）溶液稀释

在护理工作中，常用的溶液其浓度都很低，而市售的液体试剂一般是浓溶液。因此，护士常常需要将浓溶液稀释至所需浓度后临床使用。

溶液的稀释是指在浓溶液中加入溶剂，使溶液的浓度降低的过程。其特点是稀释前后溶液的体积和浓度发生了改变，溶质的量不变。即：

$$c_{B_1} \cdot V_1 = c_{B_2} \cdot V_2 \tag{2-8}$$

$$\varphi_{B_1} \cdot V_1 = \varphi_{B_2} \cdot V_2 \tag{2-9}$$

$$\rho_{B_1} \cdot V_1 = \rho_{B_2} \cdot V_2 \tag{2-10}$$

例 2-7 现有体积分数为 95% 的乙醇，若需 500ml 体积分数为 75% 的消毒酒精，应如何配制？

解：根据稀释公式（2-9），$\varphi_1 V_1 = \varphi_2 V_2$ 得

$$95\% \times V_1 = 75\% \times 500ml$$

$$V_1 = 394.7ml$$

ER 2-4

消毒酒精的
配制过程

配制方法：用 500ml 的量筒，量取体积分数为 95% 的乙醇 395ml，加蒸馏水稀释至 500ml，即可制得体积分数约为 75% 的消毒酒精。

例 2-8 临床上需（1/6）mol/L 乳酸钠（$NaC_3H_5O_3$）溶液 600ml，如用 112g/L 乳酸钠针剂（20ml/支）配制，需要几支？

解：已知 $M(NaC_3H_5O_3) = 112g/mol$，$\rho(NaC_3H_5O_3) = 112g/L$，根据式（2-6）：

$$c(NaC_3H_5O_3) = \frac{\rho(NaC_3H_5O_3)}{M(NaC_3H_5O_3)} = \frac{112g/L}{112g/mol} = 1mol/L$$

根据式（2-8）
$$c_{B_1} \cdot V_1 = c_{B_2} \cdot V_2$$

$$1/6mol/L \times 600ml = 1mol/L \times V_2$$

$$V_2 = 100ml$$

所以需要 112g/L 乳酸钠针剂（20ml/支）5 支。

知识拓展

50g/L 葡萄糖注射液的配制方法

取 50g 注射用葡萄糖加入盛有 80ml 注射用水的烧杯中，搅拌使之溶解，用盐酸调节 pH

至 3.8~4.0，同时加入 1g 活性炭混匀，煮沸约 20min，趁热过滤脱炭，将滤液加注射用水至 1 000ml。测量 pH 及葡萄糖含量合格后灌装封口，热压灭菌即可。

50g/L 葡萄糖注射液是临床常用的能量补充剂，可用于补充体液和能量、纠正低血糖、补充热量、药物稀释剂等。

第二节 溶液的渗透压

渗透现象广泛存在于生命体中，它在动植物的生活与生命过程中起着重要作用。如人在淡水、海水中游泳时，眼睛的感觉不一样；海水鱼和淡水鱼不能交换生活环境；植物对水分和养料的吸收等都离不开渗透压的作用。

一、渗透现象和渗透压

（一）渗透现象

向一杯清水中缓慢加入一定量的蔗糖溶液，一段时间后，整杯水都会变甜，最后形成浓度均匀的蔗糖溶液，这种现象说明分子在不停地运动和迁移，从而产生了扩散。当两种浓度不同的溶液接触，都会发生扩散现象。

半透膜（semipermeable membrane）是一类具有选择性的多孔性薄膜，它只允许某些物质（如水分子）自由通过，而另外一些物质（如蔗糖分子）很难通过。常见的半透膜有细胞膜、毛细血管壁、动物的膀胱膜及人造羊皮纸、火棉胶等。其种类繁多，通透性也各不相同。

若将蔗糖溶液与纯水分别装入用半透膜隔开的容器两侧，并使其液面处于同一水平（图 2-1A）。过一段时间后，可以看到蔗糖一侧的液面不断升高，说明水分子不断地通过半透膜转移到蔗糖溶液中。这种溶剂分子自动通过半透膜由纯溶剂进入溶液（或由稀溶液进入浓溶液）的扩散现象，称为渗透现象，简称渗透（osmosis）（图 2-1B）。

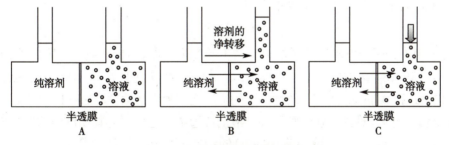

图 2-1　渗透现象和渗透压示意图

产生渗透现象的原因是溶质分子不能通过半透膜，而溶剂分子可以从两个相反的方向透过半透膜。因半透膜两侧溶液浓度不相等，单位时间内，从纯溶剂（或稀溶液）通过半透膜进入溶液（或浓溶液）的溶剂分子数目多，产生了渗透现象。由于渗透作用，溶液的液面缓缓上升，随即产生静水压。随着液面的上升，静水压也随之增大，导致溶液中溶剂分子进入纯溶剂的速率增大，当液面上升到一定高度时，静水压达到一定值时，溶剂分子向两个方向渗透的速率趋于相等，渗透作用达到动态平衡，液面停止上升。

渗透方向总是溶剂分子由纯溶剂向溶液或由稀溶液向浓溶液渗透。产生渗透现象必须具备两个条件：一是有半透膜存在；二是半透膜两侧溶液存在浓度（渗透浓度）差。

（二）渗透压

欲使膜两侧液面的高度相等并维持渗透平衡，保持水分子扩散速率不变，则需在液面上施加一额外压力才能实现（图 2-1C）。这种施加于溶液液面上恰好能阻止渗透现象继续发生而达到动态平衡的压力称为渗透压（osmotic pressure）。若用半透膜隔开的是两种不同浓度的溶液，为阻止渗透现象发生，应在浓溶液液面上施加一额外压力，这一压力是两溶液渗透压之差。渗透压用符号Π表示，单位是 Pa 或 kPa。

如果选用一种高强度耐高压的半透膜把纯水和溶液隔开，在液面上方施加的外压大于渗透压，则溶液中会有更多的溶剂分子通过半透膜进入纯溶剂一侧，这种使渗透作用逆向进行的操作称为反渗透（reverse osmosis）。此技术在海水净化、废水处理、医药上制备注射用水和医学上的"透析治疗"等均有广泛应用。

ER 2-5

溶液的渗透压

二、渗透压与溶液浓度、温度的关系

1886 年，荷兰化学家范特霍夫（Van't Hoff）根据实验数据提出：难挥发非电解质稀溶液的渗透压与溶液的物质的量浓度及绝对温度成正比，这个规律称为渗透压定律或范特霍夫定律。其数学表达式为：

$$\Pi = c_B RT \tag{2-11}$$

式中，Π 为溶液的渗透压，单位是 kPa；c_B 为非电解质稀溶液的物质的量浓度，单位为 mol/L；R 为摩尔气体常数，大小为 8.314kPa·L/(mol·K)；T 为绝对温度（T/K＝273.15＋t/℃），单位为 K。

范特霍夫定律表明：在一定温度下，难挥发非电解质稀溶液的渗透压只与溶液的物质的量浓度成正比，即单位体积溶液中溶质的粒子数（分子或离子）成正比，与粒子的本性（如种类、大小、分子或离子等）无关。

溶液中起渗透作用的粒子总浓度称为渗透浓度（osmotic concentration），渗透浓度越大，其渗透压也越大。在相同温度下，要比较溶液的渗透压大小，只需比较它们的渗透浓度即可。例如 0.2mol/L 葡萄糖溶液和 0.2mol/L 蔗糖溶液，都是难挥发非电解质，其分子在溶液中不发生解离，1 个分子就是 1 个粒子，其渗透浓度等于物质的量浓度，两溶液的渗透压相等。

对于难挥发强电解质稀溶液，由于电解质在溶液中能发生解离，单位体积溶液中所含溶质的颗粒数要比相同浓度非电解质溶液成倍增多，渗透浓度也会成倍增大。因此，在计算其渗透压时，必须在范特霍夫公式应中引进一个校正因子 i，即：

$$\Pi = ic_B RT \tag{2-12}$$

式中，i 近似为 1 分子强电解质分子解离后产生的离子总数。AB 型强电解质（如 NaCl、$ZnSO_4$ 等）的 i 近似为 2；A_2B 和 AB_2 型强电解质（如：Na_2SO_4、$CaCl_2$ 等）的 i 近似为 3。例如 0.1mol/L 的 NaCl 溶液中有 0.1mol/L 的 Na^+ 和 0.1mol/L 的 Cl^-，两种离子的浓度之和为渗透浓度 0.2mol/L，其渗透压为 0.10mol/L 葡萄糖溶液的 2 倍。可见，难挥发强电解质稀溶液的渗透浓度近似于其物质的量浓度的 i 倍。

例 2-9　37℃时，临床用葡萄糖溶液（50g/L）的渗透浓度和渗透压为多大？

解：已知 $M(C_6H_{12}O_6)=180g/mol$，根据式（2-6）得：

$$c_{C_6H_{12}O_6} = \frac{\rho_{C_6H_{12}O_6}}{M_{C_6H_{12}O_6}} = \frac{50\,g/L}{180\,g/mol} = 0.278\,mol/L$$

葡萄糖是非电解质，其溶液的渗透浓度等于物质的量浓度，即是 0.278mol/L。

根据式（2-12），葡萄糖溶液的渗透压：

$$\Pi = ic_B RT = 1 \times 0.278mol/L \times 8.314kPa·L/(mol·K) \times (273.15+37)K = 716.8kPa$$

三、医学上的渗透浓度

（一）渗透浓度

溶液中所有能产生渗透效应的溶质粒子（分子、离子）称为渗透活性物质。人体体液（如血浆、细胞内液等)中的非电解质分子(如葡萄糖、尿素等)和电解质解离产生的离子(如 Na^+、K^+、Ca^{2+} 等)都是渗透活性物质(表2-1)。

在医学上将渗透活性物质的总浓度称为渗透浓度,符号为 c_{os},单位为 mol/L 或 mmol/L,由于体液中渗透活性物质的物质的量相对较小,渗透浓度单位常用"mmol/L"。

例2-10 计算临床用生理盐水(9g/L)的渗透浓度是多大?

解:已知 $M_{NaCl}=58.5g/mol$,根据式(2-6)得:

表2-1 正常人血浆中各种渗透活性物质的渗透浓度

渗透活性物质	血浆中浓度/(mmol·L⁻¹)	渗透活性物质	血浆中浓度/(mmol·L⁻¹)
Na^+	144	SO_4^{2-}	0.5
K^+	5	氨基酸	2
Ca^{2+}	2.5	肌酸	0.2
Mg^{2+}	1.5	乳酸盐	1.2
Cl^-	107	葡萄糖	5.6
HCO_3^-	27	蛋白质	1.2
HPO_4^{2-}、$H_2PO_4^-$	2	尿素	4
c_{os}		303.7mmol/L	

$$c_{os}(NaCl) = 2 \times c_{NaCl} = 2 \times \frac{\rho_{NaCl}}{M_{NaCl}} = 2 \times \frac{9\,g/L}{58.5\,g/mol} = 308\,mmol/L$$

因此,生理盐水的渗透浓度为308mmol/L。

根据渗透压定律,在一定温度下,对任一稀溶液,其渗透压与稀溶液的渗透浓度成正比。由于正常人体的温度变化不大,医学上常用渗透浓度表示溶液的渗透压大小。

(二)等渗、低渗和高渗溶液

在相同温度下,渗透压相等的溶液称为等渗溶液(isotonic solution)。渗透压不相等的溶液,渗透压高的称为高渗溶液(hypertonic solution),渗透压低的称为低渗溶液(hypotonic solution)。例如 0.10mol/L 的葡萄糖溶液与 0.10mol/L 的蔗糖溶液互为等渗溶液,而 0.10mol/L 的葡萄糖溶液与 0.10mol/L 的 NaCl 溶液中前者是低渗溶液,后者是高渗溶液。

医学上的等渗、低渗或高渗溶液是以人体血浆总渗透压作为判断标准的。由表2-1可知,正常人血浆的渗透浓度为303.7mmol/L。因此,医学上规定:凡渗透浓度在 280~320mmol/L(相当于渗透压为 720~800kPa)范围内或接近该范围的溶液为等渗溶液;渗透浓度低于 280mmol/L 的溶液称为低渗溶液;渗透浓度高于 320mmol/L 的溶液称为高渗溶液。

四、渗透压的护理应用

(一)等渗输入法是临床护理大量输液的基本原则

在临床护理中,为患者大量静脉输液时应使用等渗溶液,不能因输液而影响血浆的渗透压,否则会使体液内水和电解质发生紊乱,引起红细胞变形和破裂。下面以红细胞在不同浓度 NaCl 溶液中的形态变化(在显微镜下观察)为例说明:

1. 将红细胞置于低渗溶液(3.0g/L 的 NaCl 溶液)中,显微镜下观察到红细胞逐渐胀大最后破裂,释放出血红蛋白使溶液染成红色,这种现象医学上称为细胞溶血现象(图 2-2A)。原因是细胞内溶液的渗透压高于细胞外液的渗透压,这时细胞外液的水向细胞内渗透。

 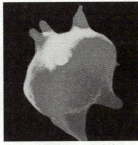 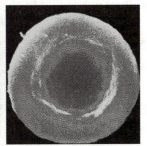

A. 3g/L NaCl溶液中　　　　B. 15g/L NaCl溶液中　　　　C. 9g/L NaCl溶液中

图2-2 红细胞在不同浓度 NaCl 溶液中的形态变化

2. 将红细胞置于高渗溶液（15.0g/L 的 NaCl 溶液）中，显微镜下观察到红细胞逐渐皱缩，皱缩的红细胞互相聚结成团（图 2-2B）。如果发生在血管内，将产生"栓塞"现象。原因是红细胞内液的渗透压力低于细胞外液的渗透压，红细胞内的水向外渗透。

电镜下红细胞在不同浓度 NaCl 溶液中的形态变化

3. 将红细胞置于生理盐水中，显微镜下观察到红细胞既不膨胀，也不皱缩，细胞形态基本不变（图 2-2C）。原因是生理盐水与红细胞内液的渗透压力相等，细胞内外液处于渗透平衡状态。

溶血现象和"栓塞"现象的形成在临床上都可能会造成严重的后果。在临床治疗中，为患者大量输液时应输等渗溶液（临床上常用的等渗溶液见表 2-2），使细胞保持正常的生理功能。为了治疗的需要，临床上有时也使用高渗溶液。例如治疗低血糖的 500g/L 葡萄糖溶液，治疗脑水肿的 200g/L 甘露醇溶液、250g/L 山梨醇溶液和 100g/L 甘油葡萄糖溶液等，但必须严格控制用量和滴注速度，用量要少，滴注速度要慢，使进入血液的高渗溶液被大量流动的血液稀释成等渗溶液，才能避免造成局部高渗导致机体内水分调节失衡及红细胞的变形和破坏等不良后果。

表 2-2 临床上常用的等渗溶液

注射液	物质的量浓度 / （mol·L⁻¹）	质量浓度 / （g·L⁻¹）	渗透浓度 / （mmol·L⁻¹）
生理盐水	0.154	9	308
葡萄糖	0.278	50	278
碳酸氢钠	0.149	12.5	298
乳酸钠	1/6	18.7	333

（二）等渗溶液是临床护理中清创或换药的基础

给患者清创或换药时，通常选用与组织间液等渗的生理盐水，若用纯水或高渗盐水则会引起疼痛；配制的眼药水必须与房水的渗透压相同，否则会刺激眼睛而疼痛。

（三）晶体渗透压和胶体渗透压

1. 晶体渗透压和胶体渗透压 人体血浆中既有大量的无机盐离子（主要是 Na⁺、Cl⁻、HCO₃⁻ 等）和小分子物质（主要是葡萄糖、尿素等），又有高分子物质（主要是清蛋白、其次是球蛋白等）。医学上通常把血浆中的无机盐离子和小分子物质称为晶体物质，其产生的渗透压称为晶体渗透压（crystalloid osmotic pressure）；把血浆中的高分子物质称为胶体物质，其产生的渗透压称为胶体渗透压（colloid osmotic pressure），血浆渗透压为两类渗透压的总和，两者所起的作用是不同的，晶体渗透压对调节细胞内、外水盐相对平衡以及维持细胞的正常形态和功能起着非常重要的作用；胶体渗透压对调节血浆和组织间液水盐相对平衡及维持血容量起着重要作用。

晶体渗透压和胶体渗透压的作用

2. 静脉输液常用溶液及作用

（1）晶体溶液及作用

葡萄糖溶液：常用 50g/L 葡萄糖溶液和 100g/L 葡萄糖溶液，其作用是供给水分和能量。

等渗电解质溶液：常用 9g/L 氯化钠溶液、50g/L 葡萄糖氯化钠溶液、复方氯化钠溶液，其作用是供给水分和电解质。

碱性溶液：常用 50g/L 的碳酸氢钠溶液、112g/L 的乳酸钠溶液等。其作用是纠正酸中毒，调节酸碱平衡。用前加入 50g/L 葡萄糖溶液稀释成等渗溶液，再静脉滴注。

（2）胶体溶液及作用

右旋糖酐：常用有 2 种溶液。中分子右旋糖酐用于提高血浆胶体渗透压，扩充血容量；低分子右旋糖酐用于降低血液黏稠度，改善微循环。

代血浆：常用羟乙基淀粉、氧化聚明胶和聚维酮等。其作用能增加血浆渗透压及循环血量，在急性大出血时与全血共用。

浓缩清蛋白注射液：提高血浆渗透压，补充蛋白质，减轻组织水肿。

水解蛋白注射液：补充蛋白质，纠正低蛋白血症，促进组织修复。

血液透析

肾是人体的主要排泄器官，它能将体内代谢产物如尿酸、尿素和肌酐等及对机体有害的毒物和药物排出体外，以调节体液渗透平衡和酸碱平衡。肾病患者由于肾功能障碍，血液中大量代谢废物不能排出体外，致其在血液中的浓度不断升高，严重时出现由于肾衰竭引起的尿毒症而危及生命。

血液透析是利用渗透原理净化血液的一种方式，将患者的血液和渗析液同时连续不断地引入透析器内，两者同时在透析膜两侧逆向流动，根据膜平衡渗透原理，借助膜两侧的溶质梯度、渗透梯度和静水压差，通过扩散、对流、吸附等充分进行交换，使血液中的代谢物（如尿酸、尿素等）进入透析液中，同时透析液中的营养物质和治疗药物进入血液，清除病人血液中的代谢废物、毒素和多余的电解质；通过超滤和渗透清除体内多余的水分，而蛋白质、红细胞则不能通过透析膜而留在血液中，同时调节透析液成分，补充病人所需物质，从而达到"人工肾"的目的。

第三节　胶体溶液

胶体溶液与医学有着密切的关系。蛋白质、核酸和糖原等胶体物质是构成人体组织和细胞的基本物质；血液、细胞质和淋巴液等体液都属于胶体溶液。胶体分散系主要包括溶胶、高分子溶液。

一、溶胶

溶胶（sol）是难溶性固体分散在介质中所形成的胶体分散系。其分散相与分散介质之间有明显的界面，是热力学不稳定分散体系。溶胶具有多相性、高分散性和聚集不稳定性三大基本特征，在光学、动力学和电学等方面都表现出一些特殊性质。

（一）溶胶的基本性质

1. 溶胶的光学性质　将真溶液、溶胶置于暗室中，用一束聚焦的可见光源自侧面射入，在与光束垂直的方向上观察，真溶液是透明的，而溶胶中有一束光亮的通路（图 2-3），这种现象称为丁铎尔现象（Tyndall phenomenon），也称乳光现象。

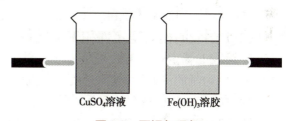

图 2-3　丁铎尔现象

丁铎尔现象是胶粒对入射光散射而形成的。真溶液、大分子溶液对光的散射非常微弱，肉眼无法观察到乳光，因此可用丁铎尔现象来区别溶胶与真溶液或悬浊液和大分子溶液。临床护理中，注射用的针剂在灯光（强光）照射下应无乳光现象，否则为不合格，此检查法称为灯检。

2. 溶胶的动力学性质

（1）布朗运动：将一束强光透过溶胶，在光的垂直方向上用超显微镜可观察到胶粒在介质中不停地作无规则的运动，称为布朗运动（Brownian motion）。布朗运动是分散介质分子从各个方向无规则地撞击分散相颗粒而引起粒子所受合力方向不断改变，产生的无序运动状态。运动着的胶粒可以使得其不下沉，因而是胶粒的一个稳定因素，即溶胶具有动力学稳定性。

（2）扩散：扩散现象是由布朗运动引起的，胶粒可以自动地从浓度大的区域迁移到浓度小的区域。扩散作用在生物体内的物质运输或分子跨细胞膜运动中起着

ER 2-8

丁铎尔现象

ER 2-9

布朗运动轨迹

重要作用。利用胶粒扩散又不能透过半透膜的性质，可除去溶胶中的小分子杂质，使其净化，此法称为透析或渗析。临床上利用透析原理，人工合成高分子（如聚甲基丙烯酸甲酯）膜作半透膜制成人工肾，帮助肾病患者清除体内有害物质和代谢废物，净化血液，称为"血透"疗法。

（3）**沉降**：在重力作用下，胶粒受重力的作用逐渐下沉的现象称为沉降（sedimentation）。在溶胶中，胶粒一方面受重力的作用而下沉，另一方面由于扩散作用又使胶粒向上，当两者速率相等时，达成沉降平衡。此时容器中的胶粒将按一定的浓度梯度分布，越靠近底部，单位体积溶胶中分散相粒子数目越多，这种状况与大气层中气体的分布相似。利用此分布规律，可以测定溶胶或生物大分子的相对分子质量；也可以纯化蛋白质、分离病毒等。

3. 溶胶的电学性质

（1）**电泳**：在 U 形管中注入有色溶胶，例如红棕色的 $Fe(OH)_3$ 溶胶，并在管两端插入惰性电极，接通电源后，可以观察到阴极附近的溶液颜色逐渐变深，表明胶粒在电场作用下向阴极移动（图 2-4）。说明 $Fe(OH)_3$ 胶粒带正电，此类溶胶称为正溶胶，大多数金属氢氧化物溶胶属于正溶胶。若胶粒带负电，此类溶胶称为负溶胶，大多数金属硫化物、硅胶等溶胶属于负溶胶。这种在外电场作用下，胶体粒子在分散介质中定向移动的现象称为电泳（electrophoresis）。电泳技术在临床检验中常用来分离血浆中带电荷的蛋白质或同工酶，并测定不同组分的含量，为诊断相关疾病提供依据。

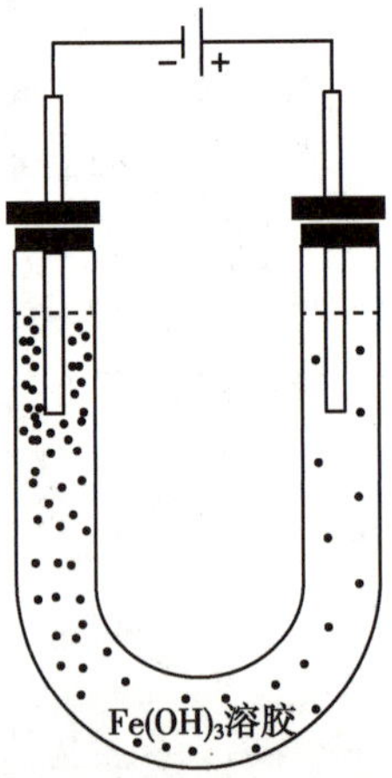

图 2-4 电泳示意图

（2）**胶粒带电的原因**：胶粒带电的原因有 2 种。①吸附作用：胶粒选择性地吸附带电粒子而使胶粒带电。胶粒中的胶核是原子、离子或分子的聚集体，与介质之间有很大的界面，总是选择性地吸附分散体系中与其组成结构相同（或相似）的离子而带上相应的电荷。如 AgI 溶胶在含过量 $AgNO_3$ 的溶液中，优先吸附 Ag^+，使胶粒带正电；而在含过量 KI 的溶液中，优先吸附 I^-，使胶粒带负电。②解离作用：有些胶粒表面的基团能解离而使胶粒带电。如硅酸溶胶（简称硅胶）是许多硅酸分子聚合而成，其带电原因是硅胶表面的硅酸分子发生解离，H^+ 扩散进入介质，残留的 $HSiO_3^-$ 和 SiO_3^{2-} 使胶粒表面带上负电，故硅胶是负溶胶。高分子化合物溶液也有类似的情况，如血浆中蛋白质带电的原因，是蛋白质分子上的活性基团发生了电离而带电。

（二）溶胶的相对稳定性和聚沉现象

1. 溶胶的稳定性

溶胶是热力学不稳定体系，但实际上，很多纯化的溶胶可以长时间稳定存在，具有动力学的稳定性，这种能够在相对较长时间内稳定存在的性质称为溶胶的相对稳定性。除胶粒的布朗运动起到部分稳定作用外，主要有以下两种原因：

（1）**胶粒带电**：同种胶粒带同种电荷，互相排斥彼此不易聚集。胶粒带电越多，斥力越大，溶胶越稳定。

（2）**胶粒表面水化膜的保护作用**：由于胶核吸附的离子溶剂化能力很强，在胶粒周围形成一层水化膜，阻止胶粒互相聚集而保持相对稳定。水化膜越厚，胶粒越稳定。

2. 溶胶的聚沉

溶胶的稳定性是相对的、有条件的。只要减弱或消除溶胶稳定的因素，就能使胶粒聚集成较大的颗粒而沉降。这种使胶粒聚集成较大的颗粒而从分散介质中沉淀析出的现象称为聚沉（coagulation）。使溶胶聚沉的主要方法有：

（1）**加入电解质**：溶胶对电解质十分敏感，加入少量的电解质就能中和胶粒的电荷，从而破坏水化膜，粒子就会聚集变大而迅速沉降。例如在 $Fe(OH)_3$ 溶胶中，加入少量 $(NH_4)_2SO_4$ 溶液，就会看到 $Fe(OH)_3$ 沉淀析出。电解质对溶胶的聚沉能力，主要取决于与胶粒带相反电荷的离子（即反离子）的电荷数，反离子的电荷数越高，聚沉能力越强。

（2）**加入带相反电荷的溶胶**：两种带相反电荷的溶胶混合后，互相中和电荷，致使溶胶发生聚沉。明矾净水就是溶胶相互聚沉的实际应用，水中的胶状悬浮物一般带负电，明矾水解生成

Al(OH)$_3$正溶胶,两者相互聚沉,达到消除污物、净化水的目的。

（3）**加热**：加热能使许多溶胶发生聚沉,因为加热增加了胶粒运动速度和碰撞机会,削弱了胶粒的吸附作用和溶剂化能力,从而导致胶粒聚沉。例如将 As$_2$S$_3$ 溶胶加热至沸,就会析出黄色的硫化砷沉淀。

二、高分子溶液

高分子化合物是指相对分子质量在 10^4 以上的大分子化合物。如蛋白质、核酸、糖原、淀粉、纤维素以及塑料、橡胶等。其结构多含有很长的碳链,每个链节中的单键都能绕相邻的单键作内旋转,使得高分子化合物碳链表现出柔韧性,容易弯曲甚至可以卷曲成线团状。高分子化合物的柔韧性越大其弹性就越好。

高分子溶液是高分子化合物溶解在适当的溶剂中所形成的均相体系,分散相和分散介质间没有界面存在。根据分散质粒子大小,高分子溶液属于胶体分散系的范围,具有胶体的某些性质;而分散质粒子是单个的高分子或离子,又具有溶液的性质。因此高分子溶液有不同于溶胶的特性。

（一）高分子溶液的特性

1. 稳定性　高分子化合物在溶液中的溶剂化能力很强。在无菌、溶剂不蒸发的情况下,高分子溶液可长期放置而不沉淀。它的稳定性与真溶液相似。其原因是分子中含有许多亲水基团,如—OH、—COOH、—NH$_2$ 等,这些基团有很强的亲水能力,高分子表面能通过氢键与水形成一层很厚的水化膜,因而它比溶胶稳定,这也是高分子溶液稳定的主要原因。要使高分子化合物从溶液中析出,必须加入大量的电解质来破坏水化膜。这种加入大量电解质,使高分子化合物从溶液中沉淀析出的过程称为盐析(salting out)。利用这一性质可分离蛋白质,例如在血清中分别加入浓度为 2.0mol/L、3.5mol/L 的(NH$_4$)$_2$SO$_4$(称为盐析剂),可使血清中球蛋白、清蛋白分步沉淀而分离。

2. 黏度大　因为高分子化合物有线状或分枝状结构,在溶液中能牵引介质使得其运动困难。影响高分子黏度的因素有浓度、压力、温度和时间等。

（二）高分子溶液对溶胶的保护作用

在溶胶中加入一定量的高分子溶液,能显著地提高溶胶对电解质的稳定性,这种现象称为高分子溶液对溶胶的保护作用。例如在含有明胶的硝酸银溶液中加入适量的氯化钠溶液,则生成的氯化银不易出现沉淀,而易形成氯化银溶胶。

高分子溶液对溶胶的保护作用,是因为高分子化合物都是链状且能卷曲的线形分子,很容易被吸附在胶粒的表面,将整个胶粒包裹起来,形成一个保护层。又由于高分子化合物有很强的水化能力,在高分子化合物外面又形成了一层水化膜,阻止了胶粒的聚集,从而增强了溶胶的稳定性。

高分子溶液对溶胶的保护作用在人体的生理过程中有着重要的意义。血液中的碳酸钙、磷酸钙等微溶的无机盐类,均以溶胶形式存在,尽管它们的溶解度比在水中提高了近五倍,但仍能稳定存在而不聚沉,原因就是血液中的蛋白质溶液对这些微溶盐起到了保护作用。但当某些肝、肾等疾病使血液中的蛋白质减少时,蛋白质分子对它们的保护作用就会减弱,微溶盐就有可能沉积在胆囊、肾等器官中,形成各种结石。

医用胃肠道造影的硫酸钡合剂是阿拉伯胶保护的硫酸钡溶胶;当患者口服后,BaSO$_4$ 胶浆能均匀地黏附在胃肠道壁上形成薄膜,从而有利于造影检查。

ER 2-10

高分子溶液对溶胶的保护作用

第四节　表面活性剂与乳状液

把两相接触的分界面称为界面,有气 - 液、气 - 固、液 - 液、固 - 液等类型,若其中一相为气相,习惯上称为表面(surface)。物质在界面上所发生的物理和化学现象称为表面现象。物质的许多表面现象都与其表面积有关，溶胶是高分散体系，表面积大，表面现象尤为显著。溶胶所具有的吸附作用、胶粒带电及不稳定性都与表面现象有关。

一、表面活性剂

（一）表面张力

任何两相的界面分子与其内部分子所处的状态不同，能量也不同。以气 - 液界面（表面）为例（图 2-5）。

液体内部的分子 A 受到各个方向的引力是平衡的，合力为零。因此液体内部分子可自由移动而不做功；而靠近表面的分子 B 受力不均，下方密集的液体分子对它的吸引力远大于上方稀疏气体分子对它的吸引力，所受合力不为零，方向指向液体内部并与液面垂直。这种合力试图将表层的分子拉入液体内部，力图缩小表面积。在恒温恒压下，沿着液体表面作用于单位长度表面上的这种作用力称为表面张力（surface tension），以 γ（N/m）表示。

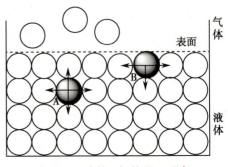

图 2-5　液体 - 气体界面现象

表面张力是物质的特性，是分子间相互作用的结果，其大小与温度和界面两项物质的性质有关。不同的物质，表面张力不同。分子间作用力越大，表面张力也越大。

（二）吸附

通常自发降低表面张力有两种途径：一是降低表面积。如荷叶上的水珠常呈球形，小水滴能自发合并成大水滴；二是通过吸附作用来降低表面张力。吸附是指固体或液体表面吸引其他物质的分子、原子或离子聚集在其表面的过程。具有吸附作用的物质称为吸附剂，被吸附的物质称为吸附质。

固体表面吸附作用在医药中有广泛的应用，如利用活性炭、硅胶、活性氧化铝和分子筛等除掉中草药中的植物色素等；药用活性炭经口服可吸附肠道中的气体、毒素及细菌。

溶液表面对溶质也可产生吸附作用，加入溶质可改变溶液中分子间作用力，使其表面张力发生变化。若溶液表面吸附的溶质能降低溶剂的表面张力，则溶质倾向于富集在溶液表面，其表层溶液的浓度大于内部溶液的浓度，体系趋于稳定，这种吸附称为正吸附（简称吸附）；反之，称为负吸附。

（三）表面活性剂

凡是能显著降低溶液的表面张力，产生正吸附的物质称为表面活性物质（surfactant）或表面活性剂（surface active agent）；凡是能使溶液的表面张力升高产生负吸附的物质则称为非表面活性物质或表面惰性物质。例如肥皂及各种合成洗涤剂都是常见的表面活性剂。

表面活性物质能显著降低水的表面张力，与其分子结构密切相关的。它们的共同特征：既包含亲水极性基团（如 $-OH$、$-COOH$、$-NH_2$ 等），又包含憎水基团（或亲油基，如烃基、苯基等），如图 2-6 所示。这种不对称的分子结构，决定了表面活性物质具有表面吸附、分子定向排列以及形成胶束等基本性质，其结果是降低了表面张力、使体系趋于稳定。

以肥皂（高级脂肪酸钠）为例，当它溶入水中，亲水的羧基端受水分子吸引进入溶液内部，而疏水基的烃基端受水分子排斥则力图离开水相，而向溶液表层聚集，伸向空气。表面活性剂分子浓集在溶液界面上，呈定向排列，形成单分子吸附层（表面膜）（图 2-6），从而降低水的表面张力和体系的表面能；可是当进入水中的肥皂达到一定量时，在分子表面膜形成的同时，而在溶液内部表面活性物质逐渐聚集起来，形成疏水基向"内"而亲水基向"外"的直径在胶体范围内的胶束（micelle），由于胶束的形成减少了疏水基与水的接触表面积，从而使得系统稳定。由于表面活性剂的"两亲性"，它不仅可在气 - 液界面吸附，也可在其他相界面（如液 - 液、液 - 固等）吸附（图 2-7）。

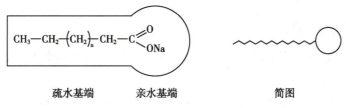

疏水基端　　　亲水基端　　　　　　　简图

图 2-6　表面活性剂分子结构特征

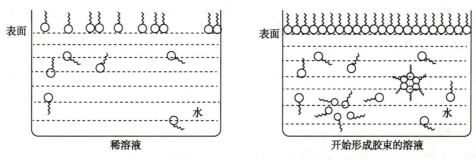

稀溶液　　　　　　　　　　　开始形成胶束的溶液

图 2-7　表面活性物质在溶液内部和表面层的分布

表面活性剂在生命科学中有重要的意义。例如构成细胞膜的脂类（如磷脂、糖脂等）、血液中的某些蛋白质等都是表面活性物质，磷脂使细胞保持一定形态，有利于物质交换；血浆蛋白使脂溶性物质形成稳定的胶体，利于脂类物质的运输；由胆囊分泌的胆汁酸盐能乳化脂肪形成稳定的乳状液，利于脂类物质的消化和吸收。一些生物表面活性剂有抗微生物（细菌、真菌、病毒）活性的作用。表面活性剂具有的乳化、润湿、增溶、消泡等作用，在医药学上有着广泛的应用。

二、乳状液

乳状液（emulsion）也称为乳剂，是一种液体以细小液滴分散在另一种互不相溶的液体中形成的粗分散系。例如在水中加入少量油并剧烈振荡，水、油滴相互分散，静置后水、油自动分层，不能形成稳定的乳状液。

欲制得较为稳定的乳状液，必须加入第三种物质来增加其稳定性。能增加乳状液稳定性的物质称为乳化剂（emulsifying agent），其所起的稳定作用称为乳化作用。常用的乳化剂是一些表面活性剂，如肥皂、洗涤剂、胆盐等。乳化剂能被吸附在油滴和水的界面上，其分子中的亲水基伸向水相，亲油基伸向油相，在两相界面上呈定向排列，降低了界面张力和界面能，使乳状液变得稳定；另一方面，在油滴表面形成单分子层保护膜，阻止了油滴之间的相互聚集合并，从而使乳状液更稳定。

乳状液的水相以"水"或"W"表示；油相以"油"或"O"表示，它可分为两种类型：一种是油分散在水中，称为"水包油"型（O/W）（图 2-8A）；一种是水分散在油中，称为"油包水"型（W/O）（图 2-8B）。鱼肝油乳剂、钠肥皂等亲水性较强的乳化剂易形成 O/W 型乳状液；而胆固醇、钙皂等亲油性较强的乳化剂易形成 W/O 型乳状液。

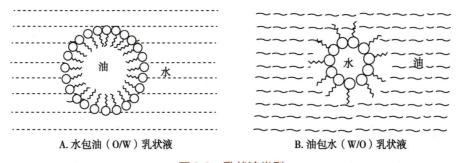

A. 水包油（O/W）乳状液　　　　　B. 油包水（W/O）乳状液

图 2-8　乳状液类型

三、乳化作用的护理应用

1. 青霉素注射液　临床上使用的青霉素注射液有油剂（W/O）和水剂（O/W）两种，水剂易被人体吸收，也容易排泄；油剂吸收慢，在体内维持时间长。

2. 乳白鱼肝油　一些不溶于水的油性药物，常需制成乳状液，如市售乳白鱼肝油常制成水包油型乳剂，以掩盖鱼肝油的气味，减少扰乱胃肠功能，使其易于吸收。

3. 煤酚皂溶液　消毒和杀菌用的药剂也常制成乳状液（如煤酚皂溶液），以增加药物与细菌的接触面，大大提高药效。

4. 脂肪乳剂　脂肪乳剂是各种形式的乳状液，牛奶是天然的乳状液，营养丰富且易于吸收。食物中的脂类被胆汁酸乳化成直径 3~10μm 的混合微团，增大了消化酶与脂质的接触面积，有利于脂类的消化、吸收。

> **知识拓展**
>
> #### 临床常用药物剂型
>
> 临床药物必须制成适合于医疗应用的形式，这种形式称为药物剂型。药物剂型按分散系不同可分为 7 种。①溶液型：药物以分子或离子分散在分散剂中形成，如注射剂等；②胶体溶液型：高分子或固体药物分散在分散剂中形成，如涂膜剂等；③乳剂型：药物以微小液滴分散在另一不相溶的分散剂中形成，如口服乳剂等；④混悬剂：固体药物以微粒分散在分散剂中形成，如合剂等；⑤气体分散剂：液体或固体药物以微粒分散在气体分散剂中形成，如气雾剂等；⑥微粒分散型：以不同大小微粒呈液体或固体状分散形成，如微球剂等；⑦固体分散型：固体药物以聚集体存在的体系，如片剂等。
>
> 同一药物由于剂型不同，其药动学特征、药理作用、不良反应等也存在差异。绝大多数药物的注射剂、气雾吸入剂等较口服吸收迅速、生物利用度高、作用显著；口服剂中液体剂型比固体剂型更易吸收，发挥作用快；控释制剂作用温和持久，不良反应轻。掌握药物剂型对药物作用的影响，可指导临床合理用药。
>
> （王　玲）

> **思考题**
>
> 1. 临床上给病人大量补液时，为什么要使用等渗溶液，请以红细胞为例说明原因。
> 2. 慢性肾炎或肝功能障碍等疾病常引起病人下肢水肿，请用化学原理加以分析。
> 3. 为什么溶胶对电解质敏感，加入少量电解质就发生聚沉，而蛋白质溶液则需加入大量的盐才会盐析？

ER 2-11

练习题

第三章 | 化学反应速率和化学平衡

ER 3-1   ER 3-2

教学课件   思维导图

学习目标

1. 掌握：化学反应速率和化学平衡的概念、数学表达式及相关简单计算。
2. 熟悉：可逆反应与化学平衡的关系；影响化学反应速率及化学平衡的因素；化学平衡移动的原理。
3. 了解：有效碰撞理论；平衡常数与化学反应进程的关系。
4. 学会：平衡常数的应用；化学反应速率的护理应用。
5. 具备正确认识平衡的相对性，培养学生通过自己的行动创造条件实现自己的人生价值和意义。

认识人体内的生理变化、生化反应及药物在体内的代谢等生理现象，需要懂得化学反应速率和化学平衡的基本知识。化学反应速率研究化学反应的快慢；化学平衡研究化学反应能否发生及进行的程度。

情景导入

一氧化碳中毒

一氧化碳（CO）是一种无色、无臭、无刺激性气味的气体，人体吸入较多的 CO 会引起中毒，原因是 CO 极易与血液中的血红蛋白（Hb）结合，使血红蛋白丧失携氧的能力和作用，造成患者因缺氧而窒息，甚至死亡。反应方程式为：

$$HbO_2 + CO \rightleftharpoons HbCO + O_2$$

抢救 CO 中毒的患者时，常采取的措施是，将患者转移到通风、空气清新的地方；使患者平卧位，解开衣领，确保呼吸畅通；中度或重度中毒，急需送医院高浓度吸氧治疗。

请思考：

1. 该反应的类型是什么？
2. 上述抢救措施应用的原理是什么？

第一节　化学反应速率

一、化学反应速率及表示方法

化学反应速率（rate of a chemical reaction）是衡量化学反应进行快慢程度的物理量，是反应体系中各物质的浓度随时间的变化率，用符号 v 表示。对于恒容反应，化学反应速度常用单位时间内反应物浓度的减少或生成物浓度的增加来表示。若用 Δc 表示某一反应物浓度或生成物浓度的变化量，Δt 表示反应时间，则反应速率 $\bar{v}$ 为：

$$\bar{v} = \left| \frac{\Delta c}{\Delta t} \right| \tag{3-1}$$

式中，$\bar{v}$ 为平均速率，若 Δc 的单位用 mol/L 表示；Δt 的单位用 s、min 和 h 表示，则化学反应速率的单位常用 mol/(L·s)、mol/(L·min)、mol/(L·h) 表示。

例3-1 在某一条件下，氮气和氢气合成氨，分别测得时间 t_1 和 t_2 时各物质的浓度，其数值如下：

$$N_2 + 3H_2 \rightleftharpoons 2NH_3$$

当 $t_1 = 0s$ 时，c_1（mol/L）　　　　6　　12　　0
当 $t_2 = 3s$ 时，c_2（mol/L）　　　　3　　3　　6

上述条件下该反应的化学反应平均速率可分别表示为：

$$\bar{v}_{N_2} = \left| \frac{\Delta c}{\Delta t} \right| = \left| \frac{3-6}{3-0} \right| = 1 \text{mol}/(L \cdot s)$$

$$\bar{v}_{H_2} = \left| \frac{\Delta c}{\Delta t} \right| = \left| \frac{3-12}{3-0} \right| = 3 \text{mol}/(L \cdot s)$$

$$\bar{v}_{NH_3} = \left| \frac{\Delta c}{\Delta t} \right| = \left| \frac{6-0}{3-0} \right| = 2 \text{mol}/(L \cdot s)$$

从上述计算可以看到，对于同一化学反应，用不同的物质表示化学反应速率，其数值可能不同，但均代表同一化学反应的反应速率。且它们之间的关系与化学方程式中各物质相应的计量系数成比例。如上述反应，N_2、H_2、NH_3 3 种物质的速率比为 $1:3:2$，等于其计量系数比。即：

$$\bar{v}_{N_2} : \bar{v}_{H_2} : \bar{v}_{NH_3} = 1:3:2$$

对于任意一个化学反应：

$$mA + nB \rightleftharpoons pC + qD$$

可以选用任一物质来表示反应速率，反应速率的数值可能不同，它们之间存在以下关系：

$$\frac{1}{m}\bar{v}_A = \frac{1}{n}\bar{v}_B = \frac{1}{p}\bar{v}_C = \frac{1}{q}\bar{v}_D \tag{3-2}$$

即：对于同一反应，化学反应速率之比等于化学方程式中计量系数之比，因此，表示某化学反应速率时，必须注明是哪种物质表示的反应速率。

二、影响化学反应速率的因素

不同的化学反应，反应速率各不相同，其主要原因有两方面：一是内在因素，如反应物本身的组成、结构和性质是决定化学反应速率主要因素；二是外在因素，如浓度、温度、压强、催化剂等，因此，可以通过控制反应条件来改变化学反应速率。

（一）碰撞理论简介

1. 有效碰撞 1918 年英国科学家路易斯在气相双分子运动的基础上，提出碰撞理论，主要论点：其一，反应物分子间的碰撞是发生化学反应的前提条件，碰撞频率越高，化学反应速率越快。其二，并不是所有的碰撞都能发生化学反应，在成千上万次碰撞中，只有少数分子间的碰撞才能发生反应。能发生化学反应的碰撞称为有效碰撞（effective collision）。可见碰撞是分子间发生反应的必要条件。其三，能否发生有效碰撞，还取决于碰撞分子间的取向，这是有效碰撞发生的充分条件。如反应：

$$CO(g) + NO_2(g) \rightleftharpoons CO(g) + NO(g)$$

当 CO 与 NO_2 分子碰撞时，只有当 CO 中的碳原子与 NO_2 中的氧原子相互碰撞，并沿着 C—O

与N—O直线方向相碰撞，才有可能发生反应（图3-1）。

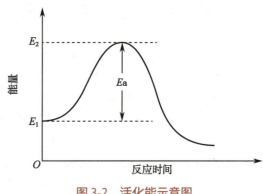

图 3-1 分子碰撞的取向

2. 活化分子和活化能 能发生有效碰撞的反应物分子，称为活化分子（activating molecular）。活化分子比普通分子具有更高的能量，能克服分子间的排斥作用而发生化学反应。活化分子所具有的最低能量（E_2）与反应物分子的平均能量（E_1）之差称为活化能（activation energy），用 Ea 表示，如图3-2所示。活化能取决于反应物分子的本性，不同的反应，活化能不同。在一定温度下，反应的活化能越小，活化分子数百分数越大，单位时间内有效碰撞次数越多，化学反应速率就越大，反应就越快。

图 3-2 活化能示意图

（二）影响化学反应速率的因素

掌握影响化学反应的外界因素便可以控制反应速度，将会对人们的日常生活和生产实践产生积极的作用。

1. 浓度对反应速率的影响 反应物的浓度对反应速率的影响很大。

例如，在硫代硫酸钠溶液中加入稀硫酸，生成不溶于水的淡黄色硫单质。反应式如下：

$$Na_2S_2O_3 + H_2SO_4 === Na_2SO_4 + SO_2\uparrow + S\downarrow（淡黄色）+ H_2O$$

若取 0.1mol/L $Na_2S_2O_3$ 溶液和 0.05mol/L $Na_2S_2O_3$ 各 2ml，同时分别加入 0.2mol/L H_2SO_4 溶液各 2ml，实验结果表明，首先出现浑浊的是 0.1mol/L $Na_2S_2O_3$ 溶液，而 0.05mol/L $Na_2S_2O_3$ 溶液后出现浑浊。

大量实践证明：当其他条件不变时，增大反应物的浓度，会增大化学反应速率；减小反应物的浓度，会减小化学反应速率。

对一定条件下的某一反应，活化分子在反应物分子中所占的比例是一定的，因此，单位体积内活化分子数目与反应物分子数目成正比，即，反应物的浓度越大，活化分子数就越多，有效碰撞次数越多，化学反应速率就越快。反之亦然。

浓度对化学反应速率的影响

2. 压强对化学反应速率的影响 在温度一定的条件下，气体所承受的压强直接影响气体的体积，一定量的气体所受的压强增大一定倍数，其体积则缩小相应的倍数，单位体积内气体的分子数（即气体物质的浓度）就增加相应的倍数。因此，对有气体参加的反应，当其他条件不变时，增大压强，气体的体积减小，浓度增大，反应速率增大；减小压强，气体的体积增大，浓度减小，反应速率减小。

因此，压强对气体反应速率的影响与浓度对反应速率的影响相同。

3. 温度对反应速率的影响 温度是影响化学反应速率的主要因素之一。

大量实验事实证明：当其他反应条件不变时，升高温度，可以增大反应速率；降低温度，可以减小反应速率。

1844 年，荷兰化学家范特霍夫在大量实验数据的基础上总结出一条经验规律：对于同一化学反应，在其他条件不变的情况下，温度每升高 10K，化学反应速率可增加到原来的 2~4 倍。

温度对化学反应速率的影响可用有效碰撞理论解释：温度升高，分子的平均能

温度对化学反应速率的影响

量增加,单位体积内活化分子的总数增加,有效碰撞次数增加,反应速率加快。

用反应速率与温度的关系预测药物的化学稳定性

药物及其制剂在储存过程中,常由于发生水解、氧化等化学反应而使含量逐渐降低,甚至失效,因此研究药物在室温下的化学稳定性即药物的储存期或有效期,对于防止药物变质失效、保证用药质量具有重要意义。

可根据反应速率与温度的关系,可预测药物或其制剂在室温下的贮存期。如经典恒温法,选择在几个较高的温度下,使药物进行分解,测定各温度下药物浓度随时间的变化情况,即可求出其分解速率常数 k,然后以 $\ln k$ 对 $1/T$ 作图,将直线外推至室温,求出室温下的分解速率常数,将此数值代入反应速率方程,即可求出药物在室温下分解所需的时间。

4. 催化剂对反应速率的影响 能改变化学反应速率,而本身的质量和化学性质在反应前后均不发生改变的物质称为催化剂(catalyst),催化剂所起的作用称为催化作用(catalysis)。催化剂有正、负之分,正催化剂可以加快反应速率,负催化剂能够减慢反应速率。一般情况下所提到的催化剂是指正催化剂。

催化剂能改变化学反应速率的原因是催化剂参与了化学反应,改变了反应历程,降低了反应的活化能,从而增加了活化分子的百分数,大大加快反应速率。如图3-3所示。

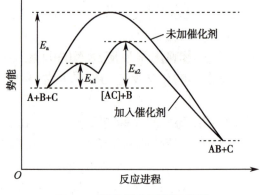

图 3-3 催化反应历程示意图

反应:$A + B \longrightarrow AB$

未加催化剂时,其反应活化能为 E_a;加入催化剂 C 后,反应分两步进行:

第一步:$A + C \longrightarrow AC$ 活化能为 E_{a1}
第二步:$AC + B \longrightarrow AB + C$ 活化能为 E_{a2}

由于反应途径的改变,使 E_{a1} 和 E_{a2} 均远小于 E_a,降低了反应所需活化能,使更多的分子越过能垒变成活化分子,增加了活化分子百分数,加快了反应速率。

催化剂具有以下基本特点:

(1)催化剂只改变化学反应速率,而不影响化学反应的始态和终态,即催化剂不能改变反应的方向。

(2)对于可逆反应,催化剂可以同等程度地加快正、逆反应的速率。

ER 3-5

催化剂对化学反应速率的影响

三、化学反应速率的护理应用

人体内的生命活动是错综复杂的一个个化学反应集合,这些化学反应中都离不开酶的催化作用。酶是活细胞合成的具有催化功能的一类蛋白质,属于生物催化剂。

酶的特征

酶不同于其他的催化剂,有其自己的特殊性:

1. **高度专一性**　一种酶只对一种（或一类）物质起催化作用。例如淀粉酶只对淀粉的水解起催化作用，对脂肪和蛋白质的水解则不起催化作用。

2. **高度催化活性**　对同一反应，酶的催化能力常常比非酶催化高 $10^6 \sim 10^{13}$ 倍。

3. **不稳定性**　酶的主要化学组成是蛋白质，需在一定的 pH 范围和温度内才能有效地发挥作用。

酶在日常生活及护理应用中需满足适宜条件，才能使酶活性最高，酶促反应速度最快。

（1）**维持正常生命体征所需的内环境**：高温、紫外线、强酸、强碱等都能使蛋白质发生变化，从而失去酶的催化活性。如人的正常新陈代谢和生存的平均体温是 36.7℃，在这个温度环境下，体内的各种消化酶、代谢酶都能高效地起催化作用，当人体发热后，人体就会感觉浑身无力，还会出现食欲降低和消化不良的现象，主要就是因为人体内的消化酶和代谢酶随着温度的升高，活性逐渐降低，整个机体的新陈代谢速率变慢。对于持续发高热的患者要采取物理或化学方法来降低体温，并尽快查明原因对症治疗，同时要注意清淡饮食。

（2）**在使用含酶药物时，遵照医嘱用药，注意药的用法、用量及药物相互作用**：如胰酶肠溶胶囊，为多种酶的混合物，主要含胰蛋白酶、胰淀粉酶和胰脂肪酶等，主要用于消化不良、胰腺病变引起的消化障碍和各种原因引起的胰腺外分泌功能不足的替代治疗。在肠液中消化淀粉、蛋白质及脂肪，起促进食欲的作用，需餐前服用。本品在中性或弱碱性条件下活性较强，不宜与酸性药物同服，与等量碳酸氢钠同服可增加疗效。

（3）**合理膳食，营养充足**：酶分布在人体的各种器官和体液中，人体内的酶有近千种，60% 以上的含有微量元素铜、锌、锰、钼等，这些微量元素参与了各种酶的组成与激活，能使体内的各种反应顺利进行。人体所需要的各种元素都是从食物中得到补充。由于各种食物所含的元素种类和数量不完全相同，所以在平时的饮食中，要做到粗、细粮结合和荤素搭配，不偏食，不挑食。

第二节　化学平衡

研究一个化学反应，不仅要看反应速率，还要关注此反应进行的程度，即化学平衡问题。

一、可逆反应与化学平衡

（一）可逆反应

在同一条件下，能同时向正、逆两个方向进行的化学反应称为可逆反应（reversible reaction）。即在反应物转变为生成物的同时，生成物又可以转变为反应物的化学反应，常用"$\rightleftharpoons$"表示。人们常把从左向右进行的反应称为正反应，从右向左进行的反应称为逆反应。如合成氨反应：

$$N_2(g) + 3H_2(g) \rightleftharpoons 2NH_3(g)$$

有些化学反应，其反应物能完全转变为产物，即反应能进行到底。在一定条件下，只能向着一个方向进行的反应称为不可逆反应（irreversible reaction）。实际上大多数化学反应都是可逆反应，只有极少数的如放射性元素的蜕变、$KClO_3$ 的分解等反应是不可逆反应。许多可逆反应对于人类的生命活力具有重要的意义。

（二）化学平衡

可逆反应在反应开始时，反应物浓度最大，正反应速率最大，随着反应的进行，反应物浓度逐渐减少，正反应速率逐渐减慢；另一方面，由于产物的生成，逆反应也开始进行，且随着生成物浓度不断增加，逆反应速率逐渐加快。当反应进行到一定程度时，正反应速率与逆反应速率相等，此时，反应体系中反应物和生成物的浓度不再发生变化，反应处于相对静状态，反应达到最大限度。

此时体系所处的状态称为化学平衡（chemical equilibrium），如图 3-4 所示。

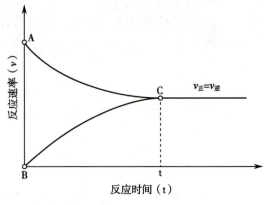

图 3-4　可逆反应与化学平衡

化学平衡具有以下特征：①反应处于平衡时，正反应速率与逆反应速率相等，体系中各物质浓度保持不变。②化学平衡是动态平衡，反应达到平衡后，正、逆反应仍在进行。③化学平衡是可逆反应能进行的最大限度。④化学平衡是相对的，当外界条件发生改变，化学平衡即被破坏，直到建立新的平衡。

二、平衡常数

（一）平衡常数

1. 平衡常数　对于任一可逆反应：

$$a\mathrm{A}(\mathrm{g}) + b\mathrm{B}(\mathrm{g}) \rightleftharpoons d\mathrm{D}(\mathrm{g}) + e\mathrm{E}(\mathrm{g})$$

在一定温度下，反应达到化学平衡时，从理论上可推导出下列定量关系式：

$$K_p = \frac{[p_\mathrm{D}]^d \cdot [p_\mathrm{E}]^e}{[p_\mathrm{A}]^a \cdot [p_\mathrm{B}]^b} \quad \text{或} \quad K_c = \frac{[\mathrm{D}]^d \cdot [\mathrm{E}]^e}{[\mathrm{A}]^a \cdot [\mathrm{B}]^b} \tag{3-3}$$

K_c 为浓度平衡常数，K_p 为压力平衡常数。表达式表明在一定温度下，当可逆反应达到平衡时，生成物浓度（或分压）幂的乘积与反应物浓度（或分压）幂的乘积之比为一常数。K_c 或 K_p 是通过实验测得的，因此，又称为实验平衡常数。

2. 平衡常数表达式的书写规则

（1）平衡常数表达式中，各物质的浓度均为平衡浓度，气态物质以分压表示。

（2）反应中有纯固体或纯液体参加时，它们的"浓度"可看作是常数，均不写入平衡常数表达式中。如：

$$\mathrm{MgCO_3(s)} \rightleftharpoons \mathrm{MgO(s)} + \mathrm{CO_2(g)}$$

平衡常数表达式为：$k_p = p_{\mathrm{CO_2}}$

（3）稀溶液中进行的反应，若有水参加，水的浓度不必写在平衡常数表达式中。如：

$$\mathrm{NaAc(aq)} + \mathrm{H_2O(l)} \rightleftharpoons \mathrm{HAc(aq)} + \mathrm{NaOH(aq)}$$

平衡常数表达式为：$K_c = \dfrac{[\mathrm{NaOH}][\mathrm{HAc}]}{[\mathrm{NaAc}]}$

在非水溶液中的反应，有水参加反应，则水的浓度应写入平衡常数表达式中。

（4）平衡常数表达式必须与反应方程式一致。同一反应的方程式书写形式不同，则平衡常数的表达式不同。如：

$$\mathrm{N_2(g)} + 3\mathrm{H_2(g)} \rightleftharpoons 2\mathrm{NH_3(g)} \qquad K_1 = \frac{[\mathrm{NH_3}]^2}{[\mathrm{N_2}][\mathrm{H_2}]^3}$$

$$\frac{1}{2}N_2(g)+\frac{3}{2}H_2(g)\rightleftharpoons NH_3(g) \qquad K_2=\frac{[NH_3]}{[N_2]^{\frac{1}{2}}[H_2]^{\frac{3}{2}}}$$

由此可见 K_1 与 K_2 不相同，$K_1=K_2^2$。

3. 平衡常数的意义

（1）平衡常数的大小是可逆反应进行程度的标志。K 越大，说明正反应进行的程度越大；K 越小，说明反应进行越不完全。

（2）平衡常数是可逆反应的特征性常数，它只与物质本性和温度有关，与浓度、分压及反应途径无关。

（二）平衡常数的应用

1. 平衡转化率

反应达到平衡时，反应物转化为生成物的百分率，称为反应物的平衡转化率，用符号 α 表示。

$$\alpha=\frac{平衡时已转化的反应物的浓度}{反应物的初始浓度}\times100\% \qquad (3\text{-}4)$$

转化率和平衡常数都能表示可逆反应进行的程度，两者可以相互换算，但两者也有差别。平衡常数与反应物的起始浓度无关，只与温度有关；而转化率不但与温度有关，还与反应物的起始浓度有关。同一反应中不同反应物的转化率不同，因此使用时须指明是哪种反应物的转化率。

例 3-2 25℃时，可逆反应 $Pb^{2+}(aq)+Sn(s)\rightleftharpoons Pb(s)+Sn^{2+}(aq)$ 的平衡常数为 2.2，若 Pb^{2+} 的起始浓度为 0.10mol/L，计算 Pb^{2+} 的平衡转化率。

解：设反应达到平衡时，Sn^{2+} 的平衡浓度为 $x$mol/L，由反应式可知 Pb^{2+} 的平衡浓度为 $(0.10-x)$mol/L。

此反应的平衡常数表达式为：

$$K=\frac{[Sn^{2+}]}{[Pb^{2+}]}$$

将数据代入上式中得：

$$2.2=\frac{x}{0.10-x}$$

$$x=0.067$$

所以：$[Sn^{2+}]=0.067$mol/L

$$[Pb^{2+}]=0.10-x=0.10-0.067=0.033\text{mol/L}$$

Pb^{2+} 的平衡转化率为：

$$\alpha=\frac{c_{Pb^{2+}}-[Pb^{2+}]}{c_{Pb^{2+}}}\times100\%=\frac{0.10-0.033}{0.10}\times100\%=67\%$$

2. 判断可逆反应进行的方向

对于任一可逆反应：

$$a\mathrm{A}(aq)+b\mathrm{B}(aq)\rightleftharpoons d\mathrm{D}(aq)+e\mathrm{E}(aq)$$

在某温度下，将任意状态下各生成物浓度与反应物浓度各以其系数为幂的乘积之比称为反应商，用 Q 表示：

$$Q=\frac{c_D^d\cdot c_E^e}{c_A^a\cdot c_B^b} \qquad (3\text{-}5)$$

在一定温度下，比较反应商与平衡常数的大小就可以判断可逆反应的方向。

（1）若 $Q=K$，可逆反应处于平衡状态。

（2）若 $Q<K$，可逆反应向正反应方向进行。

(3) 若 $Q>K$，可逆反应向逆反应方向进行。

三、化学平衡的移动

化学平衡是动态的平衡，当外部条件改变时，原有平衡被破坏，可逆反应将从一种平衡状态向另一种平衡状态转变的过程称为化学平衡的移动。影响化学平衡的因素主要有浓度、压强、温度。

（一）浓度对化学平衡的影响

可逆反应达到平衡后，$Q=K$。改变平衡体系中任一反应物或生成物的浓度，都会使反应商发生改变，造成 $Q \neq K$，引起化学平衡发生移动。

增大反应物的浓度或减小生成物的浓度，都会使反应商减小，使 $Q<K$，原有的平衡状态被破坏，可逆反应向正反应方向进行，直至反应商重新等于平衡常数。反之，减小反应物的浓度或增大生成物的浓度，会使 $Q>K$，可逆反应向逆反应方向进行，直至反应达到新的平衡。在新的平衡状态下，各物质的浓度均发生改变。总之，在其他条件不变时，增大（减小）平衡体系中某物质的浓度，平衡就向减小（增大）该物质浓度的方向移动。为降低成本，达到提高经济效益的目的，在几种物质参加的反应中，常常加大价格低廉的投料比，使价格昂贵的物质得到充分利用。

（二）压强对化学平衡的影响

由于压强对固体、液体的体积影响极小，所以压强的变化对固相、液相反应的平衡几乎没有影响。压强只对有气体参加的可逆反应的化学平衡有影响。

对某一有气体参加的可逆反应：

$$a A(g) + b B(g) \rightleftharpoons d D(g) + e E(g)$$

在一定温度下达到化学平衡时：

$$Q = K = \frac{p_D^d \cdot p_E^e}{p_A^a \cdot p_B^b} \tag{3-6}$$

1. 反应前后气体分子总数不相等时　在其他条件不变时，当 $(d+e)>(a+b)$，增大压强，相应各组分的分压也增大，但生成物增大的程度比反应物大，导致 $Q>K$，化学平衡向逆反应方向进行；减小压强，相应各组分的分压也减小，但生成物减小的程度比反应物大，导致化学平衡向正反应方向进行，反之亦然。

2. 反应前后气体分子总数相等时　在其他条件不变时，当 $(d+e)=(a+b)$，增大或减小压强，相应各组分的分压也随之增大或减小，但生成物和反应物增大和减小的程度相等，导致 $Q=K$，反应不受影响，化学平衡不发生移动。

总之，对有气体参加的可逆反应，当其他条件不变时，增大压强，反应向气体分子总数减小的方向移动；减小压强，反应向气体分子总数增大的方向移动。

（三）温度对化学平衡的影响

温度对化学平衡的影响是通过改变其平衡常数而实现的。对于放热反应，K 随温度的升高而减小；对于吸热反应，K 随温度的升高而增大。

对于吸热反应，在一定温度下达到平衡，即 $Q=K$，当温度由 T_1 升高到 T_2 时，平衡常数由 K_1 增大到 K_2，此时 $Q<K$，化学平衡向正反应（吸热反应）方向移动。

对于放热反应，当温度由 T_1 升高到 T_2 时，平衡常数由 K_1 减小到 K_2，此时 $Q>K$，化学平衡向逆反应（吸热反应）方向移动。

总之，对任意一可逆反应，在其他条件不变时，升高温度，化学平衡向吸热反应的方向移动；降低温度，化学平衡向放热反应的方向移动。

综上所述，浓度、压强和温度是影响化学平衡移动的重要因素。法国化学家勒夏特列归纳出一条普遍的规律：任何已经达到平衡的体系，若改变平衡体系的条件之一（如浓度、压强或温度），平衡则向削弱这个改变的方向移动。

催化剂通过改变反应途径和活化能来改变反应速率，缩短到达平衡状态的时间，其对正、逆反应速率的影响程度相同，不能改变反应的平衡常数和反应商，因此不能使化学平衡发生移动。

温度对化学平衡的影响

四、化学平衡的护理应用

为维持人体正常的生理功能，可利用化学平衡移动的原理对患者进行治疗。

（一）输氧治疗

临床上利用浓度对化学平衡移动的影响，采用输氧的方法抢救危重患者。在肺泡中，红细胞中的血红蛋白（HHb）与氧气结合成氧合血红蛋白（$HHbO_2$），由血液输送到全身各组织后，氧合血红蛋白分解释放出氧气供给组织细胞利用，其化学过程表示为：

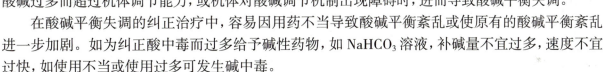

$$HHb + O_2 \underset{\text{组织}}{\overset{\text{肺}}{\rightleftharpoons}} HHbO_2$$

当患者心肺功能不全或因各种原因引起的呼吸困难，应立即给患者吸（输）氧，增加氧气的浓度，促使上述化学平衡向右移动，增加氧合血红蛋白（$HHbO_2$）浓度，从而改善患者全身组织的缺氧情况。

（二）调节人体的酸碱平衡

正常情况下，人体体液的 pH 稳定维持在 7.35~7.45 之间。

血浆主要缓冲体系为 $NaHCO_3/H_2CO_3$，通过肺部呼吸、肾脏排泄过程，尽管有酸碱物质的增减变化，一般不易发生酸碱平衡紊乱。只有当机体内产生或丢失的酸碱过多而超过机体调节能力，或机体对酸碱调节机制出现障碍时，进而导致酸碱平衡失调。

高压氧治疗一氧化碳中毒

在酸碱平衡失调的纠正治疗中，容易因用药不当导致酸碱平衡紊乱或使原有的酸碱平衡紊乱进一步加剧。如为纠正酸中毒而过多给予碱性药物，如 $NaHCO_3$ 溶液，补碱量不宜过多，速度不宜过快，如使用不当或使用过多可发生碱中毒。

（王 丽）

思考题

1. 催化剂能改变化学反应速率，为什么对化学平衡移动无影响？
2. 从化学平衡角度思考经常吃甜食对牙齿的影响。

练习题

第四章 │ 电解质溶液

教学课件

思维导图

学习目标

1. 掌握：酸碱反应的实质；解离平衡和平衡常数；共轭酸碱对解离常数的关系；溶液的酸碱性和pH；一元弱酸、弱碱溶液pH的计算；缓冲溶液的概念及组成；缓冲溶液pH的计算。

2. 熟悉：酸碱的概念；电离度和同离子效应；水的解离和离子积常数；缓冲原理和缓冲溶液配制。

3. 了解：pH的护理应用；缓冲溶液的护理应用。

4. 学会：根据血液的pH判断酸中毒与碱中毒，并能根据盐类水解和知识解释治疗酸中毒、碱中毒的原理。

5. 具有正确认识共轭酸碱对解离平衡的矛盾统一体，充分发挥自身的主观能动性，树立积极的人生态度，自强不息、战胜困难、取得成功。

电解质（electrolyte）是指在水溶液中或熔融状态下能够导电的化合物。电解质在水溶液中解离为阴阳离子。人体体液和组织液中都存在电解质离子，如 Na^+、K^+、Cl^-、HCO_3^- 等，这些离子的存在状态和浓度，影响体液的渗透平衡和酸碱度，并对神经、肌肉等组织的生理、生化功能起着重要的作用，学习电解质溶液特别是酸碱的基本理论，对护理知识的学习有着重要意义。

第一节　酸碱质子理论

情景导入

体液中的酸和碱

生命活动中，机体摄取和代谢可产生许多酸性或碱性物质，如碳酸、磷酸、盐酸、醋酸、丙酮酸、乳酸、尿酸、氨、胺、有机酸盐等，这些物质会使体液呈现一定的酸碱性，如胃液呈强酸性，血液呈弱碱性等。酸碱性对体内各种酶的活性和生化反应有着非常重要的影响，若体液的酸碱性发生较大变化并超出生理调节范围，则机体会发生酸碱平衡紊乱。

请思考：

1. 分别说出属于酸的物质和属于碱的物质。
2. 说出酸碱反应的实质。

酸和碱是两类重要的电解质。人们通过对酸碱的组成、结构及性质的研究，提出了一系列的酸碱理论，常见的有电离理论和质子理论。1887年瑞典化学家阿仑尼乌斯提出了酸碱电离理论。该理论把酸碱局限于水溶液中，一些不在水溶液中进行的酸碱反应及许多化学现象无法解释和说明，如无法解释氨水的碱性，也不能说明非水溶剂中酸碱反应的本质。1923 年，丹麦的化学家布朗斯特与英国化学家劳瑞提出了酸碱质子理论，克服了酸碱电离理论的局限性，为化学的发展作出了积极的贡献。

一、酸碱的定义

酸碱质子理论（Brøsted-Lowry theory of acids and bases）认为：凡能提供质子（H^+）的物质都是酸（acid），凡能接受质子的物质都是碱（base）。酸是质子的给予体，常称为质子酸；碱是质子的接受体，常称为质子碱。酸碱的对应关系可表示为：

$$酸 \rightleftharpoons 质子 + 碱$$
$$HCl \rightleftharpoons H^+ + Cl^-$$
$$CH_3COOH \rightleftharpoons H^+ + CH_3COO^-$$
$$H_2CO_3 \rightleftharpoons H^+ + HCO_3^-$$
$$HCO_3^- \rightleftharpoons H^+ + CO_3^{2-}$$
$$NH_4^+ \rightleftharpoons H^+ + NH_3$$
$$H_2O \rightleftharpoons H^+ + OH^-$$

酸给出质子形成的碱，碱接受质子即为酸，酸碱之间的相互依存关系称为共轭关系。用下式表示：

$$HA \rightleftharpoons H^+ + A^-$$
$$共轭酸 \quad 共轭碱$$

化学组成上仅相差 1 个质子的一对酸碱称为共轭酸碱对（conjugated acid-base pair）。酸给出 1 个质子形成的碱为该酸的共轭碱（conjugate base），碱结合 1 个质子形成的酸为该碱的共轭酸（conjugate acid）。可见，酸和碱既相互依存，又互相转化。从酸碱质子理论可以看出：

（1）酸碱既可是中性分子（如 H_2CO_3、NH_3），也可是阴、阳离子（如 CO_3^{2-}、NH_4^+）。

（2）既能给出质子又能接受质子的物质称为两性物质（amphoteric substance）。如 H_2O 对于 OH^- 是共轭酸，但对于 H_3O^+ 则是共轭碱；HCO_3^- 对于 CO_3^{2-} 是共轭酸，但对于 H_2CO_3 则是共轭碱。$H_2PO_4^-$、HPO_4^{2-}、氨基酸等都属于两性物质。

（3）酸碱质子理论中没有盐的概念。如 Na_2CO_3 在电离理论中称为盐，而在质子理论中，CO_3^{2-} 为质子碱，Na^+ 为非酸非碱，因而 Na_2CO_3 属于质子碱，它的水溶液显碱性。

（4）在一对共轭酸碱对中，共轭酸的酸性越强，则对应共轭碱的碱性越弱；共轭酸的酸性越弱，则对应共轭碱的碱性越强。

二、酸碱反应的实质

酸碱质子理论认为，酸碱反应实质是质子的转移。即当酸碱同时存在时，酸将质子转移给碱后，酸转化为其自身的共轭碱，而碱则转化为其自身的共轭酸。如：

$$\overset{H^+}{\overbrace{\qquad}}$$
$$HCl(g) + NH_3(g) \rightleftharpoons NH_4Cl(s)$$

HCl 将质子传递给 NH_3，HCl 转化成其共轭碱 Cl^-，NH_3 转变成共轭酸 NH_4^+。这说明酸碱反应的实质是两对共轭酸碱之间的质子传递反应。这种质子传递反应既可以发生在水中，也可以发生在非水溶剂或气相中，因此酸碱反应并不局限在水溶液中。

电离理论中的解离反应、中和反应、水解反应等都归结为质子传递的酸碱反应。如：

$$\overset{H^+}{\overbrace{\qquad}}$$
$$H_2O + H_2O \rightleftharpoons OH^- + H_3O^+ \quad （水的解离）$$

$$\overset{\overset{\displaystyle H^+}{\frown}}{HCN + H_2O} \rightleftharpoons CN^- + H_3O^+ \quad （酸的解离）$$

$$\overset{\overset{\displaystyle H^+}{\frown}}{H_2O + NH_3} \rightleftharpoons NH_4^+ + OH^- \quad （碱的解离）$$

$$\overset{\overset{\displaystyle H^+}{\frown}}{HCl + NaOH} \rightleftharpoons NaCl + H_2O \quad （中和反应）$$

$$\overset{\overset{\displaystyle H^+}{\frown}}{H_2O + CH_3COO^-} \rightleftharpoons CH_3COOH + OH^- \quad （盐的水解）$$

从上述酸碱反应的例子看,酸与碱反应,总是导致新酸和新碱的生成,酸碱之间的质子传递反应可用通式表示:

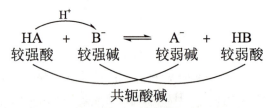

$$HA \quad + \quad B^- \rightleftharpoons A^- \quad + \quad HB$$

较强酸　　较强碱　　较弱碱　　较弱酸

共轭酸碱

酸碱反应总是由较强的酸与较强的碱作用,生成较弱的酸和较弱的碱。

总之,酸碱质子理论扩大了酸碱的范畴,把酸碱反应扩展至非水溶剂,它不仅能对大量的酸碱反应作出合理的解释,而且可以对酸碱强度和溶液的酸碱性进行定量计算。迄今为止,质子理论仍然是应用最广泛的酸碱理论。

第二节　弱电解质的解离平衡

　　根据解离程度的差异,一般将电解质分为强电解质和弱电解质。在水溶液中能全部解离成离子的电解质称为强电解质(strong electrolyte)。强酸、强碱及大多数盐是强电解质,如 HCl、NaOH、Na_2SO_4 等。在水溶液中部分解离的电解质称为弱电解质(weak electrolyte)。弱酸、弱碱及少数盐属于弱电解质,如 CH_3COOH、$NH_3 \cdot H_2O$ 等。溶液酸碱性的不同主要取决于电解质解离程度的差别。弱电解质的解离程度可用解离常数或解离度表示。

一、解离平衡和解离常数

(一) 解离平衡

　　弱电解质在水溶液中只有部分发生了解离,其水溶液中存在着已解离的弱电解质离子和未解离的弱电解质分子。如 CH_3COOH 在溶液中的解离:

$$CH_3COOH + H_2O \rightleftharpoons CH_3COO^- + H_3O^+$$

简写为:

$$CH_3COOH \rightleftharpoons CH_3COO^- + H^+$$

一方面 CH_3COOH 在水分子作用下解离成离子,另一方面溶液中部分 CH_3COO^- 和 H^+ 又不断相互吸引而重新组合成弱电解质分子。在一定条件下,当弱电解质分子解离成离子的速率和离子重新结合成分子的速率相等时,溶液中电解质分子的浓度和离子的浓度不再随时间变化,反应达到动态平衡,称为弱电解质的解离平衡(dissociation balance)。

　　解离平衡是化学平衡的一种形式,符合一般化学平衡的原理。

（二）解离常数

以一元弱酸（HA）为例：

$$HA + H_2O \rightleftharpoons A^- + H_3O^+$$

简写为：

$$HA \rightleftharpoons A^- + H^+$$

在一定条件下，弱电解质达到解离平衡时，已解离的各离子浓度幂的乘积与未解离的分子浓度的比值，称为解离常数（dissociation constant）。

$$K_a = \frac{[H^+][A^-]}{[HA]} \tag{4-1}$$

K_a 为弱酸的解离常数，简称酸常数。K_b 表示弱碱的解离常数，简称碱常数。

解离常数 K_a（或 K_b）越大，表示溶液酸（或碱）性越强。因此，利用酸（或碱）的解离常数可以定量表征酸（或碱）的强度。如 CH_3COOH、NH_4^+ 和 HCN 的 K_a 分别为 1.75×10^{-5}、5.6×10^{-10} 和 6.2×10^{-10}，这三种酸的强弱顺序为 $CH_3COOH > HCN > NH_4^+$。

通常，弱酸、弱碱的 K_a、K_b 值很小，为使用方便，常用 pK_a 或 pK_b 表示酸碱的强弱。即

$$pK_a = -\lg K_a \qquad pK_b = -\lg K_b$$

pK_a 或 pK_b 越大，则对应的酸或碱越弱。例如，H_2SO_3、$HCOOH$、H_2S 的 pK_a 分别为 1.99、3.75、7.05，说明其酸性强弱为 $H_2SO_3 > HCOOH > H_2S$。常见弱电解质的解离常数见表 4-1。

表 4-1　常见弱电解质的水溶液解离常数（298K）

电解质	解离方程式	K_a（或 K_b）	pK_a（或 pK_b）
碳酸	$H_2CO_3 \rightleftharpoons H^+ + HCO_3^-$	4.3×10^{-7}	6.35
	$HCO_3^- \rightleftharpoons H^+ + CO_3^{2-}$	5.6×10^{-11}	10.33
氢氟酸	$HF \rightleftharpoons H^+ + F^-$	6.3×10^{-4}	3.20
氢氰酸	$HCN \rightleftharpoons H^+ + CN^-$	4.93×10^{-10}	9.21
氢硫酸	$H_2S \rightleftharpoons H^+ + HS^-$	7.2×10^{-8}	7.05
	$HS^- \rightleftharpoons H^+ + S^{2-}$	1.23×10^{-13}	12.90
磷酸	$H_3PO_4 \rightleftharpoons H^+ + H_2PO_4^-$	6.9×10^{-3}	2.16
	$H_2PO_4^- \rightleftharpoons H^+ + HPO_4^{2-}$	6.1×10^{-8}	7.21
	$HPO_4^{2-} \rightleftharpoons H^+ + PO_4^{3-}$	4.8×10^{-13}	12.32
氨水	$NH_3 \cdot H_2O \rightleftharpoons NH_4^+ + OH^-$	1.8×10^{-5}	4.75
甲酸	$HCOOH \rightleftharpoons H^+ + HCOO^-$	1.77×10^{-4}	3.75
乙酸	$CH_3COOH \rightleftharpoons H^+ + CH_3COO^-$	1.76×10^{-5}	4.756
草酸	$H_2C_2O_4 \rightleftharpoons H^+ + HC_2O_4^-$	5.9×10^{-2}	1.25
	$HC_2O_4^- \rightleftharpoons H^+ + C_2O_4^{2-}$	1.5×10^{-4}	3.81
苯甲酸	$C_6H_5COOH \rightleftharpoons H^+ + C_6H_5COO^-$	6.25×10^{-5}	4.204

K_a 和 K_b 具有平衡常数的一般属性，其数值大小取决于电解质的本性、温度以及溶剂种类，与电解质的浓度无关。

知识拓展

多元弱酸弱碱的解离常数

多元弱酸或弱碱在水中的解离是分步进行的。例如，H_3PO_4 为三元弱酸，其解离分三步进行，每一步都有相应的解离常数。

$$H_3PO_4 \rightleftharpoons H^+ + H_2PO_4^- \qquad K_{a1} = \frac{[H_2PO_4^-][H^+]}{[H_3PO_4]} = 6.9 \times 10^{-3}$$

$$H_2PO_4^- \rightleftharpoons H^+ + HPO_4^{2-} \qquad K_{a2} = \frac{[HPO_4^{2-}][H^+]}{[H_2PO_4^-]} = 6.1 \times 10^{-8}$$

$$HPO_4^{2-} \rightleftharpoons H^+ + PO_4^{3-} \qquad K_{a3} = \frac{[PO_4^{3-}][H^+]}{[HPO_4^{2-}]} = 4.8 \times 10^{-13}$$

以上各步反应中,方程式左侧的 H_3PO_4、$H_2PO_4^-$、HPO_4^{2-} 都是质子酸,它们的解离常数或酸常数分别为 K_{a1}、K_{a2}、K_{a3}。多元弱酸的解离常数逐级减小,是因为从一个带负电荷的离子中解离出带正电荷的质子要比从中性分子中解离困难得多。

多元弱碱也存在多步解离常数 K_{b1}、K_{b2}、K_{b3} 等。多元弱碱的解离常数逐级减小,是因为离子所带负电荷越少,接受质子的能力越弱。

二、解离度

弱电解质的解离程度还可以用解离度来表示。解离度(degree of dissociation)α 是指在一定温度下,当弱电解质在溶液中达到解离平衡时,已解离的弱电解质分子数占解离前该弱电解质分子总数的百分数。

$$\alpha = \frac{已解离的弱电解质分子数}{原有弱电解质分子总数} \times 100\% \tag{4-2}$$

相同浓度的不同弱电解质,其解离度不同。弱电解质越弱,解离度越小,因此,解离度的大小能有效地表示弱电解质的相对强弱。

解离度和解离常数是两个不同的概念,可以从不同的角度表示弱电解质的相对强弱,它们既有联系又有区别。

设弱酸 HA 初始浓度为 c,解离度为 α,则

$$HA \rightleftharpoons H^+ + A^-$$

初始浓度(mol/L) c 0   0

平衡浓度(mol/L) $c - c\alpha$ $c\alpha$ $c\alpha$

$$K_a = \frac{[H^+][A^-]}{[HA]} = \frac{c\alpha \cdot c\alpha}{c - c\alpha} = \frac{c\alpha^2}{1 - c\alpha}$$

当 K_a 很小时,HA 的解离程度很小,$1 - \alpha \approx 1$,因此

$$K_a = c\alpha^2 \quad 或 \quad \alpha = \sqrt{\frac{K_a}{c}} \tag{4-3}$$

式(4-3)表示了解离度与浓度之间的关系。由此可知,溶液浓度越小,其解离度越大。稀释有利于弱电解质解离度的提高。但弱酸解离度的提高,并非意味着溶液酸度的增加,因为酸度还与弱酸浓度有关。

例 4-1 室温下丙酸(CH_3CH_2COOH)的解离常数 $K_a = 1.3 \times 10^{-5}$,分别计算 0.10mol/L 和 0.010mol/L 丙酸溶液的解离度及溶液中的 $[H^+]$。

解:0.10mol/L 丙酸:

$$\alpha_1 = \sqrt{\frac{K_a}{c}} = \sqrt{\frac{1.3 \times 10^{-5}}{0.1}} = 0.011 = 1.1\%$$

$$[H^+]_1 = c\alpha_1 = 0.10\text{mol/L} \times 0.011 = 1.1 \times 10^{-3}\text{mol/L}$$

0.010mol/L 丙酸：

$$\alpha_2 = \sqrt{\frac{K_a}{c}} = \sqrt{\frac{1.3 \times 10^{-5}}{0.01}} = 0.036 = 3.6\%$$

$$[H^+]_2 = c\alpha_2 = 0.010\text{mol/L} \times 0.036 = 3.6 \times 10^{-3}\text{mol/L}$$

解离度 α 和解离常数 K_a 都可用来表示弱电解质的解离程度，但解离度随浓度的变化而变化，而解离常数不受浓度的影响，在一定温度下，是一个特征常数，更能反映弱电解质的本性。298K 时，不同浓度醋酸的解离度与解离常数见表 4-2。

表 4-2　不同浓度醋酸的解离度和解离常数（298K）

醋酸的浓度 /（mol·L⁻¹）	解离度 α/%	解离常数 /Kₐ
0.2	0.934	1.75×10^{-5}
0.1	1.33	1.75×10^{-5}
0.001	12.4	1.75×10^{-5}

三、同离子效应

在弱电解质溶液中，加入一种与弱电解质具有相同离子的强电解质，使弱电解质解离度降低的现象称为同离子效应（common ion effect）。

取试管一支，加入 1mol/L 氨水 2ml，酚酞试液 1 滴，振摇混匀后分装到两支试管中，向其中一支试管中加入少量氯化铵固体，振摇使之溶解，观察两支试管的变化。

实验表明：在氨水中滴加酚酞，溶液因呈碱性而显红色，加入固体氯化铵后，溶液红色变浅，说明氨水溶液碱性减弱，OH^- 浓度也相应减少。

$$NH_3 + H_2O \rightleftharpoons OH^- + NH_4^+$$
$$\text{平衡向左移动} \mid NH_4^+ + Cl^- \leftarrow NH_4Cl$$

NH_4Cl 是强电解质，在水溶液中完全解离，溶液中 NH_4^+ 浓度增加，使氨水的解离平衡左移，从而降低氨水的解离度，溶液中 OH^- 浓度也相应减少。

同离子效应可控制溶液中某种离子的浓度，还可指导缓冲溶液的配制。

第三节　水的解离和溶液的 pH

一、水的解离和离子积常数

按照酸碱质子理论，水属于两性物质，水分子之间可以发生质子传递反应

$$H_2O + H_2O \xrightarrow{H^+} OH^- + H_3O^+$$

这种发生在同种分子之间的质子传递反应称为质子自递反应（proton self-transfer reaction）。水的质子自递可简写为：

$$H_2O \rightleftharpoons H^+ + OH^-$$

在一定条件下达到平衡，其平衡常数为：

$$K = \frac{[H^+][OH^-]}{[H_2O]}$$

在纯水或稀溶液中，$[H_2O]$ 可视为常数，将它与 K 合并，得

$$K_w = [H^+][OH^-] \tag{4-4}$$

K_w 称为水的质子自递平衡常数（proton self-transfer constant），又称水的离子积（ion product of water）。表4-3列出了不同温度下水的 K_w 数值。

表4-3　K_w 与温度 T 的关系

T/K	273	283	293	298	313	323	333
K_w	1.1×10^{-15}	2.9×10^{-15}	6.8×10^{-15}	1.0×10^{-14}	2.9×10^{-14}	5.5×10^{-14}	9.6×10^{-14}

从表中可以看出，在一定范围内，温度变化对 K_w 影响不大，常温下可认为 $K_w = 1.0 \times 10^{-14}$。水的离子积是平衡常数的一种，不仅适用纯水，也适用稀水溶液。

二、共轭酸碱对解离平衡常数的关系

共轭酸碱 $HA - A^-$ 在溶液中存在以下解离平衡：

$$HA \rightleftharpoons H^+ + A^-$$
$$A^- + H_2O \rightleftharpoons HA + OH^-$$

其反应的平衡常数为：

$$K_a = \frac{[H^+][A^-]}{[HA]}$$

$$K_b = \frac{[OH^-][HA]}{[A^-]}$$

将两式相乘得：

$$K_a \cdot K_b = K_W \tag{4-5}$$

由此可见，在一个共轭酸碱对中，共轭酸的酸常数与其共轭碱的碱常数之积等于水的离子积。利用（4-5）式，已知酸的 K_a，便可求得其共轭碱的 K_b，反之亦然。

例4-2　已知 NH_3 的 K_b 为 1.75×10^{-5}，试求 NH_4^+ 的 K_a。

解：NH_4^+ 是 NH_3 的共轭酸

$$K_a = \frac{K_w}{K_b(NH_3)} = \frac{1 \times 10^{-14}}{1.75 \times 10^{-5}} = 5.6 \times 10^{-10}$$

三、溶液的酸碱性和 pH

1. 溶液的酸碱性与 H^+ 浓度的关系　常温下，在纯水中 $[H^+]$ 和 $[OH^-]$ 相等，都是 1×10^{-7} mol/L，溶液呈中性。如果向纯水中加酸，$[H^+]$ 增大，水的解离平衡向左移动，达到新平衡时，$[H^+] > [OH^-]$，溶液呈酸性。向纯水中加碱，平衡时，$[H^+] < [OH^-]$，溶液呈碱性。综上所述，常温时：

中性溶液　　$[H^+] = [OH^-] = 1.0 \times 10^{-7}$ mol/L

酸性溶液　　$[H^+] > 1.0 \times 10^{-7}$ mol/L $> [OH^-]$

碱性溶液　　$[H^+] < 1.0 \times 10^{-7}$ mol/L $< [OH^-]$

$[H^+]$ 越大，溶液的酸性越强；$[H^+]$ 越小，溶液的酸性越弱。

2. 溶液的 pH　在生产和科学研究中，经常使用一些 H^+ 浓度很小的溶液，如血清中 $[H^+] = 3.98 \times 10^{-8}$ mol/L。为了书写方便，常用 pH 表示该类溶液的酸碱性。pH 为氢离子浓度的负对数，即

$$pH = -\lg[H^+] \tag{4-6}$$

如：$[H^+] = 1 \times 10^{-3}$ mol/L，则 $pH = -\lg 10^{-3} = 3$

溶液的酸碱性和 pH 的关系：

中性溶液：pH＝7

酸性溶液：pH＜7

碱性溶液：pH＞7

可见，pH 越小，溶液的酸性越强；pH 越大，溶液的碱性越强。H$^+$ 和 pH 的对应关系见表4-4。

表4-4　[H$^+$]和 pH 的对应关系

[H$^+$]	10^0	10^{-1}	10^{-2}	10^{-3}	10^{-4}	10^{-5}	10^{-6}	10^{-7}	10^{-8}	10^{-9}	10^{-10}	10^{-11}	10^{-12}	10^{-13}	10^{-14}
pH	0	1	2	3	4	5	6	7	8	9	10	11	12	13	14

酸性逐渐增强　　　中性　　　碱性逐渐增强

由表4-4可以看出，pH 常用范围在 1~14 之间。当溶液的 [H$^+$] 大于 1mol/L 时，用 [H$^+$] 来表示。溶液的酸碱性也可用 pOH 表示，pOH 是氢氧根离子浓度的负对数。即：

$$pOH = -\lg[OH^-]$$

在 298K 时，水溶液中 [H$^+$][OH$^-$]＝1.0×10^{-14}，故有 pH＋pOH＝14。

四、一元弱酸、弱碱溶液 pH 的计算

设一元弱酸 HA 的初始浓度为 c_a，通常情况下，当 $K_a \cdot c_a \geq 20K_w$ 时，可以忽略水的解离，溶液中的 H$^+$ 将主要来源于 HA 的解离。当 $c_a/K_a \geq 500$ 时，溶液中弱酸 HA 的解离度极小，弱酸解离的 [H$^+$] 总浓度远小于 HA 的总浓度 c_a，则 [HA]＝c_a－[H$^+$] $\approx c_a$。

当满足上述条件时，可推导出计算一元弱酸溶液中 [H$^+$] 的最简公式：

$$[H^+] = \sqrt{K_a c_a} \tag{4-7}$$

同理，设一元弱碱的初始浓度为 c_b，同理，当 $K_b \cdot c_b \geq 20K_w$ 时，且 $c_b/K_b \geq 500$ 时，可推导出计算一元弱碱溶液中 [OH$^-$] 的最简式：

$$[OH^-] = \sqrt{K_b c_b} \tag{4-8}$$

例 4-3　计算 0.100mol/L HCN 溶液的 pH。

解：HCN 为一元弱酸，c_a＝0.100mol/L，查表4-1知 K_a＝6.2×10^{-10}

$$K_a c_a = 6.2 \times 10^{-11} > 20K_w，c_a/K_a = 0.100/(6.2 \times 10^{-10}) > 500$$

$$则：[H^+] = \sqrt{K_a c_a} = \sqrt{6.2 \times 10^{-10} \times 0.100} = 7.9 \times 10^{-6}（mol/L）$$

$$pH = 5.10$$

例 4-4　已知 $K_b(NH_3)$＝1.8×10^{-5}，计算 0.100mol/L NH$_4$Cl 溶液的 pH。

解：NH$_4$Cl 在水溶液中完全解离为 NH$_4^+$ 和 Cl$^-$，NH$_4^+$ 是一元弱酸，其浓度为 0.100mol/L，且与 NH$_3$ 互为共轭酸碱对，则

$$K_a(NH_4^+) = \frac{K_w}{K_b(NH_3)} = \frac{1.0 \times 10^{-14}}{1.8 \times 10^{-5}} = 5.6 \times 10^{-10}$$

$K_a c_a > 20K_w，c_a/K_a = 0.100/(5.6 \times 10^{-10}) > 500$，则

$$[H^+] = \sqrt{K_a c_a} = \sqrt{5.6 \times 10^{-10} \times 0.100} = 7.9 \times 10^{-6}（mol/L）$$

$$pH = 5.13$$

多元弱酸弱碱及两性溶液 pH 的计算

1. **多元弱酸、弱碱溶液 pH 近似公式**　多元弱酸或多元弱碱的溶液中，$[H^+]$ 或 $[OH^-]$ 主要来源于第一步解离。因此，一般情况下，多元弱酸或多元弱碱溶液中 $[H^+]$ 或 $[OH^-]$ 的计算，可按一元弱酸（弱碱）处理。

多元弱酸：当 $c_a K_{a1} \geq 20 K_w$、$K_{a1}/K_{a2} > 10^2$、$c_a/K_{a1} > 500$ 时：$[H^+] = \sqrt{K_{a1} c(H_n A)}$

多元弱碱：当 $c_b K_{b1} \geq 20 K_w$、$K_{b1}/K_{b2} > 10^2$、$c_b/K_{b1} > 500$ 时：$[OH^-] = \sqrt{K_{b1} c(A^{n-})}$

2. **两性物质溶液 pH 近似计算**　对于如 HCO_3^-、$H_2PO_4^-$、HPO_4^{2-} 等阴离子型的两性物质，其水溶液的酸碱性取决于两性物质自身酸碱性的相对强弱，若其酸常数大于碱常数，则溶液显酸性；反之溶液显碱性，溶液 pH 的近似计算公式为：

$$[H^+] = \sqrt{K_a \cdot K_a'}$$

其中 K_a 为两性物质作为酸的酸常数；K_a' 为两性物质作为碱时对应共轭酸的酸常数。

五、pH 的护理应用

1. **pH 与人体健康**　人体的体液都有各自的 pH 范围（表 4-5）。各种生物分子，只在一定 pH 范围内才有活性；生物体中的许多化学反应，也只能发生在固定的 pH 范围之内。pH 超出这些范围，将会影响正常生理功能，必须及时加以纠正。

表 4-5　人体各种体液的 pH

体液	pH	体液	pH
血浆	7.35~7.45	大肠液	8.30~8.40
成人胃液	0.9~1.5	乳汁	6.60~6.90
婴儿胃液	5.0 左右	泪水	7.40 左右
唾液	6.35~7.10	尿液	4.80~7.50
胰液	7.50~7.80	脑脊液	7.35~7.45
小肠液	7.60 左右	细胞液	7.20~7.45

2. **临床静脉输液对 pH 的要求**　输液的 pH 最好与血液 pH 相近，以免引起血液 pH 的变化。但考虑药物的稳定性、溶解性和药效等因素，制备各种注射液时，对溶液 pH 均有特殊要求。如盐酸普鲁卡因注射液 pH＝3.5~5.0，吗啡注射液 pH<4，三磷酸腺苷注射液 pH＝9 等。

第四节　缓冲溶液

一、缓冲溶液的组成

（一）缓冲溶液和缓冲作用

在室温下，取 10ml 水、10ml 0.1mol/L NaCl 溶液、10ml 0.1mol/L HAc 与 0.1mol/L NaAc 的混合溶液，加入 1ml 0.1mol/L HCl 或 1ml 0.1mol/L NaOH，混合均匀后，测定三种溶液的 pH。结果见表 4-6。

表 4-6　加酸或加碱后溶液 pH 的变化

溶液	pH	加 HCl 后 pH	加 NaOH 后 pH
纯水	7	3（减小 4 个单位）	11（增大 4 个单位）
氯化钠溶液	7	3（减小 4 个单位）	11（增大 4 个单位）
醋酸–醋酸钠溶液	4.75	4.74（几乎没变）	4.76（几乎没变）

表 4-6 中数据表明：纯水和氯化钠溶液中加少量酸后 pH 明显减小，加少量碱后 pH 明显增大；而醋酸和醋酸钠混合液中加少量酸或少量碱后 pH 几乎不发生变化。说明纯水和氯化钠溶液没有抗酸抗碱的能力，而醋酸和醋酸钠混合溶液具有抗酸抗碱的能力。如果对醋酸和醋酸钠混合溶液作适当稀释，其 pH 也几乎不变。

溶液的这种能抵抗外来少量强酸、强碱或者适当稀释而保持溶液 pH 基本不变的作用叫缓冲作用（buffer action）；具有缓冲作用的溶液叫缓冲溶液（buffer solution）。

（二）缓冲溶液的组成

缓冲溶液之所以具有缓冲作用，是因为缓冲溶液中含有相当数量的抗酸成分和抗碱成分，这两种成分组成的体系称为缓冲系（buffer system）或缓冲对（buffer pair）。按酸碱质子理论，缓冲对就是共轭酸碱对。常见的缓冲系主要有三种类型：弱酸及其共轭碱、弱碱及其共轭酸、两性物质及其对应的共轭酸（碱）（表 4-7）。

表 4-7　常见的缓冲对（25℃）

缓冲系类型	缓冲系举例	弱酸	共轭碱	pK_a
弱酸及其共轭碱	$CH_3COOH-CH_3COONa$	CH_3COOH	CH_3COO^-	4.75
	$H_2CO_3-NaHCO_3$	H_2CO_3	HCO_3^-	6.35
	$H_3PO_4-NaH_2PO_4$	H_3PO_4	$H_2PO_4^-$	2.16
	$H_2C_8H_4O_4-KHC_8H_4O_4$	$H_2C_8H_4O_4$	$HC_8H_4O_4^-$	2.89
弱碱及其共轭酸	NH_4Cl-NH_3	NH_4^+	NH_3	9.25
	$CH_3NH_3^+Cl-CH_3NH_2$	$CH_3NH_3^+$	CH_3NH_2	10.63
两性物质及其对应的共轭酸（碱）	$NaH_2PO_4-Na_2HPO_4$	$H_2PO_4^-$	HPO_4^{2-}	7.21
	$Na_2HPO_4-Na_3PO_4$	HPO_4^{2-}	PO_4^{3-}	12.67

在实际应用中，可用酸碱反应的产物与过量的弱酸、弱碱组成缓冲对，如：过量 CH_3COOH 与 NaOH 反应可提供 CH_3COOH-CH_3COO^- 缓冲对，过量 $NH_3 \cdot H_2O$ 与 HCl 反应可提供 NH_4^+-NH_3 缓冲对等。

二、缓冲作用原理

现以 CH_3COOH-CH_3COONa 组成的缓冲溶液为例加以说明。在水溶液中，CH_3COONa 是强电解质，完全解离成 Na^+ 和 CH_3COO^-。CH_3COOH 是弱电解质，在水中解离度很小，加之 CH_3COO^- 的同离子效应，使 CH_3COOH 的解离度更小。因此，达到平衡时，$[CH_3COOH]$ 约等于 CH_3COOH 的初始浓度，$[CH_3COO^-]$ 约等于 CH_3COONa 的初始浓度。由于 CH_3COOH 与 CH_3COONa 的初始浓度较大，所以溶液中存在着足量的 CH_3COOH 分子（共轭酸）和 CH_3COO^- 离子（共轭碱）。两者之间的解离平衡反应如下所示：

$$CH_3COOH \rightleftharpoons H^+ + CH_3COO^-$$
$$\text{（大量）} \qquad\qquad \text{（大量）}$$

当向溶液中加入少量强酸时，H^+ 浓度瞬间增大，平衡向左移动，共轭碱 CH_3COO^- 和加入的 H^+ 结合成难解离的 CH_3COOH，达到新平衡时，CH_3COOH 浓度略有增大，CH_3COO^- 浓度略有减小，而溶液中的 H^+ 浓度基本保持不变，故溶液的 pH 基本保持不变。缓冲对中的共轭碱 CH_3COO^- 起到抵抗少量强酸的作用,故 CH_3COO^- 为抗酸成分。

当向溶液中加入少量强碱时,OH^- 浓度瞬间增大,H^+ 与外来的 OH^- 结合生成 H_2O,使醋酸的解离平衡向右移动,达到新的平衡后,溶液中 CH_3COO^- 离子浓度略有增大,CH_3COOH 浓度略有减小,而 H^+ 的浓度几乎不变,溶液的 pH 几乎不变。共轭酸 CH_3COOH 起到抵抗外来少量强碱的作用,故 CH_3COOH 是抗碱成分。

当溶液适当稀释时,虽然 H^+ 因稀释有所降低,但 CH_3COOH 和 CH_3COO^- 的浓度同时降低,同离子效应减弱,CH_3COOH 的解离度增大,H^+ 浓度得以补充,溶液的 pH 基本保持不变。

其余两类缓冲溶液的作用原理也与上述基本相同。值得注意的是缓冲溶液的缓冲能力是有限的,如向缓冲溶液中加入大量的强酸、强碱,缓冲溶液中的抗酸成分和抗碱成分耗尽,缓冲溶液就会失去缓冲作用。

三、缓冲溶液 pH 的计算

以 HA 表示缓冲系的共轭酸,A^- 表示缓冲系的共轭碱,它们在水溶液中存在如下的解离平衡:

$$HA \rightleftharpoons H^+ + A^- \qquad K_a = \frac{[H^+][A^-]}{[HA]}$$

公式可转化为 $[H^+] = K_a \cdot \dfrac{[HA]}{[A^-]}$,等式两边同取负对数,得:

$$pH = pK_a + \lg\frac{[A^-]}{[HA]}$$

由于 HA 和 A^- 均为弱电解质,解离程度很小,当系统达到平衡时,$[HA] \approx c(HA)$,$[A^-] \approx c(A^-)$。因此上式又可以表示为:

$$pH = pK_a + \lg\frac{c(A^-)}{c(HA)} \tag{4-9}$$

式(4-9)为计算缓冲溶液 pH 的近似公式,称为亨德森-哈赛尔巴赫(Henderson-Hasselbalch)公式。其中,pK_a 为共轭酸解离平衡常数的负对数,$c(A^-)$ 和 $c(HA)$ 分别为共轭碱和共轭酸的初始浓度,$c(A^-)/c(HA)$ 称为缓冲比,$c(A^-)$ 与 $c(HA)$ 的加和称为缓冲溶液的总浓度。

若以 $n(HA)$ 和 $n(A^-)$ 分别表示缓冲溶液中所含共轭酸碱对的物质的量,则式(4-9)可转化为:

$$pH = pK_a + \lg\frac{n(A^-)}{n(HA)} \tag{4-10}$$

缓冲溶液的 pH 主要取决于缓冲系中弱酸的 pK_a,其次是缓冲比。若缓冲系选定,则 pK_a 一定,缓冲溶液的 pH 随缓冲比的改变而改变。缓冲比等于 1 时,$pH = pK_a$,此时溶液的缓冲能力最强。

例 4-5 计算 50ml 0.20mol/L 的 CH_3COOH 溶液与 0.10mol/L 的 CH_3COONa 溶液等体积混合所得溶液的 pH。已知 CH_3COOH 的 $pK_a = 4.75$。

解:根据缓冲公式得

$$pH = pK_a + \lg\frac{n(CH_3COO^-)}{n(CH_3COOH)} = 4.75 + \lg\frac{0.1 \times 0.05}{0.2 \times 0.05} = 4.45$$

四、缓冲溶液的配制

在实际工作中经常需要配制一定 pH 的缓冲溶液,其配制原则和步骤如下:

1. 选择合适的缓冲系 所配缓冲溶液的 pH 应尽量等于或靠近缓冲系中共轭酸的 pK_a,以保证在总浓度一定时，缓冲比趋近于 1，使具有较大的缓冲能力。如配制 pH 为 4.80 的缓冲溶液，可选择 CH_3COOH-CH_3COONa 缓冲系（$pK_a = 4.75$），而不能选择 NH_3-NH_4Cl（$pK_a = 9.25$）。

2. 控制适当的总浓度　缓冲系的总浓度太低，则缓冲能力太小；总浓度太高，又会造成试剂的浪费。一般总浓度控制在 0.05~0.5mol/L 为宜。

3. 计算所需缓冲系的用量　为配制方便起见，通常用等浓度的共轭酸和共轭碱来配制，则缓冲比等于共轭碱与共轭酸的体积比。

$$pH = pK_a + \lg \frac{V(A^-)}{V(HA)} \tag{4-11}$$

4. pH 的校正　用上述方法配制的缓冲溶液，其实测值与计算值常有差异，因此，需要用精密 pH 试纸或酸度计加以校正。

例 4-6　如何配制 pH = 10.00 的缓冲溶液 500ml？（NH_3 的 $pK_b = 4.75$）

解：因 NH_3 的 $pK_b = 4.75$，则 NH_4^+ 的 $pK_a = 14 - 4.75 = 9.25$。

选择浓度均为 0.1mol/L NH_3 和 NH_4Cl 溶液作缓冲对。

则：$pH = pK_a + \lg \dfrac{V(NH_3)}{V(NH_4^+)}$　　　$10.00 = 9.25 + \lg \dfrac{V(NH_3)}{V(NH_4^+)}$

得：$V(NH_4^+) = 76ml$，$V(NH_3) = 424ml$

将 424ml 0.1mol/L NH_3 溶液和 76ml 0.1mol/L NH_4Cl 溶液混合，可得到 500ml pH = 10.00 的缓冲溶液。

五、缓冲溶液的护理应用

1. 医学及生化实验需要缓冲溶液　在组织切片、微生物培养、细菌染色、血液保存、临床化验、药物调剂等方面，都要求溶液维持一定的 pH。常用缓冲溶液有 Tris-Tris·HCl（三羟甲基甲胺及其盐酸盐）缓冲系、磷酸盐缓冲系等。因 Tris·HCl-Tris 缓冲溶液性质稳定，易溶于体液且不会使体液中的钙盐沉淀，对酶的活性几乎无影响，因而广泛应用于生理、生化研究中。为了与血浆等渗，配制缓冲溶液时常需加入 NaCl（表 4-8）。

表 4-8　Tris 和 Tris·HCl 组成的缓冲溶液

缓冲溶液组成 /(mol·L⁻¹)			pH	
Tris	Tris·HCl	NaCl	25℃	37℃
0.02	0.02	0.14	8.220	7.904
0.05	0.05	0.11	8.225	7.908
0.006 667	0.02	0.14	7.745	7.428
0.016 67	0.05	0.11	7.745	7.427
0.05	0.05		8.173	7.851
0.016 67	0.05		7.699	7.382

2. 缓冲溶液在人体内的重要调节作用　正常人体血液的 pH 总是维持在 7.35~7.45 的范围内，血液能保持如此狭窄的 pH 范围，其中一个重要因素就是血液中存在着多种缓冲对，再加上肾、肺的调节作用。血液是一种复杂的缓冲溶液，含有多种共轭酸碱对组成的缓冲系。血液中存在的主要缓冲系包括：

血浆中：$H_2CO_3 - NaHCO_3$、$NaH_2PO_4 - Na_2HPO_4$、$H_nP - NaH_{n-1}P$（H_nP 代表蛋白质）等。

红细胞中：$H_2b - KHb$（H_2b 代表血红蛋白）、$H_2bO_2 - KHbO_2$（H_2bO_2 代表氧合血红蛋白）、$H_2CO_3 - KHCO_3$、$KH_2PO_4 - K_2HPO_4$ 等。

在血浆缓冲对中，H_2CO_3-HCO_3^-缓冲系的浓度最高，缓冲能力最大，在维持血液酸碱平衡中发挥的作用最大。H_2CO_3与HCO_3^-存在以下平衡：

$$CO_2 + H_2O \rightleftharpoons H_2CO_3 \rightleftharpoons H^+ + HCO_3^-$$

正常人血浆中，$[HCO_3^-]/[H_2CO_3] = 20/1$。37℃时，校正后$H_2CO_3$的$pK_a' = 6.10$，根据亨德森-哈赛尔巴赫公式，可得血浆 pH 为 7.40。只要缓冲比$[HCO_3^-]/[H_2CO_3]$维持在 20∶1，血浆 pH 便可维持在 7.40 不变。

当体内酸性物质增加时，血液中大量存在的抗酸成分HCO_3^-与H^+作用生成H_2CO_3，上述平衡左移。生成的H_2CO_3由血液循环到肺部，分解为CO_2由肺呼出，损失的HCO_3^-由肾减小对HCO_3^-的排泄而得到补偿，因此血浆的 pH 可基本维持恒定。当体内碱性物质增加时，血浆中的H^+与OH^-结合生成水，上述平衡右移，大量存在的抗碱成分H_2CO_3发生解离，以补充消耗的H^+。H_2CO_3的减少可由肺抑制CO_2的呼出得以补偿，增多的HCO_3^-则由肾脏排出体外，从而使血浆的 pH 保持基本恒定。

在红细胞内的缓冲对中，血红蛋白（H_2b）和氧合血红蛋白（H_2bO_2）组成的缓冲对最为重要，血液对CO_2的缓冲作用主要是靠它们实现的。

综上所述，由于血液中各种缓冲对的缓冲作用和肺、肾的协同调节作用，正常人血液的 pH 得以维持在 7.35~7.45 的狭小范围之内。如果机体某一方面的调节出现障碍，体内蓄积的酸过多，血液 pH 低于 7.35 时，便会发生酸中毒（acidosis）。当体内蓄积的碱过多，血液 pH 高于 7.45 时，就会发生碱中毒（alkalosis）。若血液的 pH<6.8 或>7.8，严重的酸碱中毒会导致病人死亡。

知识拓展

复方氢氧化铝片的药理作用

复方氢氧化铝片是典型且常用的抗酸药，其主要成分是氢氧化铝，能缓解胃酸过多而合并的反酸等症状，适用于胃溃疡及十二指肠溃疡、反流性食管炎、上消化道出血的治疗。氢氧化铝对胃内已存在的胃酸起中和/或缓冲的化学反应，但对胃酸的分泌没有直接影响，其抗酸作用缓慢而持久。氢氧化铝的中和、缓冲作用可导致胃内容物的 pH 升高，从而使胃酸过多的症状得以缓解。氢氧化铝与胃酸作用时，产生的氯化铝有收敛作用，可局部止血，但也可能引起便秘。氢氧化铝还与胃液混合形成凝胶，覆盖在溃疡表面形成一层保护膜，起机械保护作用。此外，由于铝离子在肠内与磷酸盐结合成不溶解的磷酸铝自粪便排出，故尿毒症患者服用大剂量氢氧化铝后可减少肠道磷酸盐的吸收，从而减轻酸血症（但同时应注意上述副作用）。

（孙丽花）

思考题

1. 根据酸碱质子理论，物质NH_4^+、H_2S、S^{2-}、HSO_4^-、CO_3^{2-}、$H_2PO_4^-$、PO_4^{3-}、$HCOOH$、H_2NCH_2COOH中，写出酸、碱和两性物质。写出各酸的共轭碱和各碱的共轭酸。

2. 以NaH_2PO_4-Na_2HPO_4为例说明缓冲作用原理。

3. 在下列溶液中，选择能配制缓冲溶液的缓冲对 HCl、CH_3COOH、NaOH、CH_3COONa、H_2CO_3。

ER 4-3

练习题

第五章 | 物质结构基础

学习目标

1. 掌握：核外电子运动状态的描述；核外电子的排布规律；化学键的形成及特点。
2. 熟悉：原子的组成和同位素；元素周期律；元素周期表的结构；分子间作用力；常见元素与人体健康的关系。
3. 了解：价键理论和杂化轨道理论；同位素在医学上的应用；元素与人体健康。
4. 学会：元素核外电子的排布方式和根据元素周期律推断元素性质；根据成键方式判断分子的空间结构。
5. 具备把握事物的变化规律，寻找新生事物契机的能力，懂得元素周期律中量变质变，正确看待人生道路上逆境中的各种困难，积蓄正能量，磨炼意志，等待时机，抓住机遇，活出精彩的人生。

自然界的物质种类繁多、丰富多彩、性质各异。物质在性质上的差异来源于物质内部结构的差异。随着科学探究深入微观层次，物质的微观结构揭示了物质的性质和变化规律。

情景导入

尿素呼气实验

幽门螺杆菌（Hp），是一种微厌氧，寄生在胃内的细菌，是目前最明确的胃癌发生危险因素。^{13}C、^{14}C 尿素呼气实验法是进行幽门螺杆菌感染筛查方法之一，具有无痛苦性、灵敏度高、检出率高的特性，是目前理想的一种检测方法。

请思考：

1. ^{13}C、^{14}C 是不是同一种原子？
2. 试分析同一种元素存在不同原子的原因。

第一节 原子结构

一、原子的组成和同位素

（一）原子的组成

19 世纪初，英国科学家道尔顿提出了原子论，20 世纪初，英国物理学家卢瑟福利用 α 粒子散射实验，提出了原子的有核模型，原子的正电荷和绝大部分质量都集中于原子核，电子在核外绕核运动。在综合普朗克的量子论、爱因斯坦光电效应、

德布罗意波理论、薛定谔方程的基础之上，得出原子的微观结构。

原子（atom）是由带正电的原子核（atomic nucleus）和核外带负电的电子组成，原子核是由带正电的质子（proton）和不带电的中子（neutron）组成，1 个质子带 1 个单位正电荷，1 个电子带 1 个单位负电荷。原子作为一个整体对外不显电性，说明原子核所带正电荷数（核电荷数）等于核内质子数，与核外电子数相等，按核电荷数由小到大将元素排序，所得的序号称为该元素的原子序数（atomic number）。则原子中存在如下关系：

$$原子序数 = 核电荷数 = 核内质子数 = 核外电子数$$

现将构成原子的质子、中子和电子的一些性质归纳于表 5-1 中。

质子和中子的质量都很小，电子的质量更小。应用它们计算不方便，因此通常用它们的相对质量，国际纯粹与应用化学联合会（IUPAC）规定，以 ^{12}C 原子质量的 1/12 为测量元素原子量的标准，得到相对质量。质子

表 5-1　质子、中子和电子的一些性质

粒子	质子	中子	电子
电荷	+1	0	-1
质量 /kg	$1.672\ 6 \times 10^{-27}$	$1.674\ 9 \times 10^{-27}$	$9.109\ 4 \times 10^{-31}$
相对质量	1.007	1.008	1/183 6*

* 指电子质量与质子质量之比。

和中子的相对质量近似为 1。如果忽略电子的质量，将原子核内所有质子和中子的相对质量取近似整数相加所得的数值称为质量数（mass number），用符号 A 表示。质子数用符号 Z 表示，中子数用符号 N 表示，则：

$$质量数（A）= 质子数（Z）+ 中子数（N）$$

以 $^A_Z X$ 代表一个质量数为 A、质子数（核电荷数）为 Z 的原子，则原子的组成关系如下：

$$
原子
\begin{cases}
原子核
\begin{cases}
质子 & Z个 \\
中子 & （A\text{-}Z）个
\end{cases} \\
核外电子 \quad Z个
\end{cases}
$$

例如：$^{23}_{11}Na$ 表示钠原子的质量数是 23，质子数为 11，中子数为 12，核外电子数为 11。

（二）同位素

把具有相同核电荷数（即质子数）的同一类原子总称元素（element），同种元素的质子数相同，中子数不一定相同，如核电荷数为 8 的氧元素有中子数分别为 8 和 10 的两种原子，分别表示为 $^{16}_8 O$、$^{18}_8 O$。像这种质子数相同而中子数不同的同种元素的不同原子互称为同位素（isotope）。同一元素的同位素质量数不同，物理性质有一定差异，但核外电子数相同，化学性质基本相同。

大多数元素都有同位素，按照同位素的性质，可将其分为稳定性同位素和放射性同位素。放射性同位素的原子能自发地放出 α 射线、β 射线和 γ 射线，可以被灵敏的探测仪器发现和检测到它们的踪迹，因此称放射性同位素的原子为"示踪原子"，在科学研究和医学上具有很重要的用途。如可以利用甲状腺选择性摄取 $^{131}_{53} I$，常用于甲状腺功能亢进诊断和治疗。医生根据 ^{14}C 尿素呼气实验结果，来诊断是否感染幽门螺杆菌。

知识拓展

幽门螺杆菌筛查——^{14}C 呼气实验法

幽门螺杆菌是一种微厌氧、寄生在胃内的细菌，黏附于胃黏膜及细胞间隙，幽门螺杆菌感染是一种感染性疾病，全球感染率近半。目前，临床上检验幽门螺杆菌最广泛的方法为 ^{14}C 呼气实验。实验原理如下：患者在空腹时呼气，然后口服 ^{14}C 标记的尿素。由于幽门螺杆菌中

含有一种尿素酶，感染了幽门螺杆菌的患者，胃内的幽门螺杆菌就会将 ^{14}C 标记的尿素分解为 NH_3 和 $^{14}CO_2$。因此，0.5h 后再次进行呼气实验，就可以通过对比第二次呼出的二氧化碳中 ^{14}C 的含量，判断是否感染了幽门螺杆菌，感染记为阳性。感染后会出现口臭、反酸、胃痛、上腹部不适等症状。2022 年，中华医药学会消化病学分会发表了《2022 中国幽门螺杆菌感染治疗指南》，为临床上的治疗方案提出了专家共识的意见。

二、原子核外电子的运动状态

（一）电子云

宏观物体，大到行星，小到尘埃，总有确定的运动轨迹，即可在某一时刻测出它们的速度和位置。但是，电子围绕原子核运动是微观的，没有固定的运动轨道，只能用统计的方法来描述电子在核外空间各点出现的概率。一般用小黑点的疏密度来表示电子出现概率的多少，图 5-1 是一段时间内对氢原子的核外电子拍照，多张照片叠加的情况，它反映了氢原子核外电子的运动状况。图中小黑点密集的地方，表示电子在此区域出现概率大，小黑点稀疏的地方，表示电子在此区域出现概率小。电子在核外某一区域内的高速运转如同带负电荷的云雾笼罩在原子核周围，形象地称它为"电子云"。

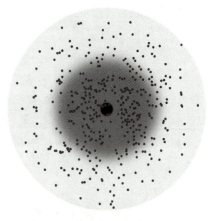

图 5-1　基态氢原子电子云图

把具有一定形状和空间伸展方向的电子云所占据的空间称为一个原子轨道（atomic orbital）。氢原子的原子轨道是一个球面，表示氢原子核外的一个电子在此界面空间区域内运动。

基态氢原子电子云

核外电子运动状态

为了得到核外电子运动状态合理的解，求解薛定谔方程要求一些物理量必须是量子化的，从而引进了三个量子数 n、l、m，为了描述电子自旋特征，引进了自旋量子数 m_s。用这四个量子数可以简明地描述核外电子运动状态。

1. 主量子数 n　又代表电子层数，它决定原子轨道的能量高低和电子离核的平均距离，n 的取值为 1，2，3… 等正整数，n 越小，电子离核越近，能量越低。用大写英文字母表示电子层。主量子数与电子层的关系见表 5-2。

表 5-2　主量子数与电子层的关系

n 的取值	1	2	3	4	5	6	7
电子层符号	K	L	M	N	O	P	Q
电子层	一	二	三	四	五	六	七
能量高低	低————————————————————→高						

2. 角量子数 l　在多电子原子中，同一层电子的能量还稍有差别，运动状态也稍有不同，根据这个差别，可把同一电子层分为若干个能量稍有差异、电子云形状不同的亚层。角量子数 l 用来描述原子轨道的形状。角量子数的取值受主量子数的限制，可取 0、1、2、3…(n-1)，共有 n 个整数值。

每一个 l 对应一个电子亚层，当 l=0，1，2，3 时，亚层可用符号 s、p、d、f 表示。当 n=1 时，l 只能取 0，只有 s 亚层；当 n=2 时，l 可取 0 和 1，有 s 亚层和 p 亚层；依次类推。角量子数与主量子数的关系见表 5-3。

表 5-3　主量子数与角量子数的关系

n	1	2		3			4			
电子层	第一	第二		第三			第四			
l	0	0	1	0	1	2	0	1	2	3
电子亚层	1s	2s	2p	3s	3p	3d	4s	4p	4d	4f

不同的 l 值，电子云的形状不同，电子运动的区域不同。如，s 亚层电子云呈球形对称；p 亚层电子云呈哑铃型；d 电子云为四叶花瓣形等，如图 5-2 所示。在多电子原子中，即主量子数 n 相同（电子层相同），电子的能量随角量子数 l 的增加而增加（ns<np<nd<nf）。电子的能量虽然由 n 和 l 共同决定，但前者是主要的。

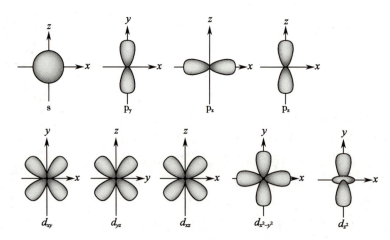

图 5-2　s、p、d 电子云形状

3. 磁量子数 m　用来描述原子轨道（或电子云）的空间伸展方向。取值受角量子数 l 的约束，取值范围 $m=0,\pm 1,\pm 2\cdots\cdots\pm l$，共 $2l+1$ 个值，即每一电子亚层具有 $2l+1$ 个空间伸展方向。

每一个磁量子数 m 的取值，对应一个轨道，决定电子云在空间的一种取向。如 $l=0$ 时，$m=0$，m 只有一个取值，即 s 亚层只有一个轨道。s 电子云是球形对称的，在整个球壳上电子云密度完全相等，因此没有方向性，s 状态的电子只有一个轨道，称 s 轨道；当 $l=1$ 时，$m=0,\pm 1$，m 有三个取值，即 p 亚层有三个轨道。且在空间沿 X、Y、Z 三个互相垂直的方向伸展，分别称为 p_x、p_y、p_z 轨道，统称为 p 轨道。

在同一个亚层内的不同原子轨道能量相同，但各自的伸展方向不同，故将同一个亚层的各个轨道称为等价轨道或简并轨道。如 p 亚层有 p_x、p_y、p_z 三个简并轨道，d 有五个简并轨道；f 有七个简并轨道。

磁量子数 m 与角量子数 l 的关系见表 5-4。

表 5-4　磁量子数与角量子数的关系

l 值	m 值	轨道
$l=0$（s 亚层）	$m=0$	只有 1 个伸展方向，无方向性
$l=1$（p 亚层）	$m=+1,0,-1$	3 个伸展方向，3 个等价轨道
$l=2$（d 亚层）	$m=+2,+1,0,-1,-2$	5 个伸展方向，5 个等价轨道
$l=3$（f 亚层）	$m=+3,+2,+1,0,-1,-2,-3$	7 个伸展方向，7 个等价轨道

4. 自旋量子数 m_s　研究发现，电子在绕原子核运动的同时，本身还在自旋运动，描述电子自旋状态的量子数称为自旋量子数 m_s。m_s 的取值只有 $+\dfrac{1}{2}$ 和 $-\dfrac{1}{2}$ 两种，分别表示了电子的两种自旋方向，相当于"顺时针"和"逆时针"两种方向，用符号"↑"和"↓"表示。自旋量子数 m_s 表明每个原子轨道最多能容纳的电子数是 2 个。

综上所述,原子核外每个电子的运动状态可用四个量子数来描述,它们从电子在原子核外的运动范围、电子云形状、空间伸展方向及电子的自旋方向来表征每个电子的运动状态。

例5-1 请讨论第三电子层中有多少个亚层?各亚层上有多少个轨道?最多可容纳多少个电子?

解:由题意可知:$n=3$,则 $l=0,1,2$

$l=0$ 时,$m=0$,有 1 个 3s 轨道。

$l=1$ 时,$m=0$、±1,有 3 个 3p 轨道。

$l=2$ 时,$m=0$、±1、±2,有 5 个 3d 轨道。

所以第三电子层中有 3 个亚层,各亚层分别有 1、3、5 个轨道,最多可容纳的电子数为 $2\times3^2=18$ 个。

(二)多电子原子轨道能级

多电子原子中,除了考虑各单电子的运动状态外,还需考虑电子之间的排斥作用。因此原子轨道的能量及其排序并非固定不变,鲍林根据光谱数据得出多电子原子轨道近似能级图(图5-3)。

鲍林的原子轨道近似能级图,将原子轨道按能量从低到高排列分为 7 个能级组,每个虚线方框代表一个能级组,能量相近的轨道划为同一能级组,每个小方框代表一个原子轨道。

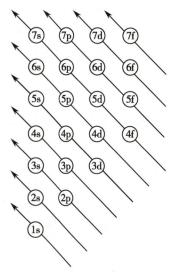

图 5-3 原子轨道近似能级图

从鲍林近似能级图可以看出,能级组能量由低到高,组与组之间的能量差较大,同组内各原子轨道之间的能量差较小。因此得到以下结论:

1. 主量子数相同时,角量子数大的原子轨道能量高。即 $E_{ns}<E_{np}<E_{nd}<E_{nf}$。

2. 角量子数相同时,主量子数大的原子轨道能量高。即 $E_{1s}<E_{2s}<E_{3s}<E_{4s}$。

3. 主量子数和角量子数均不同时,可能出现能级交错现象。如 $E_{4s}<E_{3d}$;$E_{6s}<E_{4f}$。

同一原子中主量子数大的原子轨道的能量低于主量子数小的原子轨道的现象,称为能级交错。

三、原子核外电子的排布

(一)核外电子排布规律

原子核外电子的排布遵循以下三条规律:

1. 能量最低原理 根据自然界中能量越低越稳定的规律,基态原子中,电子总是尽可能占据能量最低的原子轨道,只有当能量低的原子轨道占满后,再依次进入能量较高的轨道,这一原理称为能量最低原理(lowest energy principle)。根据能量最低原理,电子按原子轨道能级图,由低到高填入轨道中。

2. 泡利不相容原理 1925 年,奥地利物理学家泡利(Pauli W)通过对大量元素光谱分析后指出:同一原子中不可能有 2 个电子具有完全相同的 4 个量子数,称为泡利不相容原理(Pauli exclusion principle)。即每个原子轨道最多能容纳两个自旋方向相反的电子。每个电子层上最多有 n^2 个轨道,则每个电子层上最多容纳 $2n^2$ 个电子。

3. 洪特规则 电子在简并轨道上排布时,总是尽先分占不同的轨道,且自旋平行,称为洪特规则(Hund rule)。

根据洪特规则,碳原子的电子排布式为 $1s^2 2s^2 2p^2$。原子轨道表示式有 3 种可能。即:

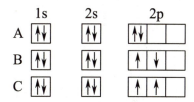

实验数据证明,基态碳原子处于 C 状态。

上述三条规律，是从大量实验事实中总结出来的，它对绝大多数原子的电子排布是适用的，但也有例外。例如：24 号元素铬（Cr），实际上其电子排布式是 $1s^22s^22p^63s^23p^63d^54s^1$；而并非 $1s^22s^22p^63s^23p^63d^44s^2$。这种情况是洪特规则的特例，即：简并轨道处于全充满（p^6、d^{10}、f^{14}），半充满（p^3、d^5、f^7）或全空（p^0、d^0、f^0）的状态，能量最低，最稳定。

（二）原子核外电子排布的表示方法

1. 核外电子排布式 即在亚层能级的右上角用数字注明所排列的电子数。如：如 $_{19}K$ $1s^22s^22p^63s^23p^64s^1$。

通常把内层结构已达到稀有气体结构的部分称为原子实。用稀有气体元素符号外加方括号的形式表示，例如：20 号元素钙的电子排布为 $1s^22s^22p^63s^23p^64s^2$，可简化为 $[Ar]4s^2$。

2. 轨道表示式 核外电子排布可以用方框（或圆圈或短线）代表原子轨道，在方框的上方或下方注明轨道的能级，框内用向上和向下的箭头代表电子的自旋状态，例如：氮原子的轨道表示式为：

$$\boxed{\uparrow\downarrow}\quad \boxed{\uparrow\downarrow}\quad \boxed{\uparrow\,\uparrow\,\uparrow}\quad 或\quad \underset{}{\uparrow\downarrow}\quad \underset{}{\uparrow\downarrow}\quad \underset{}{\uparrow\ \uparrow\ \uparrow}$$
$$\ \ 1s\qquad\ 2s\qquad\quad 2p\qquad\qquad\ 1s\qquad\ \ 2s\qquad\quad 2p$$

3. 价电子层构型 易参与化学反应的电子称为价电子（valence electron），电子排布式中价电子所在的亚层电子排布，称为价电子构型。例如：氯原子的核外电子排布式是 $1s^22s^22p^63s^23p^5$，价电子构型为 $3s^23p^5$。

第二节　元素周期律和元素周期表

一、元素周期律

元素按照原子序数从小到大排列后，通过对原子核外电子运动状态及元素性质的研究，科学家发现：随着原子序数的增加，原子的核外电子排布、原子半径、电负性、化合价等性质发生周期性变化。元素的性质随着原子序数的递增呈现周期性变化的规律称为元素周期律（periodic law of the element），见表 5-5。

表 5-5　第 3~18 号元素性质的周期性变化

元素符号	Li	Be	B	C	N	O	F	Ne
原子序数	3	4	5	6	7	8	9	10
外层电子构型	$2s^1$	$2s^2$	$2s^22p^1$	$2s^22p^2$	$2s^22p^3$	$2s^22p^4$	$2s^22p^5$	$2s^22p^6$
最高正价	+1	+2	+3	+4	+5			0
最低负价				−4	−3	−2	−1	0
原子半径（$\times10^{-10}$m）	1.52	1.11	0.88	0.77	0.70	0.66	0.64	1.60
电负性	0.98	1.6	2.0	2.6	3.0	3.4	4.0	
金属性和非金属性	活泼金属		金属性由强变弱 → 非金属性由弱变强			活泼非金属	惰性元素	

元素符号	Na	Mg	Al	Si	P	S	Cl	Ar
原子序数	11	12	13	14	15	16	17	18
外层电子构型	$3s^1$	$3s^23p^1$	$3s^23p^1$	$3s^23p^2$	$3s^23p^3$	$3s^23p^4$	$3s^23p^5$	$3s^23p^6$
最高正价	+1	+2	+3	+4	+5	+6	+7	0
最低负价				−4	−3	−2	−1	0
原子半径（$\times10^{-10}$m）	1.86	1.60	1.43	1.17	1.10	1.04	0.99	1.92
电负性	0.93	1.3	1.6	1.9	2.2	2.6	3.2	
金属性和非金属性	活泼金属		金属性由强变弱 → 非金属性由弱变强			活泼非金属	惰性元素	

1. **原子半径** 通过实验测定组成物质的相邻两个原子的原子核之间的距离（核间距）得到的。核间距通常看作是两原子的半径之和。原子半径的大小取决于电子层、有效核电荷数和电子构型。由表5-3中数据分析，随着各元素外围电子数目的增大，由 Li 到 F，Na 到 Cl 原子半径逐渐减小。我们把所有元素按原子序数递增顺序排列起来，就会发现：随着原子序数的递增，元素的原子半径总是由大到小呈现周期性的变化。

2. **元素的金属性和非金属性** 元素的金属性是指原子失去电子成为阳离子的能力；非金属性是指原子得到电子成为阴离子的能力。而失去与获得电子的难易程度取决于电子层结构和原子半径的大小。

（1）如电子层相同，核电荷数越小，核对外层电子的引力越小，原子半径就越大，越容易失去电子，金属性越强，反之，非金属性越强。

（2）原子最外层电子数少于 4 个时，容易失去电子，表现出金属性。最外层电子多于 4 个时，容易得到电子，表现出非金属性。

由表5-5看到，随着原子序数的递增，各元素的金属性由强到弱，非金属性由弱到强，当某元素的最外层电子达到 8 后，进入新的循环。

3. **元素主要化合价** 元素的化合价与价电子层构型有关，元素的最高正化合价等于其最外层电子数，最低负化合价等于其最外层电子达到 8 电子稳定结构所需的电子数。由表5-5看到，随着原子序数的递增，元素的最高正价从 +1 依次递增到 +7，非金属元素的负价从 −4 依次递变到 −1，并且非金属元素的最高正价与负价的绝对值代数和等于 8，稀有气体的化合价为 0。也就是说元素的化合价随原子序数的递增呈现周期性变化。

4. **元素的电负性** 为了说明分子中原子间吸引电子能力的大小，1932 年鲍林首先提出了元素电负性的概念，并指定氟元素的负性为 4.0，通过对比求出了其他元素的电负性数值，元素的电负性随着原子序数的递增呈现周期性变化。

一般规定，元素的电负性数值小于 2.0 的为金属元素，大于 2.0 的为非金属元素。电负性数值越大，该元素原子吸引电子的能力越强，在两个原子成键时，电子常偏向于电负性大的一方。

二、元素周期表

元素按电子层数相同，原子序数递增的顺序从左到右排成横行，再将不同横行中最外层电子数相同的元素，按电子层递增顺序从上到下排成纵行，即得元素周期表（periodic table of the elements）。

（一）元素周期表的结构

1. **周期** 对应于主量子数 n 的每一个取值，就有一个能级组，对应元素周期表中的一个周期，即每一横行为一个周期。在元素周期表中，共七个周期，其中 1、2、3 为短周期，4、5、6 为长周期，7 周期为不完全周期。即

$$周期序数 = 电子层数 = 主量子数$$

2. **族** 元素周期表中，有 18 个纵行，分为 16 个族，包括 7 个主族、7 个副族、1 个 0 族和第Ⅷ族（第 8、9、10 纵行属于第Ⅷ族），同族元素的外围电子构型基本相同。

（1）**主族和 0 族**：主族元素包括ⅠA、ⅡA、ⅢA、ⅣA、ⅤA、ⅥA、ⅦA，0 族与主族价电子构型相似。每一主族的价电子层构型相同，为 ns^{1-2} 或 ns^2np^{1-5}，价层电子总数等于其族数，0 族元素为稀有气体元素，其价电子构型为 ns^2np^6。

（2）**副族和第Ⅷ族**：副族元素包括ⅠB、ⅡB、ⅢB、ⅣB、ⅤB、ⅥB、ⅦB，第Ⅷ族和它们相同，电子层构型的特征是电子最后填入 d 或 f 轨道上，通常将副族元素称为过渡元素。

（二）周期表的分区

周期表中的元素还可根据其价层电子构型分为 s 区、p 区、d 区、ds 区和 f 区。元素周期表的分

区和各区域的价电子构型见图5-4。

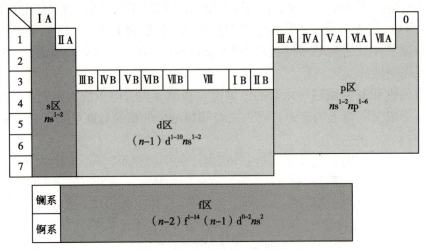

图 5-4　元素周期表中的分区图

稀土元素既不"稀"也不"土"

稀土元素是元素周期表中ⅢB族之钪、钇和镧系共17种金属化学元素的合称，皆属于副族元素。与其名称暗示的不同，稀土元素在地壳中的丰度相当高（钷除外），其中铈在地壳元素丰度排名第25，占 0.006 8%（与铜接近），是含量最高的稀土元素。所以说，稀土元素并不稀少。

而稀土元素的用途也并不"土"。镧化合物广泛用于投影仪的碳弧灯、火炬的点火元件、荧光灯的涂层、相机和望远镜的透镜等；含有钕的稀土永磁材料，广泛用于风力发电、新能源汽车、家用电器、各类电子设备等；钇元素可以被用于改善骨骼系统疾病；镨和钐的放射性核素，能杀死癌细胞的同时，对人体的放射性危害低等。

2022年8月，全国首家全方位展现中国乃至世界稀土产业发展历程的主题博物馆，在稀土之都——内蒙古自治区包头市落成，进一步展示我国稀土产业综合实力、扩大世界影响力。

第三节　分子结构

分子是保持物质化学性质的最小微粒，是参与化学反应的基本单元。原子或离子结合成分子时，它们之间存在着强烈的相互作用，化学上把分子或者晶体中相邻原子（或离子）之间强烈的相互作用力叫作化学键（chemical bond）。包括离子键、共价键和金属键，本节主要介绍离子键和共价键。

一、化学键

（一）离子键

1. 离子键的形成　金属元素的电负性较小，非金属元素的电负性较大，当它们相互作用形成分子时，金属元素容易失去电子成为阳离子，非金属元素容易得到电子成为阴离子，两种离子相互吸引结合成键。通过阴、阳离子之间强烈的静电作用所形成的化学键称为离子键（ionic bond）。成键阴阳离子元素电负性差值在 1.7 以上时，一般形成离子键。

以 NaCl 为例来说明离子键的形成过程。

$$nNa \quad 2s^2 2p^6 3s^1 - ne^- \rightarrow 2s^2 2p^6 \quad nNa^+$$
$$nCl \quad 3s^2 3p^5 + ne^- \rightarrow 3s^2 3p^6 \quad nCl^-$$
$$nNa^+ + nCl^- \rightarrow nNaCl$$

2. 离子键的特点　离子键既没有方向性又没有饱和性。离子的电荷分布呈球形对称状态，每个离子在任何方向上都能与带相反电荷的离子产生静电吸引作用，因此离子键没有方向性；每个离子都尽可能多地吸引带相反电荷的离子，不受离子本身所带电荷数的限制，因此离子键没有饱和性。

3. 离子晶体　由离子键结合而成的化合物称为离子化合物。离子化合物的熔点和沸点较高，常以晶体形式存在，所以又称为离子晶体，如 NaCl、CaF_2 等都是离子晶体。离子型化合物一般具有以下几个特点：①在常温下以固体存在；②熔点和沸点较高；③常温下蒸汽压极低；④晶体本身不导电，但在熔融状态或在水溶液中能导电；⑤易溶于水，但难溶于有机溶剂。

（二）共价键

1916 年美国化学家路易斯提出了早期的共价键理论，但它只能解释一些简单共价分子的形成；1927 年，德国化学家海特勒和伦敦将准量子力学应用到分子结构研究中，建立了现代价键理论，初步阐明了共价键的本质。1931 年鲍林等又加以发展，提出了杂化轨道理论，该理论对化学键的本质有了更深刻的认识。下面简单介绍价键理论和杂化轨道理论。

1. 价键理论

（1）价键理论要点：成键的两个原子各具有一个自旋方向相反的成单电子，当它们相互接近时，原子轨道重叠，核间电子云密度增加，形成稳定的化学键；一个原子有几个未成对的电子，就与几个自旋相反的电子配对，成键后，不能再与其他原子的单电子配对。

形成共价键的原子轨道重叠越多，核间电子云密度越大，形成的共价键越牢固，因此，原子轨道沿着最大重叠的方向形成共价键。

（2）共价键的形成：以 H_2 的形成为例来说明共价键的形成过程，如图 5-5 所示。

图 5-5　氢分子的形成

$$H\cdot + \times H \longrightarrow H \overset{\times}{\cdot} H$$

两个氢原子共用一对电子，共用电子对围绕两个成键原子的原子核运动，即发生两个电子云重叠，形成了氢气分子。原子之间通过共用电子对（电子云重叠）所形成的化学键称为共价键（covalent bond）。从价键理论要点可知，共价键有饱和性和方向性。

（3）共价键的类型：

1）σ 键和 π 键：根据共价键形成时，成键原子轨道的重叠方式，可分为 σ 键和 π 键两种类型。①σ 键：原子轨道沿键轴（两核连线）方向以"头碰头"方式进行重叠而形成的共价键称为 σ 键，如图 5-6A 所示。σ 键的特点是重叠部分集中于两核之间，沿键轴对称分布，可自由旋转，σ 键重叠程度大，较稳定，不易断裂。②π 键：原子轨道平行地以"肩并肩"方式进行重叠所形成的共价键称为 π 键，如图 5-6B 所示。π 键的特点是不能沿键轴自由旋转，键的重叠程度小，不稳定，易断裂。

原子轨道重叠形成共价键时，首先选择以"头碰头"方式进行重叠形成 σ 键，其次才以"肩并肩"方式形成 π 键，σ 键能单独存在，而 π 键不能单独存在，只能与 σ 键共存于双键或三键中。

2）普通共价键和配位键：根据提供电子对的方式不同，共价键分为普通共价键和特殊共价键（配位键）。形成共价键时，共用电子对由成键两个原子共同提供，为普通共价键；若一个原子提供电子对，另一原子提供空轨道，而形成特殊共价键，称为配位共价键，简称配位键。

配位键的形成要具备两个条件：一是提供电子对的原子其价电子层有孤对电子；二是接受电子对的原子其价电子层有空轨道。配位键通常用"→"表示，箭号从提供孤对电子的原子指向接受

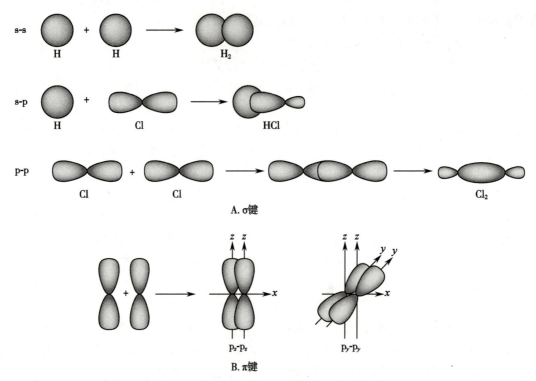

图 5-6　一般共价键的类型

孤对电子的原子。如：

$$\left[\begin{matrix} & H & \\ H-N-H \\ & H & \end{matrix}\right]^{+}$$

铵根离子　　　　　磷酸　　　　　硫酸

　　（4）键参数：表征化学键性质的物理量称为键参数（bond parameter），共价键的键参数主要有键能、键长、键角及键的极性。

　　键能：从能量因素来衡量共价键稳定性的参数，一般键能越大，键越稳定。

　　键长：分子中两个成键的原子核间的平均距离称为键长，键长愈短，键愈稳定，形成的共价键越牢固。

键角：多原子分子中同一原子形成的两个共价键间的夹角称为键角，是反映分子空间结构的一个重要参数。

键的极性：键的极性是由成键的两个原子电负性不同引起的。当成键的两个原子电负性相同时，两核间的电子云密集区域出现在两核的中间位置，正电荷重心和负电荷重心恰好重合，这种共价键为非极性共价键，简称非极性键。如 H—H、N≡N 分子中的共价键就是非极性键。当成键的两个原子电负性不同时，核间的电子云密集区域偏向电负性较大的原子一端，该原子周围的电子云密度较高，带部分负电荷，而电负性较小的原子周围电子云密度较低，带部分正电荷，键的正电荷重心与负电荷重心不能重合，这样的共价键称为极性共价键，简称极性键。如 HBr、H_2O 分子中的 Br—H、O—H 键就是极性键。一般情况下，共价键的极性大小，取决于成键原子的电负性差值。

2. 杂化轨道理论 价键理论阐明了共价键的形成过程和本质，但是却无法解释 $BeCl_2$、CH_4、BF_3 等分子的形成和空间构型，1931 年鲍林等人提出了杂化轨道理论。

(1) 杂化轨道理论要点：①原子在成键过程中，同一原子中能级相近的不同原子轨道重新进行组合，形成了新原子轨道的过程称为杂化，形成的新原子轨道称为杂化轨道。②杂化轨道的数目等于参加杂化的原子轨道的总数目。③在成键过程中，杂化轨道的能量重新分配，形状和空间方向也发生变化，不同类型的杂化轨道具有不同空间构型。④杂化轨道的成键能力增强。

(2) 杂化轨道类型：参加杂化的原子轨道种类数目不同，可以组合成不同类型的杂化轨道，这里主要介绍 sp 型杂化轨道。

1) sp^3 杂化：原子形成分子时，同一原子内的由 1 个 ns 轨道和 3 个 np 轨道参与的杂化称为 sp^3 杂化，形成的 4 个 sp^3 杂化轨道中，每个杂化轨道有 $\frac{1}{4}$ s 轨道成分和 $\frac{3}{4}$ p 轨道成分。

以 CH_4 分子的形成为例，C 原子外层电子构型为 $2s^2 2p_x^1 2p_y^1$，C 原子杂化时，有 1 个 2s 电子被激发到 $2p_z$ 的空轨道上，变为激发态 $2s^1 2p_x^1 2p_y^1 2p_z^1$（图 5-7）。

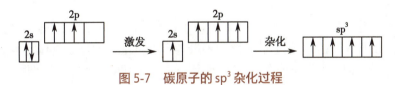

图 5-7　碳原子的 sp^3 杂化过程

激发态 C 原子的 1 个 2s 轨道与 3 个 2p 轨道重新组合杂化形成 4 个完全相同的 sp^3 杂化轨道（图 5-8A），杂化轨道与 4 个氢原子 1s 轨道重叠，形成 4 个 C-H σ 键，sp^3 杂化轨道间夹角为 109°28′。所以 CH_4 分子的空间构型为正四面体（图 5-8B）。

2) sp^2 杂化：同一原子内的 1 个 ns 轨道和 2 个 np 轨道参与的杂化称为 sp^2 杂化，如图 5-9 所示，形成的 3 个杂化轨道中，每个杂化轨道有 $\frac{1}{3}$ s 轨道成分和 $\frac{2}{3}$ p 轨道成分，杂化轨道间的夹角为 120°，分子空间构型为平面三角形（图 5-10A）。

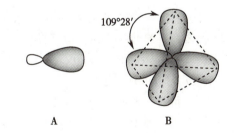

图 5-8　碳原子的 sp^3 杂化轨道及其空间构型

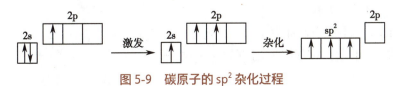

图 5-9　碳原子的 sp^2 杂化过程

3）sp 杂化：同一原子内的 1 个 ns 轨道和 1 个 np 轨道参与的杂化称为 sp 杂化，形成的 2 个杂化轨道中，每个杂化轨道有 $\frac{1}{2}$ s 轨道成分和 $\frac{1}{2}$ p 轨道成分，杂化轨道间的夹角为 180°，分子空间构型为直线型（图 5-10B）。碳原子的 sp 杂化过程见图 5-11。

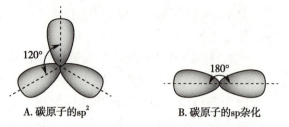

A. 碳原子的sp²   B. 碳原子的sp杂化

图 5-10　碳原子的 sp² 和 sp 杂化轨道空间构型

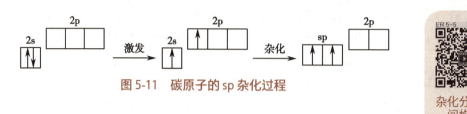

图 5-11　碳原子的 sp 杂化过程

ER 5-5

杂化分子空间构型

二、分子间作用力

（一）分子的极性

根据共价分子中正、负电荷重心是否重合，将分子分为极性分子和非极性分子，分子中正、负电荷重心重合的分子称为非极性分子（nonpolar molecule），正、负电荷重心不重合的称为极性分子（polar molecule）。

双原子分子的极性与化学键的极性一致。非极性键形成的分子是非极性分子。如 H_2、N_2、O_2 等；极性键形成的分子是极性分子，如 HCl、HBr 等。

多原子分子的极性，除与键的极性有关外，还与分子的空间构型有关。如 CO_2 分子中为极性键，但是 CO_2 是直线型，两个带负电荷的氧原子对称分布在碳原子的两侧，分子正、负电荷重心重合，所以 CO_2 分子为由极性键组成的非极性分子。

（二）分子的极化

无论是极性分子还是非极性分子，它们在外电场的作用下，分子中的正、负电荷重心都会发生位移。非极性分子由于电子的运动及原子核的不断振动，使正、负电荷中心发生短暂的位移，称为瞬间偶极；非极性分子在极性分子或外电场的作用下产生的偶极称为诱导偶极；极性分子本身的偶极称为固有偶极或永久偶极。这三类偶极的产生是分子间存在相互作用力的重要原因。

1873 年，荷兰物理学家范德华首次提出了分子间存在作用力，因此分子间力也称为范德华力。物质会发生聚集状态的变化主要是因为分子间存在着作用力，分子间作用力比化学键弱得多，它约为化学键的 1/10。根据作用力产生的原因和特点，分为取向力、诱导力和色散力。

（三）分子间作用力

1. 取向力　取向力发生在极性分子与极性分子之间。作用的过程是同极相斥，异极相吸，具有永久偶极的极性分子相遇会选择方向排列，使之结合得牢固，把这种因极性分子的固有偶极而产生的相互作用力称为取向力（orientation force）（图 5-12）。

2. 诱导力　当极性分子与非极性分子相遇时，由于极性分子这个外电场的诱导，使非极性分子产生诱导偶极。在极性分子的固有偶极与非极性分子产生的诱导偶极之间所产生的相互作用力称为诱导力（induction force）（图 5-13）。

图 5-12　取向力示意图

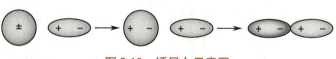

图 5-13　诱导力示意图

诱导力也会发生在极性分子与极性分子之间,当两个极性分子互相靠近时,彼此的固有偶极会相互极化而产生诱导偶极,在此诱导偶极之间产生的作用力也称为诱导力。

3. 色散力 非极性分子之间由于瞬间偶极而产生的相互作用力,称为色散力(dispersion force)(图 5-14)。

图 5-14 色散力示意图

显然,极性分子之间也会产生瞬间偶极。因此,极性分子之间、极性分子与非极性分子之间也存在着色散力。色散力存在于所有分子之间,并且是一种主要的作用力。分子间作用力的存在形式见表 5-6。

4. 氢键 同族氢化物的沸点和熔点一般随着相对分子质量的增大而增大,但 NH_3、H_2O、HF 的沸点高于其他同组氢化物,说明它们的分子之间存在着一种除范德华力之外特殊的分子间力,这种作用力称为氢键(hydrogen bond)。

表 5-6 分子间作用力的存在形式

分子形式	分子间作用力
极性分子与极性分子	色散、诱导力、取向力
极性分子与非极性分子	色散力、诱导力
非极性分子与非极性分子	色散力

(1)氢键的形成:当 H 和电负性大、半径小的原子 X(如 F、O、N)形成 H−X 共价键后,共用电子对强烈地偏向 X 原子一方,使 H 原子几乎变成"裸露"的质子,它能与电负性大、半径小、已经成键并具有孤对电子的 Y 原子(如 F、O、N)产生静电作用,我们把这种静电作用力称为氢键,氢键通常用"X−H⋯Y"表示,其中 X、Y 可以是不同的原子,也可以是相同的原子。氢键既有方向性又有饱和性。

(2)氢键的类型:氢键可分为分子间氢键和分子内氢键,H_2O 分子间、HF 分子间或 H_2O 与 HF 之间形成的都是分子间氢键。邻硝基苯酚分子中的硝基与邻位上的羟基之间形成的氢键属于分子内氢键(图 5-15)。

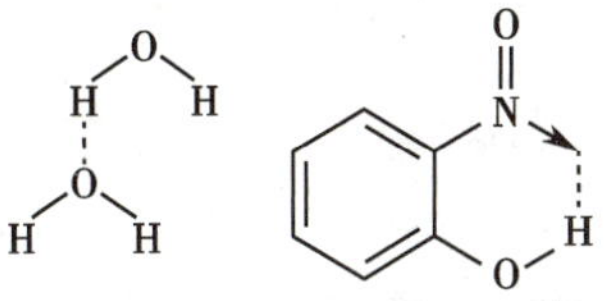

(3)氢键对物质性质的影响:氢键的形成,对物质的物理性质(如熔点、沸点、溶解度等)影响很大。在同类化合物中,若能形成分子间氢键,物质的熔点、沸点升高,如 NH_3,H_2O,HF 在同族氢化物中沸点的反常,就是因为破坏氢键要消耗能量。形成分子内氢键,一般使化合物的熔点、沸点降低,这是因为分子内氢键的形成使分子的极性减弱。

图 5-15 氢键

如果溶质分子与溶剂分子间可以形成氢键,会使溶质在溶剂中溶解度增大。

氢键在生命过程中起着重要作用,蛋白质和核酸内均有分子内氢键存在,使分子能按照某种特定方式联系起来而具有一定的空间构型和生物活性,一旦氢键破坏,分子的空间构型就会发生变化,生物活性也将丧失。

知识拓展

生命延续的关键——氢键

氢键是自然界中最重要的分子间相互作用形式之一,尽管作用力弱于化学键,但它对物质的物理性质有着至关重要的影响。例如,水在常温下以液态形式存在,冰可以浮在水面上,雪花呈六角花形,DNA 的双螺旋结构,蛋白质的结构等,可以说生命得以延续,氢键功不可没。

蛋白质分子是由许多氨基酸通过酰胺键(肽键)连接而成,多肽链中的 α- 螺旋构象是由氢键形成的,这些氢键是由氨基酸的氨基(−NH_2)上的氢原子与同链上相隔 3 个氨基酸的羧基(C=O)上的氧原子产生的。

DNA 分子中,两条多核苷酸链依靠碱基之间形成氢键配对相连,即腺嘌呤与胸腺嘧啶形成 2 个氢键配对相连，鸟嘌呤与胞嘧啶形成 3 个氢键配对相连。而双螺旋结构各圈之间也需氢键支撑结构，保证稳定性。

第四节　元素与人体健康

近年来，化学元素与人体健康问题引起了人们越来越多的关注。有些元素在人体内起着重要的作用，其含量的多少与人体健康密切相关。了解有关元素在人体内的分布、功能及化学元素药物对于疾病的预防、诊断和治疗有着重要意义。

一、元素概论

迄今为止，已知的元素有 118 种，根据元素在人体内的含量不同，可分为常量元素（macroelement，又称宏量元素）和微量元素（microelement，又称痕量元素）。常量元素占人体质量的 0.01% 以上，微量元素占人体质量的 0.01% 以下。

（一）常量元素在人体内的分布

常量元素在人体内有 11 种，集中在周期表前 20 号元素内，是构成人体的必需元素，约占人体总质量的 99.25%，其含量与分布见表 5-7。

表 5-7　常量元素含量与分布

元素	符号	占体重比例 %	分布情况
氧	O	64.30	水、有机化合物的组成成分
碳	C	18.00	有机化合物的组成成分
氢	H	10.00	水、有机化合物的组成成分
氮	N	3.00	有机化合物的组成成分
钙	Ca	2.00	有机化合物的组成成分；骨骼、牙、肌肉、体液
磷	P	1.00	有机化合物的组成成分；骨骼、牙、磷脂、磷蛋白
硫	S	0.25	含硫氨基酸、头发、指甲、皮肤
钾	K	0.35	细胞内液
钠	Na	0.15	细胞外液、骨
氯	Cl	0.15	脑脊液、胃肠道、细胞内外液、骨
镁	Mg	0.05	骨、牙、细胞内液、软组织

（二）微量元素在人体内的分布

微量元素在人体内的含量很少，其中有 18 种元素是生命过程中的必需微量元素，它们参与构成了酶、激素、维生素等生物大分子，在体内发挥着重要的生理生化功能，表 5-8 列举了部分必需微量元素的血浆浓度及分布情况。

二、常见元素与人体健康

人体内的元素，在体内保持内稳态，即健康状态，这是人类长期进化的结果。如果人体内某种元素长期不足或过量都可能引发一些疾病，下面介绍几种重要的元素与人体健康的关系。

表 5-8　必需微量元素的血浆含量与分布

元素	符号	占体重比例 /%	分布情况
铁	Fe	10.75~30.45	红细胞、肝、骨髓
氟	F	0.63~0.79	骨骼、牙齿
锌	Zn	12.24~21.42	骨骼、肌肉、皮肤
铜	Cu	11.02~23.6	肌肉、结缔组织
硒	Se	1.39~1.9	肌肉（心肌）
锰	Mn	0.15~0.55	骨骼、肌肉
碘	I	0.32~0.63	甲状腺
铬	Cr	0.17~1.06	肺、肾、胰
钴	Co	0.003	骨髓

(一) 钙

体内绝大部分钙和磷共同参与构成骨骼组织中的无机盐成分,即骨盐。分布于软组织和体液中的钙虽然很少,却发挥重要的调节作用。Ca^{2+}可降低神经、肌肉的应激性;Ca^{2+}可增强心肌的收缩力;Ca^{2+}参与血液凝固过程;Ca^{2+}是某些酶的激活剂或抑制剂;Ca^{2+}作为激素的第二信使,在细胞信息传递中起重要的作用。

低钙血症在临床上较为常见,尤其多见于婴幼儿。严重缺钙可引起骨骼畸形、鸡胸、"X"形腿或"O"形腿,此即称为佝偻病。成人因骨骼已成形,骨骼畸形不明显,但骨质密度较低,易发生骨盆变形,脊柱弯曲、骨折等,称为骨软化症。

我国营养学会推荐的每日钙摄入量:从初生至10岁儿童为600mg;10~13岁少年为800mg;13~16岁青少年为1 200mg;16~18岁青少年为1 000mg;成年男女为600mg;孕妇为1 500mg;哺乳期妇女为2 000mg。

食物中钙的来源以奶及奶制品最好,不但含量丰富,且吸收率高,是婴幼儿最理想的钙源。蔬菜、豆类和油料作物种子含钙量也较丰富,如黄豆及其制品、黑豆、瓜子、芝麻、小白菜等,饮食中应适当增加这些食品。婴幼儿、孕妇、乳母及老年人可适当服用葡萄糖酸钙、乳酸钙等容易吸收的钙制剂。为提高人体对钙的吸收率,还必须同时摄入丰富的维生素D或经常晒太阳。

但是钙过量对人体也会造成极大危害,如可引起高钙血症、可诱发肾结石,严重时甚至出现骨骼钙化。

(二) 钾

钾作为人体的一种常量元素,K^+在维持细胞内的渗透压和维持体液酸碱平衡,维持机体神经组织、肌肉组织的正常生理功能以及在细胞内糖和蛋白质代谢等方面具有重要的意义。由于K^+的大部分生理功能需要Na^+的协同作用,因此,维持体内的K^+和Na^+平衡对生命活动是十分重要的。

缺钾时,机体可出现四肢肌肉软弱无力、腱反射迟钝或消失、呼吸困难、心律失常等症状。低血钾可导致代谢性碱中毒。

我国营养学会推荐的每日钾摄入量:初生婴儿至6个月婴儿为350~925mg;6个月至1岁以下为425~1 275mg;1岁以上儿童为550~1 650mg;4岁以上儿童为775~2 325mg;7岁以上儿童为1 000~3 000mg;11岁以上青少年为1 525~4 575mg;成年男女为1 875~5 625mg。

补钾在临床上可选用10%的氯化钾溶液,但如果缺钾不严重可多吃富钾食品,如豆类、海藻类、水果和蔬菜等。

(三) 铁

铁是人体必需微量元素之一,在体内有重要的生理功能。铁参与血红蛋白、肌红蛋白、细胞色素氧化酶等的合成;铁与机体能量代谢密切相关。

缺铁除导致贫血外,还使运动能力低下、体温调节功能不全、智力障碍、免疫力下降等。

我国营养学会推荐的每日铁摄入量:初生至12个月婴儿为7mg;1岁以上至不足10岁的儿童为10mg;10岁以上至不足13岁的儿童为12mg;13岁以上至不足18岁的少年男子为15mg;少年女子为20mg;成年男子为12mg;成年女子为18mg;孕妇和乳母为28mg。

补铁有食补和药补两种方法,食补一般选择含铁丰富的食物,如蛋类、肉类、蔬菜等,蔬菜中尤其是菠菜含铁较高;药补可选择铁制剂,如硫酸亚铁、乳酸亚铁等。

摄入过量的铁将产生慢性或急性铁中毒,急性铁中毒1h左右就出现症状:上腹部不适、腹痛、恶心呕吐、腹泻黑便,甚至面部发紫、昏睡或烦躁,急性肠坏死或穿孔,严重者可出现休克而导致死亡。慢性铁中毒症状为:肝、脾有大量铁沉着,可表现为肝硬化、骨质疏松、软骨钙化、皮肤呈棕黑色。

(四) 锌

锌在体内可通过多种途径发挥作用:与多种酶的合成和活性有关,如DNA聚合酶、RNA聚合酶、碳酸酐酶、碱性磷酸酶、乳酸脱氢酶等；可促进生长发育与组织再生，锌与蛋白质和核酸的合成、细胞生长、分裂和分化等过程都有关；可促进食欲，参与构成唾液蛋白而对味觉与食欲发生作用；可促进维生素 A 的正常代谢和生理功能。

缺锌主要引发以下症状：免疫力低下，生长发育缓慢，智力发育不良，食欲缺乏，异食癖，视力问题，皮肤损害等。

中国营养学会推荐的锌每日摄入量：6 个月以内的婴儿为 1.5mg；7 个月至 1 岁为 8mg；1 岁至 3 岁为 9mg；4 岁至 6 岁为 12mg；7 岁至 10 岁为 13.5mg；中年为 15mg；老年为 11.5mg。

不论动物性还是植物性的食物都含有锌，一般来说贝壳类海产品、红色肉类、动物内脏类都是锌的极好来源；若缺锌较严重可口服补锌制剂，如葡萄糖酸锌、蛋白锌等。

锌的需要量和中毒剂量相距很近，成人一次性摄入 2g 以上会发生锌中毒，锌对胃肠道的直接作用导致上腹疼痛、腹泻、恶心、呕吐等。

（五）碘

人体内约含碘 30mg，其中约 80% 在甲状腺中，是合成甲状腺激素必不可少的成分，碘的生化功能主要通过甲状腺激素表现出来，不仅调节机体的物质和能量代谢，对机体的生长发育也非常重要。

碘缺乏在不同时期有不同表现，胎儿期缺碘可致死胎、早产及先天畸形、地方性克汀病；新生儿和儿童期则表现为甲状腺功能减退，导致呆小症；青春期则引起地方性甲状腺肿（俗称"大脖子病"）、地方性甲状腺功能减低症以及单纯性聋哑；成年期则表现为甲状腺肿及其并发症、甲状腺功能减退、智力障碍、碘致性甲状腺功能亢进。

2023 年中国营养学会发布的《中国居民膳食营养素参考摄入量》中成人碘推荐摄入量为每日 120μg，可耐受最高摄入量为 1 000μg。

人类所需的碘，主要来自食物，其次为饮水与加碘食盐，海洋生物含碘量很高，如海带、紫菜等。长期高碘摄入可导致高碘性甲状腺肿。

（六）氟

氟主要存在于骨、牙齿及指甲中。氟对骨、牙齿的形成有重要作用，可增加骨硬度和牙齿的耐腐蚀能力。氟缺乏时易发生龋齿，老年人缺氟时，钙、磷的利用受到影响，可导致骨质疏松。

我国营养学会推荐的每日摄入量：成年人的适宜摄入量为 1.5mg，可耐受最高摄入量为 3.0mg。

人体每日摄入的氟大约 65% 来自饮水，30% 来自食物，其中以茶叶含氟量最高，动物性食品中氟含量高于植物性食品，海洋动物中氟含量高于淡水及陆地食品。

急性氟中毒的症状为恶心、呕吐、腹泻、腹痛、惊厥、麻痹以及昏厥。长期摄入低剂量的氟所引起的不良反应为氟斑牙，而长期摄入高剂量的氟则可引起氟骨症。

三、元素与化学药物的护理应用

有关元素与药物的研究在我国有着悠久的历史，近年来元素药物有了很大发展，新药不断研发，下面仅介绍一些常用的元素药物制剂。

（一）钙制剂

目前，国产与进口的钙剂有 400 多种，大致可分为 3 类：第 1 类是无机钙，又称为第一代补钙产品，如碳酸钙、磷酸钙、氧化钙；第 2 类是有机酸钙，即第二代钙剂，如葡萄糖酸钙、乳酸钙、柠檬酸钙、醋酸钙等；第 3 类是天然生物钙，如氨基酸螯合钙、L-苏糖酸钙（巨能钙）。

第一代钙剂取料广泛，价格低廉，但往往存在着难以吸收、含钙量低的缺点，有些产品由于制造工艺的缺陷，容易重金属含量过高；第二代钙剂产品对胃肠道刺激性较小，但往往存在着含钙量低和生物利用度不高的缺陷；第三代钙剂溶解性好，生物利用度高，对胃肠道刺激性小，相对比较理想，是未来的发展方向。

（二）铁制剂

铁制剂已有150余种，临床用于各种原因引起的铁缺乏症，常用制剂有：

1. 硫酸亚铁　分子式为 $FeSO_4 \cdot 7H_2O$，淡蓝色柱状晶体或颗粒，易溶于水，不溶于乙醇，味咸涩，无臭。在干燥空气中易风化，湿空气中易氧化生成棕黄色的碱式硫酸高铁，不宜药用。因此，常用葡萄糖或乳糖制备，包以糖衣，防止潮解及氧化。

2. 葡萄糖酸亚铁　分子式为 $Fe[CH_2OH(CHOH)_4CO_2]_2 \cdot 2H_2O$，淡绿色粉末，溶于水，刺激性小。

3. 富马酸亚铁　为反式丁烯二酸的亚铁盐，红棕色颗粒状粉末，无味，不易溶于水和乙醇，较稳定，无刺激性。

4. 枸橼酸铁铵　是三价有机铁盐，深红色透明菲薄鳞片或棕褐色颗粒结晶、棕黄色粉末，无臭，味咸，易溶于水，遇光易变质，有吸湿性。

5. 右旋糖酐铁　为一种高分子糖与氢氧化铁的复合物，制成深褐色胶体注射液，适用于不能口服的缺铁性贫血的病人，但肌内注射有疼痛，有严重肝、肾功能不全者忌用。

（三）锌制剂

锌制剂包括无机锌和有机锌化合物。常用药剂可分3类：第1类是无机锌，如硫酸锌，它和胃酸结合，产生氯化锌。而氯化锌是强腐蚀剂，对胃肠道有刺激作用，引起恶心呕吐等；第2类是有机酸锌，如葡萄糖酸锌、醋酸锌、甘草锌等，它们是弱酸弱碱盐，和胃酸结合，也能产生氯化锌，因此有一定的副作用，且因含锌量较高，能拮抗钙、铁等营养素的吸收，长期服用能导致缺钙贫血等症状；第3类是生物态锌，以蛋白锌为代表，蛋白锌是从蛋白提取，锌的含量很低，几乎和食物的含锌量相当，安全，对人体无副作用，可饭前服用，它的活性高，可有效促进人体对各种营养素的吸收和利用，且不会拮抗钙、铁等营养素的吸收。

（四）抗恶性肿瘤药

有些抗恶性肿瘤药中含有化学元素，如砷膏、亚砷酸盐、顺-二氯二氨合铂、二（氮三乙酸根）合锑、金属茂类抗癌剂等。

知识拓展

合理膳食，科学食养

随着人们生活水平的提高，合理的膳食结构直接影响着人们的健康水平。《国务院关于实施健康中国行动的意见》明确指出，合理膳食是健康的基础。《中国居民膳食营养素参考摄入量》针对不同年龄段和性别的人群对各种类型的元素所需摄入量的多少给出了明确的指导。

2024年5月12日—18日是我国第十个全民营养周，传播主题为：奶豆添营养，少油更健康，呼吁大众多吃奶类和大豆，并避免过多摄入烹调油，一起践行"健康中国营养先行"的理念！

（栗　源）

思考题

1. 简述原子核外电子排布主要遵循的原则。

2. 运用杂化轨道理论，解释 NH_3 的空间构型为三角锥形的原因。

3. 分子间作用力主要影响物质的哪些物理性质？

4. 人体缺少必需微量元素会得病，因此有人认为应尽可能多吃含有这些元素的营养补剂，你认为这种想法对吗？为什么？

ER 5-6

练习题

第六章 │ 配位化合物

教学课件

思维导图

学习目标

1. 掌握：配位化合物的概念、组成、命名；配位平衡常数的概念；螯合物的概念。

2. 熟悉：配位平衡及影响配位平衡的因素；EDTA 的结构及其配位特点；螯合物稳定性影响因素。

3. 了解：螯合物的护理应用。

4. 学会：配合物的命名及由名称写出化学式；用配合物知识解释一些生命现象。

5. 具备通过现象探讨事物本质的能力，提高自己的认识水平，用科学的方法分析问题、解决问题。

配位化合物（coordination compound）简称配合物，是一类组成复杂、发展迅速、应用极为广泛的化合物。

配合物与医学关系十分密切，在生命活动中起着重要的作用，人体内许多必需微量元素都以配合物的形式存在。许多生物催化剂——酶，也是配合物，它在体内起着支配生化反应的作用。有些药物本身是配合物或者在体内形成配合物才能发挥药效。此外，在生化检验、环境监测、药物分析及新药的研制与开发等领域，以配位反应为基础的分析方法应用极为广泛。因此，了解配合物的结构与性质对医学生来说很有必要。

情景导入

一氧化碳中毒

某患者，男，60 岁，用木炭在集装箱内取暖，先感到头晕头痛，而后就什么都不知道了。入院时患者意识不清，四肢厥冷，急诊诊断为一氧化碳中毒，作高压氧治疗，吸氧 30min 后患者四肢变暖能活动，睁眼四周观看，60min 后意识清醒，并能正确回答问题，减压完后病人走出舱外。

请思考：

1. 一氧化碳中毒的机制是什么？

2. 高压氧治疗一氧化碳中毒的原理是什么？

第一节 配位化合物

一、配合物的概念

在 $CuSO_4$ 溶液中滴加氨水，开始时生成浅蓝色沉淀，再继续滴加过量氨水，沉淀溶解，最终生成深蓝色透明溶液。向该溶液中加入适量酒精，便析出深蓝色晶体。实验证明，这深蓝色结晶的化学组成是 $[Cu(NH_3)_4]SO_4$。反应方程式为：

$$CuSO_4 + 4NH_3 \rightleftharpoons [Cu(NH_3)_4]SO_4$$

$$[Cu(NH_3)_4]SO_4 \rightleftharpoons [Cu(NH_3)_4]^{2+} + SO_4^{2-}$$

这种由金属阳离子（或原子）与一定数目的中性分子或阴离子以配位键结合形成的复杂离子称为配离子，如 $[Cu(NH_3)_4]^{2+}$、$[Ag(CN)_2]^-$ 等。若形成的是复杂分子，则称为配位分子，如 $[Ni(CO)_4]$、$[Fe(CO)_5]$ 等。含有配离子的化合物或配位分子称为配位化合物，简称配合物。

二、配合物的组成

配合物一般由内界（inner sphere）和外界（outer sphere）两部分组成。内界又称配离子，是配合物的特征部分，写在方括号内，由中心原子与一定数目的中性分子或阴离子以配位键结合形成。与配离子带相反电荷的其他离子称为外界，又称外界离子。内界与外界之间以离子键结合，在溶液中可完全解离。以 $[Cu(NH_3)_4]SO_4$ 为例，配位化合物的组成可表示为：

$$
\text{配合物 } Cu[(NH_3)_4]SO_4
\begin{cases}
\text{内界（配离子）} Cu[(NH_3)_4]^{2+}
\begin{cases}
\text{中心离子 } Cu^{2+} \\
\quad \uparrow \text{配位键} \\
\text{配位体 } NH_3 \quad \text{配体数4}
\end{cases} \\
\text{外界 } SO_4^{2-}
\end{cases}
$$

也有一些配位化合物只有内界，没有外界，如配位分子 $[Ni(CO)_4]$ 等。

（一）中心原子

在配合物的内界中，具有空轨道且能接受孤对电子的阳离子或原子称为中心原子（central atom），位于配离子的中心位置，是配合物的核心部分。中心原子一般为带正电荷的过渡金属阳离子，如 $[Fe(CN)_6]^{3-}$ 中的 Fe^{3+}、$[Cu(NH_3)_4]^{2+}$ 中的 Cu^{2+} 等。此外，中心原子还可以是高氧化数的非金属元素原子或金属原子，如 $[SiF_6]^{2-}$ 中的 Si（Ⅳ）和 $[Ni(CO)_4]$ 中的 Ni 原子等。

（二）配位体和配位原子

配位化合物中与中心原子以配位键结合的中性分子或阴离子叫配位体（ligand），简称配体。常见的配体有 X^-、CN^-、SCN^-、$S_2O_3^{2-}$ 等负离子和 NH_3、H_2O 等中性分子。如 $[Fe(CN)_6]^{3-}$ 中的 CN^- 和 $[Cu(NH_3)_4]^{2+}$ 中的 NH_3 等。

在配体中，能提供孤对电子且与中心原子形成配位键的原子称为配位原子（ligating atom），如 NH_3 中的 N 原子、H_2O 中的 O 原子、CN^- 中的 C 原子等。配位原子通常是非金属性较强的非金属元素原子，如 N、O、S、C、F、Cl、Br、I 等。

根据配体中所含配位原子数，可将配体分为单齿配体和多齿配体两类。只含有 1 个配位原子的配体称为单齿配体（monodentate ligand），如 H_2O、NH_3、X^-、CN^- 等，其配位原子分别是 O、N、X、C；含有 2 个或 2 个以上配位原子的配体称为多齿配体（multidentate ligand）。如乙二胺分子 $H_2NCH_2CH_2NH_2$（简写为 en）中含有 2 个配位原子，为二齿配体；乙二胺四乙酸分子（简写为 EDTA）中含有 6 个配位原子，为六齿配体，其结构式为：

$$\begin{array}{ccc} \text{HOOCH}_2\text{C} & & \text{CH}_2\text{COOH} \\ & \text{N-CH}_2\text{-CH}_2\text{-N} & \\ \text{HOOCH}_2\text{C} & & \text{CH}_2\text{COOH} \end{array}$$

有少数配体虽含有两个配位原子，但在形成配合物时只有其中一个配位原子与中心原子形成配位键，这类配体称为两可配体，也属于单齿配体。如 $[Hg(SCN)_4]^{2-}$ 配离子中 S 原子为配位原子；$[Fe(NCS)_6]^{3-}$ 配离子中 N 原子为配位原子。

（三）配位数

与中心原子直接结合的配位原子的数目，称为中心原子的配位数（coordination number）。如果配位体都是单齿配体，则配位数与配位体数目相等，如在 $[Cu(NH_3)_4]^{2+}$ 中 Cu^{2+} 的配位数和配体数均为 4；如果配体中有多齿配体，则配位数不等于配体数，如在 $[Cu(en)_2]^{2+}$ 中，Cu^{2+} 的配体数是 2，但因乙二胺是二齿配位体，配位数是 4 而不是 2。又如 $[Fe(EDTA)]^-$ 配离子，一个 EDTA 可同时提供 6 个配位原子，故配位数不是 1 而是 6。因此在计算配位数时，不能只看配体的数目，还必须考虑配体中所提供的配位原子的数目。一般中心原子的配位数为 2、4、6、8，最常见的是 4 和 6。一些常见金属离子的配位数见表 6-1。

表 6-1　常见金属离子的配位数

配位数	金属离子	实例
2	Ag^+、Cu^+、Au^+	$[Ag(NH_3)_2]^+$、$[Cu(CN)_2]^-$
4	Cu^{2+}、Zn^{2+}、Cd^{2+}、Hg^{2+}、Al^{3+}、Sn^{2+}、Pb^{2+}、Co^{2+}、Ni^{2+}、Pt^{2+}、Fe^{2+}、Fe^{3+}	$[HgI_4]^{2-}$、$[Zn(CN)_4]^{2-}$、$[Pt(NH_3)_2Cl_2]$、$[Ni(CN)_4]^{2-}$
6	Cr^{3+}、Al^{3+}、Pt^{4+}、Fe^{2+}、Fe^{3+}、Co^{2+}、Co^{3+}、Ni^{2+}、Pb^{4+}	$[Co(NH_3)_3(H_2O)Cl_2]$、$[Fe(CN)_6]^{3-}$、$[Ni(NH_3)_6]^{2+}$、$[Cr(NH_3)_4Cl_2]^+$

（四）配离子的电荷

配离子的电荷等于中心原子和配体所带电荷数的代数和。又由于配合物是电中性的，也可根据外界离子的电荷数来确定配离子的电荷。例如，配合物 $[Cu(NH_3)_4]SO_4$ 中，外界离子 SO_4^{2-} 所带电荷为 -2，可以确定出配离子所带电荷为 $+2$。因此，知道了配离子的电荷数和配体的电荷数，就可以推算出中心原子的氧化数。反之，知道了中心原子的氧化数和配体的电荷数，就能推算出配离子的电荷数或配合物的化学式。

三、配合物的命名

由于配合物比较复杂，命名也比较困难，至今仍有一些配合物还沿用习惯名称，如 $K_4[Fe(CN)_6]$ 称作黄血盐或亚铁氰化钾，$K_2[PtCl_6]$ 称为氯铂酸钾等。随着配合物的数目越来越多，为了准确表达配合物的组成和结构，因此需要对配合物进行命名。

（一）配合物的命名原则

配合物的命名遵循一般无机化合物的命名原则，即阴离子在前，阳离子在后。如果内界为阳离子，外界为简单阴离子或酸根离子，则称为"某化某"或"某酸某"；如果内界为阳离子，外界为 OH^-，则称为"氢氧化某"；如果内界为阴离子，则称为"某酸某"；如外界为 H^+，则称为"某酸"。

（二）配合物内界的命名原则

1. 配合物内界的命名　配位数（中文小写数字"一、二、三……"表示）- 配体 - 合 - 中心原子名称（氧化数）（用罗马数字表示）。例如：

$[Cu(NH_3)_4]^{2+}$　　　　　　　　四氨合铜（Ⅱ）配离子

$[FeF_6]^{3-}$　　　　　　　　　　六氟合铁（Ⅲ）配离子

$[Fe(CN)_6]^{4-}$	六氰合铁（Ⅱ）配离子
$[Ag(S_2O_3)_2]^{3+}$	二硫代硫酸根合银（Ⅰ）配离子

2. 如果内界包含有两种或两种以上的配体，不同配体名称之间要用小圆点"·"分开。复杂的配体名称可写在圆括号内，以免混淆。

混合配体命名的先后顺序遵循如下原则：

（1）先无机配体，后有机配体。

（2）先阴离子配体，后中性分子配体。

（3）相同类型的配体，则按配位原子的元素符号英文字母顺序排列。

3. 两可配位体用不同的名称来表示 例如，SCN^- 作为配体时，若配位原子为 N，写为 NCS^-，读作"异硫氰酸根"；若配位原子为 S，写为 SCN^-，读作"硫氰酸根"。再如，NO_2^- 作为配体时，若配位原子为 O，写为 ONO^-，读作"亚硝酸根"；若配位原子为 N，写为 NO_2^-，读作"硝基"。

根据上述命名原则，列举以下命名实例：

$[Ag(NH_3)_2]OH$	氢氧化二氨合银（Ⅰ）
$K_3[Fe(CN)_6]$	六氰合铁（Ⅲ）酸钾
$H_2[PtCl_6]$	六氯合铂（Ⅳ）酸
$[Ni(CO)_4]$	四羰基合镍（0）
$[Co(NH_3)_3(H_2O)Cl_2]NO_3$	硝酸二氯·三氨·水合钴（Ⅲ）
$[Cu(en)_2]Cl_2$	氯化二（乙二胺）合铜（Ⅱ）
$[Co(NH_3)_5(ONO)]SO_4$	硫酸亚硝酸根·五氨合钴（Ⅲ）
$[Cr(NH_3)_3Cl_2]NO_3$	硝酸二氯·三氨合铬（Ⅲ）

知识拓展

戴安邦——中国配位化学奠基人

戴安邦，江苏镇江丹徒人，无机化学家、化学教育家、我国配位化学的奠基人之一。1980年当选为中国科学院院士。1931年9月，戴安邦学成回国，任教金陵大学。20世纪50年代末，他牵头在南京大学创办了几十人的全国络合物化学（现名配位化学）讲习班，为中国培养了第一代配位化学的学术带头人或骨干力量。1963年他创建南京大学络合物化学研究室，并于1978年扩建为南京大学配位化学研究所，1988年又创建了南京大学配位化学国家重点开放实验室，大力促进国内外学术交流，培养了众多学术人才，使我国配位化学和无机化学在国际上占有重要地位。为表彰他在配位化学方面的贡献，原苏联科学院普通及无机化学研究所给他颁发了秋加也夫奖章。

第二节　配位平衡

一、配位平衡常数

向 $CuSO_4$ 溶液中加入过量浓氨水，会生成深蓝色的 $[Cu(NH_3)_4]^{2+}$ 配离子：

$$Cu^{2+} + 4NH_3 \underset{解离}{\overset{配合}{\rightleftharpoons}} [Cu(NH_3)_4]^{2+}$$

此反应为配位反应，其逆反应为解离反应。在一定温度下，当配位反应速率和解离反应速率相

等时,体系达到配位平衡。其平衡常数为:

$$K_s = \frac{[Cu(NH_3)_4^{2+}]}{[Cu^{2+}][NH_3]^4}$$

K_s 表示配位平衡的平衡常数,又称为配离子的稳定常数(stability constant),也常用符号 $K_稳$ 表示。

K_s 反映了配离子的稳定性。一般来说,相同类型的配合物,K_s 越大,配合物就越稳定。如 $[Ag(NH_3)_2]^+$ 和 $[Ag(CN)_2]^-$ 为同种类型的配离子,它们的 K_s 分别为 1.1×10^7 和 1.3×10^{21},故 $[Ag(CN)_2]^-$ 比 $[Ag(NH_3)_2]^+$ 更稳定。而对于不同类型的配离子,不能简单地用 K_s 的大小来比较它们的稳定性,则要通过计算进行比较。如 $[Fe(EDTA)]^-$ 和 $[Fe(CN)_6]^{3-}$ 的 K_s 分别为 1.7×10^{24} 和 1.0×10^{42},但实际上前者比后者稳定得多。一些常见配合物的 K_s 见表6-2。

表6-2 常见配离子的稳定常数

配离子	$K_稳$	配离子	$K_稳$
$[Ag(CN)_2]^-$	1.3×10^{21}	$[Cu(en)_2]^{2+}$	1.0×10^{20}
$[Ag(NH_3)_2]^+$	1.1×10^7	$[Cu(NH_3)_4]^{2+}$	2.1×10^{13}
$[Ag(S_2O_3)_2]^{3-}$	2.9×10^{13}	$[Fe(CN)_6]^{4-}$	1.0×10^{35}
$[AlF_6]^{3-}$	6.9×10^{19}	$[Fe(CN)_6]^{3-}$	1.0×10^{42}
$[Au(CN)_2]^-$	2.0×10^{38}	$[Ni(CN)_4]^{2-}$	2.0×10^{31}
$[Co(NH_3)_6]^{2+}$	1.3×10^5	$[Ni(NH_3)_4]^{2+}$	5.5×10^8
$[Co(NH_3)_6]^{3+}$	1.6×10^{35}	$[Zn(NH_3)_4]^{2+}$	2.9×10^9

二、配位平衡的移动

配位平衡和任何化学平衡一样,也是一种动态平衡。外界条件改变时,则平衡发生移动,直到建立起新的平衡。这里主要讨论溶液的酸度、沉淀的生成,以及其他配体对配位平衡移动或转化的影响。

(一)溶液酸度的影响

H^+ 浓度的改变对配位平衡有较大的影响。溶液酸度对配位平衡的影响可以从酸效应和水解效应两个方面进行考虑。

1. 酸效应 根据酸碱质子理论,很多配体都是碱,当溶液 pH 减小时,溶液酸度增大,配体与 H^+ 结合形成弱酸,导致配离子稳定性降低,这一现象称为酸效应(acid effect)。

例如,向 $[FeF_6]^{3-}$ 溶液中加入强酸,F^- 与 H^+ 结合成难电离的弱酸 HF,使平衡向解离的方向移动,反应方程式为:

$$[FeF_6]^{3-} \rightleftharpoons Fe^{3+} + 6F^-$$

平衡移动的方向

$$\begin{array}{c} + \\ 6H^+ \\ \Updownarrow \\ 6HF \end{array}$$

配离子的 $K_稳$ 越小,生成的酸越弱,酸效应越强;反之,酸效应则越弱。

2. 水解效应 当溶液的 pH 增大,溶液酸度降低时,中心原子(特别是高价金属离子)发生水解而使配位平衡向解离的方向移动,从而导致配离子的稳定性降低,解离度增大,这一现象称为水解效应(hydrolytic effect)。

大多数配离子的中心原子都是过渡金属离子,在水溶液中都存在不同程度的水解,若降低溶液的酸度,中心原子有可能发生水解生成难溶氢氧化物沉淀,导致其平衡浓度降低,平衡向配离子解离的方向移动。例如，向 $[FeF_6]^{3-}$ 溶液中加入 NaOH 溶液，Fe^{3+} 发生水解而使平衡发生移动，生成 $Fe(OH)_3$ 沉淀。反应方程式为：

$$[FeF_6]^{3-} \rightleftharpoons Fe^{3+} + 6F^-$$

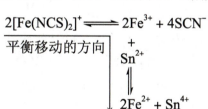

（二）沉淀反应的影响

向配位平衡体系中加入沉淀剂，沉淀剂与中心原子形成沉淀，降低了平衡体系中中心原子的浓度，平衡将向配离子解离的方向移动。例如，向 $[Ag(NH_3)_2]^+$ 配离子的溶液中加入 NaBr 溶液，配离子解离，生成难溶的 AgBr 浅黄色沉淀。反应方程式为：

$$[Ag(NH_3)_2]^+ \rightleftharpoons Ag^+ + 2NH_3$$

配离子的稳定常数越小，生成的难溶强电解质的溶度积常数越小，配离子越容易解离；反之，难溶强电解质的溶度积常数越大，配离子的稳定常数越大，配离子就越难解离。

（三）氧化还原反应的影响

向配合物溶液中加入能与配体或中心原子发生氧化还原反应的试剂，将会使配体或中心原子的浓度降低，导致配位平衡向配合物解离的方向移动。例如，向 $[Fe(NCS)_2]^+$ 溶液中加入 $SnCl_2$ 溶液，由于 Sn^{2+} 使 Fe^{3+} 还原为 Fe^{2+}，溶液的血红色褪去。反应方程式为：

$$2[Fe(NCS)_2]^+ \rightleftharpoons 2Fe^{3+} + 4SCN^-$$

（四）配位平衡之间的相互转化

向一种配离子溶液中，加入另一种能与该中心原子形成更稳定配离子的配位剂时，原来的配位平衡将发生转化，例如：

$$[Ag(NH_3)_2]^+ + 2CN^- \rightleftharpoons [Ag(CN)_2]^- + 2NH_3$$

由于配离子 $[Ag(NH_3)_2]^+$ 的 K_s 值为 1.1×10^7，小于配离子 $[Ag(CN)_2]^-$ 的 K_s 值 1.3×10^{21}，故正反应的趋势很大，平衡向右移动。

第三节　螯合物

一、螯合物的概念

由中心原子和多齿配体结合而成的具有环状结构的配合物，称为螯合物（chelate）。螯合物具有特殊稳定性的环状结构，在水中更难解离。如 Cu^{2+} 可与乙二胺形成配合物，其结构如下：

$$K_s = 1.00 \times 10^{21}$$

具有五元环或六元环的螯合物比具有相同配位数的简单配合物要稳定得多。如简单配合物 $[Cd(CH_3NH_2)_4]^{2+}$ 的 $K_s = 3.55 \times 10^6$，而同配位数的螯合物 $[Cd(en)_2]^{2+}$ 的 $K_s = 1.66 \times 10^{10}$。像这种由于螯合环的形成而使螯合物具有特殊稳定性的作用称为螯合效应(chelate effect)。

$$K_s = 3.55 \times 10^6 \qquad K_s = 1.66 \times 10^{10}$$

多数螯合物具有的五元环或六元环称为螯合环。能与中心原子形成螯合物的多齿配体称为螯合剂(chelating agent)。螯合剂必须具备以下两个条件：

(1) 必须具有两个或两个以上的配位原子。

(2) 两个配位原子之间必须相隔两个或三个其他原子，才能形成稳定的五元环或六元环。

应用最广泛的螯合剂是乙二胺四乙酸及其二钠盐，简称 EDTA。EDTA 分子中的 4 个羧基中的氧原子和 2 个氨基中的氮原子都可作为配位原子与中心原子形成配位键，形成 5 个五元环，因此配位能力很强，几乎能与所有的金属离子形成稳定的螯合物。EDTA 与 Ca^{2+} 形成的螯合物结构如下：

二、影响螯合物稳定性的因素

(一) 螯合环的大小

绝大多数螯合物中，以五元环或六元环的螯合物最为稳定。如可从 Ca^{2+} 和配体 EDTA 同系物($^-OOCCH_2)_2N(CH_2)_nN(CH_2COO^-)_2$ 形成的螯合物稳定常数 K_s 随 n 值的增大而减小看出（表 6-3）。

表 6-3 Ca^{2+} 与 EDTA 同系物配合物的 $\lg K_s$

配体名称	n	成环情况	$\lg K_s$
乙二胺四乙酸根离子	2	5 个五元环	11.0
丙二胺四乙酸根离子	3	4 个五元环，1 个六元环	7.1
丁二胺四乙酸根离子	4	4 个五元环，1 个七元环	5.0
们二胺四乙酸根离子	5	4 个五元环，1 个八元环	4.6

（二）螯合环的数目

多齿配体中配位原子越多，配体可动用的配位原子越多，形成的螯合环数目就越多，螯合物就越稳定。如下列螯合物中形成的五元环越多，稳定常数就越大。

$$
\left[\begin{array}{c} H_2O \\ Cu \\ H_2O \end{array} \begin{array}{c} H_2N \\ CH_2 \\ CH_2 \\ H_2N \end{array}\right]^{2+}
\qquad
\left[\begin{array}{c} H_2C-CH_2 \\ H_2N \quad HN \\ Cu \\ H_2O \quad H_2N \end{array} \begin{array}{c} CH_2 \\ CH_2 \end{array}\right]^{2+}
\qquad
\left[\begin{array}{c} H_2C-CH_2 \\ H_2N \quad HN \\ Cu \\ H_2N \quad HN \\ H_2C-CH_2 \end{array} \begin{array}{c} CH_2 \\ CH_2 \end{array}\right]^{2+}
$$

1个环 $\lg K_{s1}=10.67$ 　　　　2个环 $\lg K_{s1}=15.9$ 　　　　3个环 $\lg K_{s1}=20.5$

三、螯合物的护理应用

1. 生命体内的必需金属元素都以配合物的形式存在　目前认为生命必需的金属元素有 14 种，包括 Na、K、Mg、Ca、V、Cr、Mn、Fe、Co、Ni、Cu、Zn、Mo、Sn，都以配合物的形式存在于生命体中。而且生物体内的蛋白质、核酸、多糖、磷脂及其各级降解产物都可以作为金属元素的配体（即生物配体）。生命必需金属元素与生物配体之间的相互作用，构成了生命活动的基础。

生命必需元素在体内的含量都有生理浓度范围，当严重缺乏或过量时，对人的健康都是有害的。例如，当人体铁缺乏时，可出现贫血，但当铁积累过多时又会出现血红蛋白沉积症；铬缺乏时，可引起糖尿病、动脉硬化，过量的铬又具有致癌作用；缺锌可致发育停滞，抑制性成熟，降低免疫功能，过量的锌将导致胃癌；铜缺乏时将导致贫血，过量的铜将导致神经失常，动作震颤。

2. 作为有害金属离子的促排剂　配位剂能与体内有毒的金属原子（或离子）形成无毒、可溶的配合物排出体外，在医学上可作为解毒剂应用。职业中毒、环境污染、金属代谢障碍及过量服用金属元素药物均能引起有毒元素（Hg、As、Pb、Cd 等）在体内积累或必需元素的过量，造成金属中毒。对于金属中毒，临床上常用螯合疗法进行解毒。如枸橼酸钠可以和 Pb 形成稳定的配合物，是防治职业性铅中毒的有效解毒剂；EDTA 的钙盐是排除体内 U、Th、Pu、Sr 等放射性元素的高效解毒剂；二巯基丙醇是治疗 As、Hg 中毒的首选药物。

3. 杀菌、抗病毒作用　多数抗微生物的药物属配体，和金属配位后往往能增加其活性。如丙基异烟酰肼与一些金属生成的配合物的抗结核分枝杆菌能力比纯配体强。某些配合物具有抗病毒的活性。其原理是病毒的核酸和蛋白质均为配体，能与阳离子作用生成金属配合物。配阳离子或和细胞外病毒作用，或占据细胞表面防止病毒的吸附，或防止病毒在细胞内再生，从而阻止病毒的增殖。抗病毒的配合物一般以二价ⅦB、Ⅷ族过渡金属作为中心原子，以 1,10- 菲罗啉或其他乙酰丙酮为配体的配合物。

4. 作为血液抗凝剂　血液中的 Ca^{2+} 是重要的凝血因子，采集血浆标本时，常加入少量的柠檬酸钠或 EDTA 二钠盐，可以防止血液凝固，其原理是柠檬酸钠或 EDTA 二钠盐均可与血液中的 Ca^{2+} 结合成稳定的可溶液性配合物。

5. 有些药物是配合物　治疗恶性贫血的维生素 B_{12} 是钴的螯合物；治疗糖尿病的胰岛素是锌的配合物；治疗缺铁性贫血的枸橼酸铁铵，治疗血吸虫病的酒石酸锑钾，具有抗癌作用的顺式 - 二氯二氨合铂（Ⅱ）等均为配合物。

偶然的发现——金属抗肿瘤药物顺铂

配位化合物大量存在于自然界中，配位化学所涉及的范围及应用非常广泛。在医药学方面，抗癌、杀菌、抗风湿、治心血管病等重要药物的研制与配位化学密切相关。凝结了科学家的全部心血和智慧。有的药物的发现是在科学家的细心观察中意外发现的，从中我们可以得到宝贵的启示。

1964 年，美国物理学家 Rosenberg 偶然发现在以铂作电极的细菌生长室里通以交流电，细胞不再分裂，但继续生长成细丝。反之，先通电流再放入细菌也产生同样的结果。经过两年的观测，发现活性物质原来是铂电极表面形成的少量顺 -$[PtCl_2(NH_3)_2]$（简称顺铂）。Rosenberg 认为既然顺铂能够阻止细菌分裂，就可以阻止癌细胞分裂。动物实验结果证实了这一想法。它不仅能强烈抑制一系列实验动物肿瘤，而且对人体生殖系统、头颈部以及其他软组织的恶性肿瘤有显著疗效，和其他抗癌剂联合作用时有明显的协同作用。

顺铂是亮黄色或橙黄色结晶性粉末，易溶于二甲基亚砜，微溶于水。临床上顺铂被用于治疗膀胱癌、肺癌、乳腺癌和白血病等，是公认的治疗睾丸癌和卵巢癌的一线药物。

顺铂之所以能抑制癌变，是由于顺铂在 Cl^- 离子浓度较高的条件下比较稳定，当进入人体后，通过扩散作用进入细胞，由于细胞中 Cl^- 浓度较低，顺铂水解生成阳离子水合物，再解离成为羟基配合物。在生物体内，羟基配合物能够与 DNA 的两个鸟嘌呤碱基 N^7 配位生成一个五元环的螯合物，破坏了 DNA 的双螺旋结构，使其局部失活而丧失复制能力，从而阻止癌细胞的分裂。

（李炎武）

思考题

1. 在相同浓度的 $CuSO_4$ 溶液和 $[Cu(NH_3)_4]SO_4$ 溶液中，哪个溶液的 Cu^{2+} 浓度高？
2. AgCl 沉淀可溶于氨水，但 AgI 不溶，为什么？

ER 6-6

练习题

第七章 | 有机化合物概述

教学课件

思维导图

学习目标

1.掌握：有机化合物的概念、结构；有机化合物主要的官能团。

2.熟悉：共价键的类型；有机化合物的特点及分类。

3.了解：有机化学的发展。

4.学会：辨析生活中的各类有机物及其性质上的不同。

5.具备科学的思维方法；认真、严谨的学习态度和工作作风；用"顺口溜"记忆知识难点，体验中国汉字的博大精深。树立民族自豪感。

有机化合物（organic compounds）是生命活动的物质基础，所有的生命体都含有有机化合物，如糖类、脂肪、蛋白质三大营养物质都是有机化合物；人体物质代谢等多数都是有机化学反应；疾病的发生、发展、预防、诊断和治疗过程均与有机物有关，绝大多数合成药物和中成药的有效成分均是有机化合物。所以，掌握有机化学基本原理和基本技能，对学习医学知识是非常必要的。

情景导入

尿素的合成

早期科学家根据化合物的来源，把从矿物中得到的化合物称为无机化合物，把从动植物等生命体中得到的化合物称为有机化合物。并且认为有机化合物只有在"生命力"的作用下才能产生。直到1828年，德国化学家维勒在加热无机物氰酸铵的实验中，得到了有机化合物尿素，证明了有机化合物不一定都来自生命有机体。尿素的合成，是有机化学发展的一个重大转折点，它推翻了"生命力"学说，极大地推动了有机化学的发展。

$$NH_4CNO \xrightarrow{\Delta} \underset{\text{尿素}}{H_2N-\overset{\overset{\displaystyle O}{\|}}{C}-NH_2}$$

氰酸铵　　　　　尿素

请思考：

1.指出上述方程式中的无机物和有机物。

2.维勒实验的启示是什么？

第一节　有机化合物的结构

一、有机化合物的概念

自然界中有机化合物种类繁多。经研究发现，所有的有机化合物都含有碳元素，但含有碳元素的化合物，如一氧化碳（CO）、二氧化碳（CO_2）、碳酸盐（$CaCO_3$、$NaHCO_3$）、氰化氢（HCN）等均具有典型的无机化合物的成键方式和性质，故仍归为无机化合物。由于绝大多数有机化合物中除了含碳元素外，还含有氢元素，并且氢原子可以被其他的原子或原子团取代，从而衍生出许多其他有机化合物，所以，人们把碳氢化合物及其衍生物称为有机化合物，简称有机物。研究有机化合物的组成、结构、性质、合成及其变化规律的化学，称为有机化学（organic chemistry）。

> **知识拓展**
>
> ### 结晶牛胰岛素
>
> 1965 年 9 月 17 日，我国科研人员首次成功合成具有生物活性的蛋白质——结晶牛胰岛素，经过严格鉴定，它的结构、生物活性、理化性质、结晶形状都和天然的牛胰岛素完全一样。这是世界上第一个人工合成的蛋白质，为人类认识生命、揭开生命奥秘作出了重大贡献。

二、有机化合物的结构

（一）碳原子的成键特点

有机化合物中都含有碳元素，有机化合物的结构特点，主要取决于碳原子的结构。

碳原子最外层有 4 个电子，既不容易得到电子，也不容易失去电子，通常与其他原子共用 4 对电子形成 4 个共价键。所以有机化合物中碳原子为 4 价。

有机化合物分子中，原子之间通常以共价键方式结合。原子间共用 1 对电子形成的共价键称为单键，共用 2 对或 3 对电子形成的共价键称为双键或三键。共价单键都是 σ 键，如 $C-C$、$C-H$ 键等；共价双键由 1 个 σ 键和 1 个 π 键组成，如 $C=C$、$C=O$ 键等；共价三键由 1 个 σ 键和 2 个 π 键组成，如 $C\equiv C$、$C\equiv N$ 键等。

（二）分子结构的表示

分子中原子相互连接的顺序和方式叫作构造。表示分子构造的化学式称为构造式。有机化合物构造式的表示有三种方式：

1. 结构式　用短线表示共价键，将有机物分子中各原子按一定的顺序和方式连接起来的式子称为结构式。例如：

$$
\begin{array}{ccccc}
\text{甲烷} & \text{乙烯} & \text{乙炔} & \text{苯} & \text{乙醇}
\end{array}
$$

2. 结构简式　为了书写方便，通常将结构式中的单键省去（环状化合物环上的单键不能省去），分子中相同的原子合并，在该原子的元素符号的右下角用阿拉伯数字写出该原子的数目。例如：CH_3CH_2OH。

3. 键线式　为了进一步简化，可用键线式。键线式只需写出锯齿状骨架，用锯齿线的角及其端点表示碳原子，每个碳原子上所连接的氢原子可以省略，但除氢原子以外的其他原子必须写出。例如：

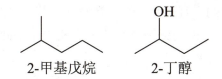

2-甲基戊烷   2-丁醇

（三）立体结构的表示

在具有确定构造的分子中，各原子在空间的排布叫作分子的构型，即它们的立体结构。最常用的模型是球棍模型和比例模型。如甲烷分子的立体结构（图7-1）。

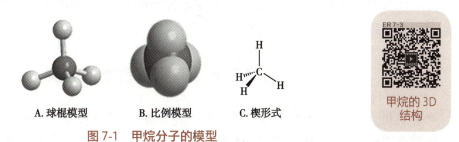

A. 球棍模型   B. 比例模型   C. 楔形式

图 7-1　甲烷分子的模型

ER 7-3

甲烷的3D
结构

第二节　有机化合物的特点

一、有机化合物的结构特点

有机化合物之所以数目众多，究其原因：一是构成有机化合物的主体碳原子的成键能力很强，分子中碳原子数目少至一两个，多至几万甚至几十万个；二是碳原子的连接方式多种多样，同分异构现象非常普遍。

我们把分子式相同，结构式不同的现象称为同分异构现象（isomerism），这些化合物互称同分异构体（isomer）。

例如乙醇和甲醚的分子式均为 C_2H_6O，它们的结构如下：

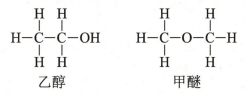

乙醇   甲醚

ER 7-4

乙醇与甲醚
的 3D 结构
（同分异构
现象）

很显然它们的结构不同，导致它们的性质也不同，分属于醇类和醚类化合物，它们两者之间互称为同分异构体。

二、有机化合物的性质特点

与无机化合物相比，有机化合物性质上有如下的特点：

1. 易燃性　大多数有机化合物容易燃烧，生成二氧化碳和水，同时放出大量的热量。例如乙醇、汽油等。

2. 热稳定性差　一般有机化合物的热稳定性较差，受热易分解，许多有机化合物在300℃以下就逐渐分解。

3. 熔沸点低　有机化合物室温下为气体、液体或低熔点的固体，其熔点多在400℃以下；而绝大多数无机化合物都是高熔点的固体。如分子量相当的氯化钠和丙酮，氯化钠的熔点为800℃，而丙酮的熔点为 −95.2℃。

4. 难溶于水、易溶于有机溶剂 有机化合物一般都是非极性或弱极性的共价键，根据"相似相溶"原理，多数难溶于水，易溶于非极性或极性较小的有机溶剂，如酒精、乙醚、丙酮、汽油、苯等。而无机化合物则相反，一般易溶于水。

5. 反应速度慢，产物复杂 多数有机化学反应速率较慢，常需加热或使用催化剂。且有机化合物进行反应时，键的断裂可以发生在不同的位置上，使得有机化合物可能不止一个部位参与反应，因此有机化合物的反应复杂，常伴有副反应发生。

上述有机化合物的特点只是一般情况，不是绝对的。例如酒精可以与水以任意比例互溶；四氯化碳不易燃还可以作为灭火剂。

第三节　有机化合物的分类

有机化合物数目庞大，为便于系统学习和分析，对其进行分类。通常的分类方法有两种，一种是按照碳架分类；另一种是按照官能团分类。

一、按碳架分类

根据分子中碳原子的连接方式（碳骨架）不同，有机物可以分为以下三类。

（一）链状化合物（脂肪族化合物）

这类有机物分子中的碳原子相互连接形成链状结构。它们最早是从动物脂肪中发现的，所以又称为脂肪族化合物。例如：

$$CH_3-CH_2-CH_2-CH_3 \qquad CH_3-\overset{\overset{\displaystyle CH_3}{|}}{CH}-CH=CH_2 \qquad CH_3-CH_2-CH_2OH$$

正丁烷　　　　　　　3-甲基丁烯　　　　　　　正丙醇

（二）碳环化合物

这类化合物中碳原子相互连接成环状结构。根据环中碳原子间的成键方式不同，又可分为脂环族化合物和芳香族化合物两类。

1. 脂环族化合物 从结构上可以看作是链状化合物的碳链首尾相接成环。由于性质与脂肪族化合物相似，所以称为脂环族化合物。例如：

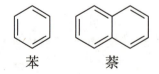

环戊烷　　环己烯

2. 芳香族化合物 含有苯环结构的化合物，使其具有一些特殊的性质。例如：

苯　　　　萘

（三）杂环化合物

由碳原子和杂原子（如：N、S、O、P 等）连接而成的环状化合物。例如：

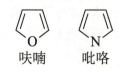

呋喃　　吡咯

二、按官能团分类

有机化合物分子中能决定某一类化合物主要性质的原子或基团称为官能团（functional groups）。含有相同官能团的有机化合物，一般具有相似的化学性质。常见的官能团及其对应的有机化合物类别见表7-1。

表 7-1　常见官能团及其对应化合物类别

化合物类别	官能团结构	官能团名称	实例结构式	实例名称
烯烃	$\diagup C = C \diagdown$	碳碳双键	$CH_2 = CH_2$	乙烯
炔烃	$-C \equiv C-$	碳碳三键	$CH \equiv CH$	乙炔
卤代烃	$-X$	卤素	CH_3Cl	一氯甲烷
醇	$-OH$	醇羟基	CH_3CH_2OH	乙醇
酚	$-OH$	酚羟基		苯酚
醚	$-O-$	醚键	$C_2H_5OC_2H_5$	乙醚
醛	$-\overset{O}{\overset{\|}{C}}-H$	醛基	CH_3CHO	乙醛
酮	$-\overset{O}{\overset{\|}{C}}-$	酮基	$CH_3\overset{O}{\overset{\|}{C}}CH_3$	丙酮
羧酸	$-\overset{O}{\overset{\|}{C}}-OH$	羧基	CH_3COOH	乙酸
酯	$-\overset{O}{\overset{\|}{C}}-O-$	酯基	$CH_3COOCH_2CH_3$	乙酸乙酯
硝基化合物	$-NO_2$	硝基	CH_3NO_2	硝基甲烷
胺	$-NH_2$	氨基	CH_3NH_2	甲胺

（范　伟）

> **思考题**
>
> 1. 和无机物相比，导致有机物数目繁多，数目庞大的原因是什么？
> 2. 乙烷、乙烯、乙炔中的碳碳键有何不同？

ER 7-5

练习题

第八章 | 烃

ER 8-1 教学课件

ER 8-2 思维导图

仅由碳和氢两种元素组成的化合物称为碳氢化合物，简称烃（hydrocarbon）。烃是最简单的有机物，也是有机物的母体。烃分子中的氢原子被其他原子或原子团取代后，可以衍生出其他有机化合物。

根据烃分子的结构和性质的不同，烃可分为以下种类：

$$
烃
\begin{cases}
开链烃（链烃）
\begin{cases}
饱和链烃——烷烃 \\
不饱和链烃
\begin{cases}
烯烃 \\
炔烃
\end{cases}
\end{cases} \\
闭链烃（环烃）
\begin{cases}
脂环烃 \\
芳香烃
\end{cases}
\end{cases}
$$

情景导入

炔雌醇的鉴别

炔雌醇是口服甾体避孕药中最常用的雌激素组分，主要用于补充雌激素不足，治疗女性性腺功能不良、闭经、更年期综合征等，其结构式为：

HO—结构式（炔雌醇分子结构）—CH₃ OH C≡CH

其鉴别方法是取本品约 10mg，加乙醇 1ml 溶解后，加入硝酸银试液 5~6 滴，即生成白色沉淀。

请思考：
1. 请说出该分子结构含有的几类官能团。
2. 请谈谈用硝酸银鉴别炔雌醇的原因。

第一节　饱和链烃

一、烷烃的结构和同分异构

（一）烷烃的结构

1. 烷烃的结构　烃分子中碳原子之间都以碳碳单键连接成链状,碳原子的其余价键都与氢原子相连的开链烃,称为饱和链烃,简称烷烃(alkane)。最简单的烷烃是甲烷,它是天然气和沼气的主要成分。

甲烷(methane)是无色、无味的气体,比空气轻,难溶于水。

甲烷分子由 1 个碳原子和 4 个氢原子组成,其分子式为 CH_4。甲烷分子中,碳原子为 sp^3 杂化,其 4 个 sp^3 杂化轨道分别与 4 个氢原子的 1s 轨道沿键轴方向正面重叠形成 4 个完全相同的 C—Hσ 键。研究证明,甲烷分子的空间结构为正四面体构型结构,碳原子居于正四面体的中心,4 个氢原子分别位于正四面体的 4 个顶点,键角均为 109°28′,键长都是 0.109nm,键能都是 413kJ/mol。甲烷分子结构如图 8-1 所示。

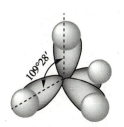 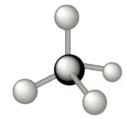 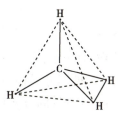

A. 甲烷分子电子云图　　　　B. 甲烷分子的球棒模型　　　　C. 甲烷分子空间结构

图 8-1　甲烷分子的空间结构

其他烷烃的结构与甲烷相似,碳原子也均是 sp^3 杂化,分子中除 C—Hσ 键外还存在 C—Cσ 键,键角接近 109°28′,故烷烃分子中的碳架结构呈锯齿状结构。乙烷分子结构如图 8-2 所示。

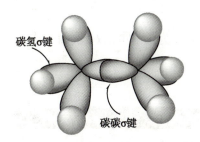 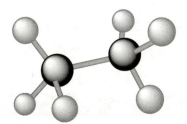 

碳氢σ键

碳碳σ键

A. 乙烷分子电子云图　　　　B. 乙烷分子的球棒模型　　　　C. 乙烷分子空间结构

烷烃分子的
3D 结构

图 8-2　乙烷分子的空间结构

2. 烷烃的同系列和通式　根据烷烃分子的结构特点,随着碳原子数逐渐增加,可得到一系列烷烃的分子式和结构简式(表 8-1)。

表 8-1　几种烷烃的分子式和结构简式

名称	分子式	结构简式	相邻组成差
甲烷	CH_4	CH_4	CH_2
乙烷	C_2H_6	CH_3CH_3	CH_2
丙烷	C_3H_8	$CH_3CH_2CH_3$	CH_2
丁烷	C_4H_{10}	$CH_3CH_2CH_2CH_3$	CH_2
戊烷	C_5H_{12}	$CH_3CH_2CH_2CH_2CH_3$	CH_2
……	……	……	……

在有机物中，像烷烃这样结构相似，分子组成上相差一个或几个 CH_2 原子团的一系列化合物称为同系列，同系列中的化合物互称同系物，CH_2 称为同系差。同系物化学性质相似，物理性质通常随着碳原子数的增加呈现出规律性的变化。

烷烃分子随碳原子数目增加，碳链增长，氢原子数也随之增多。烷烃的组成通式为：C_nH_{2n+2}（$n≥1$）。

（二）烷烃的同分异构

烷烃分子中，甲烷、乙烷、丙烷只有一种结构形式，没有同分异构体，其余烷烃都有同分异构体。例如：

C_4H_{10}　　$CH_3-CH_2-CH_2-CH_3$　　$CH_3-\overset{\overset{\displaystyle CH_3}{|}}{CH}-CH_3$

丁烷　　　　　　　　　　　异丁烷

C_5H_{12}　　$CH_3CH_2CH_2CH_2CH_3$　　$CH_3\underset{\underset{\displaystyle CH_3}{|}}{CH}CH_2CH_3$　　$CH_3-\overset{\overset{\displaystyle CH_3}{|}}{\underset{\underset{\displaystyle CH_3}{|}}{C}}-CH_3$

正戊烷　　　　　　　　异戊烷　　　　　　　新戊烷

随着碳原子数目的增加，烷烃的同分异构体数目也显著增多，如丁烷有 2 种同分异构体，戊烷有 3 种同分异构体，己烷有 5 种同分异构体，庚烷有 9 种同分异构体，二十烷则有 366 319 种同分异构体。

分子式相同，而分子中原子相互连接的次序和方式不同而引起的同分异构现象称为构造异构。上述烷烃的异构体都仅由碳链构造不同而产生，这种同分异构现象称为碳链异构，属构造异构的一种。

ER 8-4
庚烷的九种
同分异构体
及其命名

二、烷烃的命名

（一）烷烃分子中碳原子的类型

根据烷烃分子中碳原子连接其他碳原子的数目不同，可将碳原子分为伯、仲、叔、季四类碳原子（表 8-2）。

表 8-2　烷烃分子中碳原子的类型

碳原子类型	特点	别称（表示方法）	结构示例
伯碳原子	与另外 1 个碳原子相连	一级碳原子（1°）	$H_3\overset{1°}{C}-R$
仲碳原子	与另外 2 个碳原子相连	二级碳原子（2°）	$H_2\overset{2°}{C}\big\langle{}^R_R$
叔碳原子	与另外 3 个碳原子相连	三级碳原子（3°）	$H-\overset{\overset{\displaystyle R}{|}}{\underset{\underset{\displaystyle R}{|}}{\overset{3°}{C}}}-R$
季碳原子	与另外 4 个碳原子相连	四级碳原子（4°）	$R-\overset{\overset{\displaystyle R}{|}}{\underset{\underset{\displaystyle R}{|}}{\overset{4°}{C}}}-R$

注：R 为烷烃基。

例如：

$$\overset{\overset{\displaystyle 6}{CH_3}}{\underset{\overset{\displaystyle CH_3}{7}}{\overset{1}{CH_3}-\overset{2}{C}}}-\overset{3}{CH_2}-\overset{4}{\underset{\overset{\displaystyle CH_3}{8}}{CH}}-\overset{5}{CH_3}$$

上述结构中，C_1，C_5，C_6，C_7，C_8 为伯碳原子（1°碳原子）；C_3 为仲碳原子（2°碳原子）；C_4 为叔碳原子（3°碳原子）；C_2 为季碳原子（4°碳原子）。

伯、仲、叔碳原子上连接的氢原子分别称为伯氢原子（1°）、仲氢原子（2°）、叔氢原子（3°），由于所处的环境不同，受其他原子影响，其化学反应活性也存在差异。

（二）烷基

烷烃分子中去掉一个氢原子后剩余的基团称为烷烃基，简称烷基（alkyl substituent），通常用（R—）表示，其通式为 $C_nH_{2n+1}-$，常见的烷基有：

CH₃—	CH₃CH₂—	CH₃CH₂CH₂—	CH₃—CH—
甲基	乙基	正丙基	异丙基

CH₃—CH₂—CH₂—CH₂—   CH₃—CH—CH₂—   CH₃—C—CH₃

正丁基　　　　　　　　　异丁基　　　　　　叔丁基

（三）烷烃的命名

烷烃的命名是其他各类有机物命名的基础。烷烃的命名通常有普通命名法和系统命名法两种方法。

1. 普通命名法　适用于结构比较简单的烷烃。其命名的原则如下：

(1) 根据分子中碳原子总数称为"某烷"。碳原子数在 10 个以内的烷烃，依次用天干顺序（即甲、乙、丙、丁、戊、己、庚、辛、壬、癸）表示碳原子数；碳原子数在 10 个以上的烷烃，则用中文数字十一、十二……表示碳原子数。例如：CH_4 称为甲烷、C_7H_{16} 称为庚烷、$C_{11}H_{24}$ 称为十一烷。

(2) 烷烃有同分异构体时，则用"正""异""新"加以区分。常把直链的烷烃称为"正某烷"；把碳链第二位碳原子上连有 1 个甲基，此外别无支链的称为"异某烷"；把碳链第二位碳原子上连有 2 个甲基，此外别无支链的称为"新某烷"。例如：

CH₃CH₂CH₂CH₂CH₃　　　CH₃CHCH₂CH₃　　CH₃—C—CH₃

正戊烷　　　　　　　异戊烷　　　　　新戊烷

2. 系统命名法　系统命名法是根据国际纯粹与应用化学联合会（International union of pure and applied chemistry，IUPAC）制定的有机化合物命名原则，结合我国文字特点而制定的普遍适用的有机物命名法。

直链烷烃的系统命名法和普通命名法基本相同，直接根据碳原子数称"某烷"。

支链烷烃的命名则是将主链作为"母体"，支链作为取代基进行命名。命名原则如下：

(1) **选主链**：选择含碳原子数最多的最长碳链作为主链，并根据主链碳原子数称为"某烷"。若最长碳链有多条时，则选择带支链最多的最长碳链为主链。例如：

$$主链 \begin{array}{c} CH_2-CH_3 \\ | \\ CH_3-CH_2-CH_2-CH-CH_3 \end{array} \qquad 主链 \begin{array}{c} CH_3-CH_2-CH-CH_2-CH_3 \\ | \\ CH-CH_3 \\ | \\ CH_3 \end{array}$$

（2）**编号**：从离取代基较近的一端开始，用阿拉伯数字给主链碳原子依次编号，确定取代基的位置。若主链两端距取代基等距离时，则应按较小取代基具有较小编号的原则进行编号；若主链两端取代基等距离且取代基相同，则应按取代基之和最小原则进行编号。

（3）**命名**：按照"取代基的位次-数目名称某烷"的形式命名。其中取代基的位次用阿拉伯数字表示。相同的取代基合并写，表示相同取代基位次的阿拉伯数字按由小至大的顺序分别写在取代基的数目名称前面，中间用","隔开，取代基的数目用汉字二、三、四等数字表示。不同的取代基，则按取代基先简后繁的原则，简单的写在前面，复杂的写在后面，中间用短线隔开。例如：

$$\begin{array}{c} CH_3 \\ | \\ \overset{1}{CH_3}-\overset{2}{C}-\overset{3}{CH_2}-\overset{4}{CH_2}-\overset{5}{CH_3} \\ | \\ CH_3 \end{array} \qquad \begin{array}{c} CH_3 \\ | \\ \overset{6}{CH_3}-\overset{5}{CH}-\overset{4}{CH_2}-\overset{3}{CH}-\overset{2}{CH}-\overset{1}{CH_3} \\ \qquad\quad | \qquad\quad | \\ \qquad\quad CH_3 \quad CH_3 \end{array}$$

2,2-二甲基戊烷 　　　　　　　　2,3,5-三甲基己烷

$$\begin{array}{c} CH_3 \\ | \\ \overset{6}{CH_3}-\overset{5}{CH_2}-\overset{4}{CH}-\overset{3}{CH}-\overset{2}{CH}-\overset{1}{CH_3} \\ \qquad\quad | \quad | \\ \qquad\quad CH_3 \; CH_2CH_3 \end{array}$$

2,4-二甲基-3-乙基己烷

三、烷烃的性质

（一）物理性质

随着碳原子数目的增加，烷烃同系物的物理性质呈现规律性变化。常温常压下，$C_1 \sim C_4$ 的直链烷烃为气态；$C_5 \sim C_{17}$ 的烷烃为液态；C_{18} 以上的烷烃为固态。在同分异构体中，支链增加，分子趋向于球型导致分子间作用力减弱，沸点反而降低。例如：正戊烷沸点 36.1℃，异戊烷沸点 25℃，新戊烷沸点 9℃。所有烷烃的密度都小于 $1g/cm^3$，比水轻，均属于非极性化合物，难溶于水，易溶于苯、乙醚、氯仿、四氯化碳等非极性或弱极性有机溶剂。

（二）化学性质

1. 稳定性　烷烃分子中各原子间均以牢固的 σ 键相结合，因而化学性质比较稳定，通常不与强酸、强碱、强氧化剂作用。如将甲烷气体通入高锰酸钾酸性溶液，高锰酸钾溶液不褪色，说明甲烷不能与 $KMnO_4$ 等强氧化剂反应。

2. 氧化反应　所有烷烃均能在空气中燃烧，生成二氧化碳和水，同时放出大量热量。例如：

$$CH_4 + 2O_2 \xrightarrow{点燃} CO_2 + 2H_2O + 热$$

甲烷可以在空气中燃烧，生成水和二氧化碳的同时释放大量热量，故是一种很好的气体燃料。

3. 取代反应　有机化合物分子中的某些原子或原子团，被其他原子或原子团所代替的反应，称为取代反应。烷烃在光照、高温或催化剂的作用下，能与卤素发生取代反应。例如，在光照下，甲烷与氯气的取代反应，是分步进行的，甲烷分子中的氢原子将逐步被氯原子所取代，该反应一旦发生将连续进行。

$$CH_4 + Cl_2 \xrightarrow{光照} CH_3Cl + HCl$$

$$CH_3Cl + Cl_2 \xrightarrow{光照} CH_2Cl_2 + HCl$$

$$CH_2Cl_2 + Cl_2 \xrightarrow{\text{光照}} CHCl_3 + HCl$$

$$CHCl_3 + Cl_2 \xrightarrow{\text{光照}} CCl_4 + HCl$$

这种有机化合物分子中的氢原子被卤素原子取代的反应也称为卤代反应。烃分子中的氢原子被卤素原子所取代生成的化合物,称为卤代烃。卤代烃是一种重要的烃的衍生物。甲烷的四种氯代物都不溶于水;常温下一氯甲烷是气体,其他3种都是液体;三氯甲烷、四氯甲烷都是重要的有机溶剂,四氯化碳还是一种高效的灭火剂。

四、重要烷烃的护理应用

1. 液体石蜡 液体石蜡是碳原子数为18~24的液态烷烃的混合物,为无色透明油状液体,无臭无味,不溶于水和乙醇,能溶于乙醚和氯仿。在体内不易被吸收,在医药上常有以下用途:

(1)**治疗便秘**:液体石蜡在体内不被消化,吸收极少,对肠道和粪便起润滑作用,且能阻止肠内水分吸收,软化大便,使之容易排除,故可用作泻药。

(2)**用作保湿护肤剂**:液体石蜡具有低致敏性及不错的封闭性,有阻挡皮肤水分蒸发作用,故常用于婴儿油、乳液、乳霜等护肤品中作润滑保湿剂。又由于液体石蜡还具有良好的脂溶性质,用于卸妆油或卸妆乳中。

(3)常作为组成成分应用于滴鼻剂和喷雾剂,起保湿润滑作用。

2. 凡士林 凡士林是含18~22个碳原子的烷烃的混合物,为白色或黄色软膏状半固体,不溶于水,易溶于乙醚、氯仿、汽油和苯等有机溶剂。在医药中有以下用途:

(1)**用作软膏基质**:凡士林因其不能被皮肤吸收,且性质稳定,不会酸败,可与多种药物配伍,所以在医药上常用作软膏基质。

(2)**保湿护肤剂**:由于凡士林不溶于水、不会被吸收,涂抹在皮肤上可以保持皮肤湿润,可以用作唇膏、护手霜、护肤品滋润保湿皮肤。

(3)**保护皮肤,促使自身修复**:凡士林没有杀菌能力,但能阻挡空气中细菌与皮肤接触,从而降低伤口感染的可能性,有助于皮肤的自身修复。如在婴儿臀部涂一层凡士林,可避免因与湿尿片长期接触皮肤而引起湿疹;将凡士林涂抹于鼻出血的人的鼻孔内壁,可阻止继续出血;口腔溃疡患者擦干患处后,涂上一层凡士林,可避免溃疡接触口腔内的其他物质从而促进溃疡愈合。

知识拓展

汽 油

汽油,为透明液体,主要成分为 C_4~C_{12} 的脂肪烃、环烷烃类及一定量的芳香烃,难溶解于水,易燃烧,空气中含量达 74~123g/m³ 时遇火即爆炸。通常汽油按辛烷值分为90号、93号、95号、97号等牌号。而辛烷值(octane number)是交通工具所使用的燃料(汽油)抵抗震爆的指标。汽油内有多种碳氢化合物,其中正庚烷在高温和高压下较容易引发自燃,造成震爆现象,降低引擎效率,还能引致汽缸壁过热甚至活塞损裂。因此正庚烷的辛烷值定为0。而异辛烷其震爆现象很小,其辛烷值定为100。将这两种烃按不同体积比例混合,可配制成辛烷值由0到100的标准燃料,汽油的辛烷值越高,抗爆性就越好。另外,汽油在甾族化合物的提取、分离中是重要的脂溶性溶剂。例如,在天然药物薯蓣皂苷元的提取中汽油就作为溶剂而被应用。

<h2 style="text-align:center">第二节　不饱和链烃</h2>

分子中含有碳碳双键（ C=C ）和碳碳三键（—C≡C—）的开链烃称为不饱和链烃。不饱和链烃又分为烯烃和炔烃。

一、烯烃和炔烃的结构和同分异构

（一）烯烃的结构和同分异构

1. 烯烃的结构　分子中含有碳碳双键的不饱和链烃称为烯烃（olefine）。碳碳双键是烯烃的官能团。根据分子中碳碳双键的数目，烯烃可分为单烯烃、二烯烃和多烯烃。通常烯烃指的是单烯烃。

最简单的烯烃是乙烯（ethene），其分子式、结构式及结构简式如下：

$$C_2H_4 \qquad \begin{array}{c} H \\ \diagdown \\ C=C \\ \diagup \quad \diagdown \\ H \qquad H \end{array} \qquad CH_2=CH_2$$

乙烯分子的键角均接近 120°（图 8-3A），这表明乙烯分子中的碳原子均为 sp^2 杂化，两个碳原子各用 1 个 sp^2 杂化轨道沿键轴方向以"头碰头"方式重叠，形成 1 个 C—Cσ 键；其余 2 个 sp^2 杂化轨道分别与 2 个氢原子的 1s 轨道重叠，各形成 2 个 C—Hσ 键。C—Cσ 键和 C—Hσ 键均处于同一平面。同时，每个碳原子上还有 1 个未参与杂化的 p 轨道，这 2 个 p 轨道的对称轴都垂直于 sp^2 杂化轨道平面，它们彼此平行，并以"肩并肩"方式从侧面重叠形成 π 键。乙烯分子 π 键的形成如图 8-3B 所示。

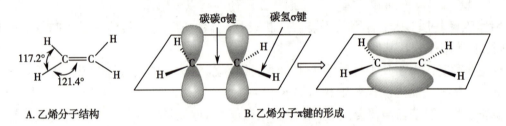

A. 乙烯分子结构　　　　B. 乙烯分子π键的形成

图 8-3　乙烯分子 π 键的形成

研究表明：碳碳双键的键能是 610.28kJ/mol，是碳碳单键键能（345.6kJ/mol）的 1.76 倍左右；碳碳双键的平均键长（0.134nm）比碳碳单键的键长（0.154nm）短。碳碳双键不能自由旋转。

因此乙烯分子中 π 键的重叠程度比 σ 键小，不牢固，容易断裂。所以烯烃性质比较活泼，容易发生化学反应。

像乙烯、丙烯、丁烯、戊烯等一系列烯烃，结构相似（碳碳双键位置相同），分子组成上相差一个或几个 CH_2 原子团，互为同系物。由于烯烃分子中存在碳碳双键，故烯烃的通式为 C_nH_{2n}（n≥2）。

2. 烯烃的同分异构　由于碳碳双键的出现，烯烃的同分异构现象比烷烃复杂。烯烃除常见的碳链异构外，还因碳碳双键的位置不同而存在位置异构，两者均属于构造异构。例如丁烯存在 3 种构造异构体：

$$CH_2=CH-CH_2-CH_3 \qquad CH_3-CH=CH-CH_3 \qquad \underset{\underset{CH_3}{|}}{CH_2=C-CH_3}$$

1-丁烯　　　　　　2-丁烯　　　　　　2-甲基丙烯

位置异构

碳链异构

烯烃又因碳碳双键不能自由旋转，导致碳碳双键两侧连接的不同原子或基团在空间的有不同排布而产生了顺反异构。顺反异构属于立体异构中的构型异构。如2-丁烯的顺反异构体。

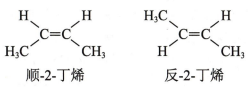

顺-2-丁烯　　　　　　反-2-丁烯

（二）炔烃的结构和同分异构

1. 炔烃的结构　分子中含有碳碳三键（—C≡C—）的不饱和链烃称为炔烃（alkyne）。碳碳三键为炔烃的官能团。

最简单的炔烃是乙炔（acetylene），其分子式、结构式及结构简式如下：

$$C_2H_2 \qquad H—C≡C—H \qquad HC≡CH$$

乙炔分子的4个原子在同一直线上，为线性分子（图8-4A）。乙炔分子中2个碳原子均为sp杂化，各有2个sp杂化轨道，2个碳原子之间用1个sp杂化轨道重叠形成C—Cσ键，每个碳原子的另一个sp杂化轨道，分别与氢原子的1s轨道重叠形成2个C—Hσ键。C—Cσ键和C—Hσ键处于同一直线上。每个碳原子上还有2个未参与杂化且相互垂直的p轨道，分别从侧面相互重叠，形成2个相互垂直的π键（图8-4B），对称地分布于C—Cσ键周围（图8-4C）。

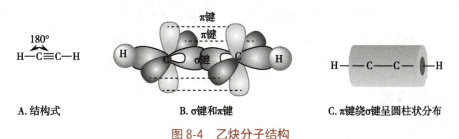

A. 结构式　　　　　　B. σ键和π键　　　　　　C. π键绕σ键呈圆柱状分布

图8-4　乙炔分子结构

碳碳三键的键长（0.120nm）比碳碳单键、碳碳双键的键长都短，碳碳三键的键能（812J/mol）比碳碳单键键能的3倍小得多，碳碳三键是由1个σ键和2个π键构成，π键容易断裂，故炔烃的性质比较活泼，容易发生化学反应。

像乙炔、丙炔、丁炔、戊炔等一系炔烃，结构相似（碳碳三键位置相同），分子组成上相差一个或若干个CH_2原子团，互为同系物。由于炔烃分子中存在碳碳三键，故炔烃的通式是C_nH_{2n-2}（n≥2）。

2. 炔烃的同分异构　炔烃分子中由于三键碳原子上只能连接一个原子或基团，且分子为线型结构，因此炔烃存在碳链异构和碳碳三键位置异构，而无顺反异构现象。如丁炔的同分异构体如下：

$$HC≡C—CH_2—CH_3 \qquad CH_3—C≡C—CH_3$$

1-丁炔　　　　　　　　2-丁炔

二、烯烃和炔烃的命名

1. 烯烃的命名　简单烯烃可采用普通命名法，根据分子中碳原子数命名为"某烯"，例如：

$$CH_2=CH_2 \qquad CH_3—CH=CH_2 \qquad \overset{\overset{\displaystyle CH_3}{|}}{CH_3—C=CH_2}$$

乙烯　　　　　　丙烯　　　　　　　异丁烯

复杂的烯烃则采用系统命名法,命名原则如下:

(1)**选主链**:选择包含碳碳双键碳原子在内的最长碳链作为"主链",并根据主链碳原子数目称为"某烯"(碳原子数多于10的烯烃称为"某碳烯")。

(2)**编号**:首先考虑双键具有最低位次,其次兼顾取代基具有最低位次。

(3)**命名**:按照"取代基的位次 - 数目名称 - 碳碳双键的位次 - 某烯"的形式给烯烃命名。双键的位次以两个双键碳原子中编号较小的一个表示,取代基的命名和烷烃相似。例如:

$$CH_3-CH=CH-CH_3$$
2-丁烯

$$\overset{4}{CH_3}-\overset{3}{CH}-\overset{2}{CH}=\overset{1}{CH_2}$$
$$\underset{CH_3}{|}$$
3-甲基-1-丁烯

$$\overset{5}{CH_3}-\overset{4}{CH}-\overset{3}{C}=\overset{2}{CH}-\overset{1}{CH_3}$$
$$\underset{CH_3}{|}\ \underset{CH_2CH_3}{|}$$
4-甲基-3-乙基-2-戊烯

$$\overset{1}{CH_3}-\overset{2}{CH}-\overset{3}{C}=\overset{4}{CH}-\overset{5}{CH}-\overset{6}{CH_2}\overset{7}{CH_3}$$
2,5-二甲基-3-乙基-3-庚烯

2. 炔烃的命名　炔烃的命名与烯烃相似,命名时只需对应地将"烯"字改为"炔"字,并注明三键的位置即可。例如:

$$\overset{1}{CH}\equiv\overset{2}{C}\overset{3}{CH}\overset{4}{CH_2}\overset{5}{CH_3}$$
$$\underset{CH_3}{|}$$
3-甲基-1-戊炔

$$\overset{1}{CH_3}\overset{2}{C}\equiv\overset{3}{C}\overset{4}{CH_2}\overset{5}{CH}\overset{6}{CH_3}$$
$$\underset{CH_3}{|}$$
5-甲基-2-己炔

三、不饱和烃的性质

(一)物理性质

烯烃、炔烃的物理性质与烷烃相似。常温常压下,C_2~C_4的烯烃、炔烃均为气体,C_5~C_{18}的烯烃和C_5~C_{15}的炔烃为液体,其余不饱和烃为固体。烯烃、炔烃的熔点,沸点,密度和溶解度均随着碳原子数目的增加而呈规律性变化。简单炔烃的熔沸点及密度比相同碳原子的烷烃和烯烃高。不饱和烃密度均小于$1g/cm^3$,都难溶于水,易溶于有机溶剂。

(二)化学性质

烯烃和炔烃分子中均含有不稳定的π键,因此化学性质有很多相似之处,都比较活泼,易发生加成、氧化、聚合等反应。

1. 加成反应　有机物分子的双键或三键中的π键断裂,加入其他原子或原子团的反应称为加成反应(addition reaction)。

$$\underset{\pi键}{\overset{\sigma键}{\underset{}{\diagup}C=C\diagdown}} + A-B \longrightarrow -\overset{|}{\underset{|}{C}}\overset{\sigma键}{\underset{}{}}\overset{|}{\underset{|}{C}}-$$
$$\qquad\qquad\qquad\qquad A\ \ \ B$$

(1)**加氢**:烯烃或炔烃在有催化剂(如铂或镍)存在下,都可以与氢气发生加成反应,生成对应的饱和烃。例如:

$$CH_2=CH_2 + H_2 \xrightarrow{Pt} CH_3-CH_3$$

$$CH\equiv CH + 2H_2 \xrightarrow{Pt} CH_3-CH_3$$

根据该反应中吸收的H_2的量可以推测出分子中所含的双键(或三键)数,故该反应可用于有机物结构的推断和确定。

（2）**加卤素**：常温下，烯烃和炔烃都能与卤素（氯或溴）发生加成反应，生成卤代烃。例如：

$$CH_2=CH_2 + Br_2 \xrightarrow{CCl_4} \underset{\underset{Br}{|}}{CH_2}-\underset{\underset{Br}{|}}{CH_2}$$

1,2-二氯乙烷

$$CH\equiv CH + 2Br_2 \xrightarrow{CCl_4} \underset{\underset{Br}{|}}{\overset{\overset{Br}{|}}{CH}}-\underset{\underset{Br}{|}}{\overset{\overset{Br}{|}}{CH}}$$

1,1,2,2-四溴乙烷

将乙烯或乙炔通入溴的四氯化碳溶液中，溴的红棕色很快褪去。

烯烃或炔烃与溴水的加成反应易发生，且现象明显，故常用于不饱和烃的鉴别。

（3）**加卤化氢**：烯烃和炔烃能与卤化氢发生加成反应，生成对应的卤代烃。

$$CH_3-CH=CH_2 + HBr \longrightarrow CH_3-\underset{\underset{Br}{|}}{CH}-CH_3$$

2-溴丙烷

$$CH\equiv CH + HBr \longrightarrow CH_2=CHBr \xrightarrow{HBr} CH_3-CHBr_2$$

1,1-二溴乙烷

当不对称烯烃与卤化氢加成时，卤化氢分子中的氢原子总是加到含氢较多的双键碳原子上，而卤素原子则加在含氢较少的双键碳原子上，这一规则称为马尔可夫尼科夫规则（Markovnikov rule），简称为马氏规则，是1869年俄国化学家马尔可夫尼科夫根据实验结果总结出来的经验规则。

2. **氧化反应**　不饱和烃与 $KMnO_4$ 溶液（酸性）发生氧化反应时，碳碳双键或碳碳三键断裂，生成相应的酮、羧酸、CO_2 等产物，同时 $KMnO_4$ 溶液的紫红色褪去。利用此性质可以鉴别烷烃和不饱和烃。例如：

$$CH_3CH_2CH=CH_2 \xrightarrow{KMnO_4/H^+} CH_3CH_2COOH + CO_2 + H_2O$$

1-丁烯　　　　　　　　　　丙酸

$$CH_3C\equiv CH \xrightarrow{KMnO_4/H^+} CH_3COOH + CO_2$$

丙炔　　　　　　　乙酸

另外，烯烃、炔烃和烷烃一样，都能在空气里燃烧，生成二氧化碳和水，放出大量的热量。乙炔焰温度高达3 200℃左右，可用于切割和焊接金属。

3. **聚合反应**　在一定条件下，烯烃或炔烃的 π 键打开，双键（或三键）碳原子相互以 σ- 键结合成大分子化合物的反应，称为聚合反应（polymerization reaction），所形成的大分子化合物称为聚合物，参与聚合反应的烯烃或炔烃称为单体。例如：

$$n\ CH_2=CH_2 \xrightarrow[\triangle]{催化剂} \text{+} CH_2-CH_2 \text{+}_n$$

乙烯　　　　　　　聚乙烯

$$n\ ClCH=CH_2 \xrightarrow[\triangle]{催化剂} \text{+} \underset{\underset{Cl}{|}}{CH}-CH_2 \text{+}_n$$

氯乙烯　　　　　　聚氯乙烯

4. **金属炔化物的生成**　凡是具有末端炔烃结构（−C≡CH）的炔烃，三键碳原子上的氢原子具有弱酸性，可以被某些金属离子取代而生成金属炔化物。例如，将乙炔通入硝酸银（或氯化亚铜）的氨溶液，则可反应生成白色的乙炔银（或棕红色乙炔亚铜沉淀）。

$$HC \equiv CH + 2Ag(NH_3)_2NO_3 \longrightarrow AgC \equiv CAg\downarrow + 2NH_4NO_3 + 2NH_3\uparrow$$

硝酸银氨溶液　　乙炔银（白色）

$$HC \equiv CH + 2Cu(NH_3)_2Cl \longrightarrow CuC \equiv CCu\downarrow + 2NH_4Cl + 2NH_3\uparrow$$

氯化亚铜氨溶液　　乙炔亚铜（红色）

此反应非常灵敏，常用于末端炔烃的鉴别。

四、重要不饱和烃的护理应用

1. 乙烯　常温下乙烯为无色、稍带甜味的气体，易燃，不溶于水，易溶于有机溶剂。

（1）乙烯可以促进水果和蔬菜成熟，是已被证实的植物激素，市场上常用的催熟剂乙烯利是乙烯含量为 40% 的酸性液体，其水溶液进入组织后可分解释放出乙烯。

（2）乙烯具有低毒性，对眼及呼吸道黏膜有轻微刺激作用，吸入高浓度乙烯可立即引起意识丧失。长期接触低浓度乙烯会有头晕、乏力等症状。若吸入大量乙烯时，应立即将受害者转移至有新鲜空气的地方，如果停止呼吸，则应立即进行人工呼吸并拨打急救电话。

（3）乙烯具有麻醉作用，经呼吸道吸入后，能迅速引起麻醉，具有较强的麻醉作用，但绝大部分可经肺排出，故苏醒较快。

2. β-胡萝卜素　β-胡萝卜素属于多烯烃类化合物。β-胡萝卜素是一种脂溶性的紫红色或暗红色结晶性粉末，微溶于乙醇、乙醚，易溶于氯仿和苯。

（1）β-胡萝卜素进入人体后，可被体内的酶转变为维生素 A（又名视黄醇），所以又称为维生素 A 原。人体所需维生素 A 通常可通过储备足量的 β-胡萝卜素转化而来。β-胡萝卜素，广泛存在于植物的花、叶、果实、蛋黄和奶油中，而胡萝卜中的含量是最高的。

（2）β-胡萝卜素可以防止和消除体内代谢过程中产生的自由基，是体内重要的抗氧化剂。β-胡萝卜素还具有防癌、抗癌、防止白内障及抗射线对人的伤害等功效。

3. 松节油　松节油是由烃的混合物组成，含有大量蒎烯的一种天然精油。通常为无色至深棕色液体，有特殊气味，易燃，能溶于水，易溶于乙醇，能与氯仿、乙醚或冰醋酸任意混合。松节油可用作皮肤刺激药。具有很强穿透力，能渗入深部组织而呈刺激作用，促进血液循环，同时兼有消毒作用。具有抗风湿性关节炎，抗菌，抗流脑病毒，抗支气管炎等作用。常用于治疗肌肉痛或关节痛。

知识拓展

通用塑料聚乙烯的临床应用

聚乙烯（PE）是由乙烯单体聚合生成的聚合物，是产量最大的通用塑料，其性质透明柔韧、无臭、无毒，手感似蜡，化学稳定性好，常温下不溶于一般溶剂，吸水性小，可用于制作临床材料。按密度的不同，聚乙烯可分为超低密度聚乙烯（ULDPE）、低密度聚乙烯（LDPE）、中密度聚乙烯（MDPE）、高密度聚乙烯（HDPE）和超高分子量聚乙烯（UHMWPE）等类型，其性能不同，用途也各有不同。其中 ULDPE 由于其生物相容性、耐久性较好，具有高的稳定性，不会引起过敏等性质，在医学方面，常用于牙托材料、医用移植物和整形缝合等领域。LDPE 主要用于和其他塑料共混生产医用包装袋以及静脉注射容器等，有时也用于制作耐高温消毒的医用塑料袋制品。HDPE 主要用作药瓶、医用瓶盖等医用硬包装；另外由于其良好的机械性能使得其在人工肺、人工气管、人工喉、人工肾等人工器官、矫形外科修补材料以及一次性医疗用品等领域也有应用。UHMWPE 由于具有极高的化学稳定性、耐磨性、耐腐蚀以及生物惰性，是制造人工关节的优选材料。

第三节　芳　香　烃

分子中含有一个或多个苯环结构的烃称为芳香烃（aromatic hydrocarbon），简称芳烃。

芳烃按照分子中苯环的数目不同，可分为单环芳烃和多环芳烃。多环芳烃又根据苯环连接方式不同又分为联苯、多苯代脂烃和稠环芳烃。

一、苯的结构

苯（benzene）是最简单的芳香烃，也是芳香烃的母体，其分子式、结构式和结构简式如下：

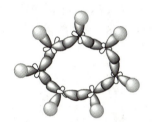 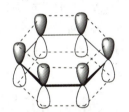 

研究证明，苯分子中的 6 个碳原子均为 sp^2 杂化。每个碳原子有 3 个 sp^2 杂化轨道，其中的 2 个分别和相邻的碳原子的 sp^2 杂化轨道以"头碰头"方式正面重叠形成 6 个 C—Cσ 键，将 6 个碳原子连成一个平面的正六边形环状结构；而每个碳原子剩余的 1 个 sp^2 杂化轨道则与氢原子的 1s 轨道重叠形成 C—Hσ 键，分子中所有的原子都在同一平面上。苯环的每个碳原子上未参与杂化的 1 个 p 轨道，均垂直于碳环平面，且彼此平行，并以"肩并肩"方式侧面重叠形成 1 个闭合的环状共轭大 π 键，均匀分布于碳环结构的上方和下方。因此，苯分子具有了特殊的稳定性，从而导致其化学性质方面也具有了"易取代"而"难加成和氧化"的特殊的"芳香性"。苯分子结构如图 8-5 所示。

苯分子的
3D 结构

　A. 苯分子中的σ键形成　　　B. 苯分子中的π键形成　　　C. 苯分子中π键电子云

图 8-5　苯分子的结构

目前仍然沿用凯库勒式（）结构表示苯的分子结构，也可以用（）表示。

知识拓展

苯环结构的发现

苯是一种重要的化工原料。早在 1825 年苯就已经被人们所发现，但此后几十年间，人们却一直不知道它的结构。直到 1865 年，德国化学家凯库勒（F.A.Kekule）才首次提出了苯的环状结构。而苯环结构的发现过程，在化学史上一直是极富传奇色彩的故事。据说 1864 年冬天的一个夜晚，化学家凯库勒在书房打盹。而就在这时，他的眼前突然出现了一群旋转的原子和分子，就像一群蛇一样，相互缠绕，边旋转边运动。突然，他看见其中一条蛇衔着自己的尾巴，开始旋转起来。凯库勒像被电击一样惊醒过来，顿时明白苯分子是一个环，最终推导出苯的凯库勒式结构。

二、苯和苯的同系物命名

苯分子中的氢原子被烃基取代所生成的化合物称为苯的同系物。苯及苯的同系物通式为：C_nH_{2n-6}（$n\geqslant6$）。

1. 一烃基苯　苯环上只有 1 个取代基时无同分异构现象，命名以苯环为母体，取代基名写于苯前，称为"某烃基苯"，常将"基"字省略，称为某苯。

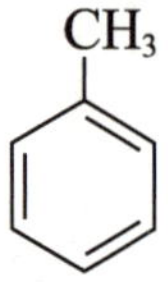

甲苯 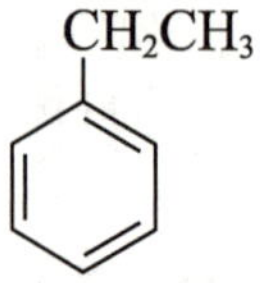　　　　　　乙苯 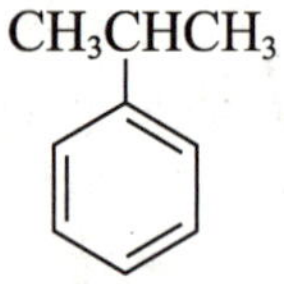　　　　　　异丙苯

2. 二烃基苯　苯环上有 2 个取代基时由于烃基的相对位置不同而存在三种同分异构体。命名以苯环为母体，根据取代基位置不同，在前面用"邻（o）、间（m）或对（p）"等字或阿拉伯数字来表示取代基的相对位置。

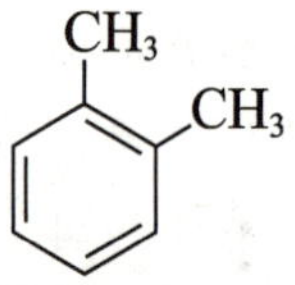

1,2-二甲苯　　　1,3-二甲苯　　　1,4-二甲苯
邻二甲苯　　　　间二甲苯　　　　对二甲苯

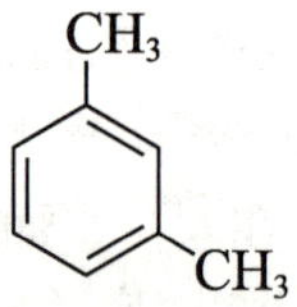

3. 三烃基苯　苯环上有 3 个取代基时同样存在三种同分异构体，命名以苯环为母体，根据取代基位次的编号之和最小原则，用阿拉伯数字或"连、偏、均"等字来表示取代基的相对位置。

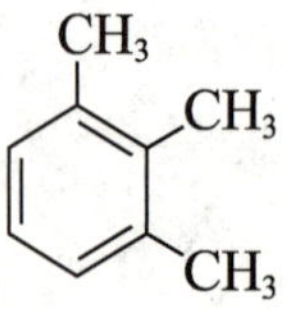

1,2,3-三甲苯　　1,2,4-三甲苯　　1,3,5-三甲苯
连三甲苯　　　　偏三甲苯　　　　均三甲苯

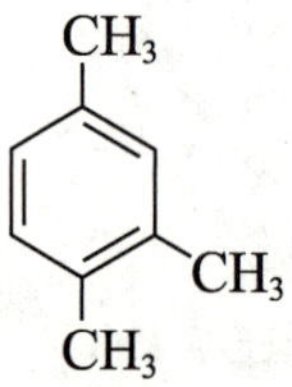

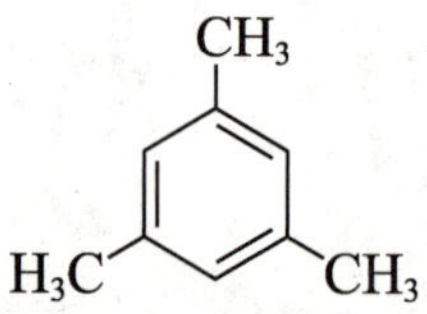

4. 当苯环上连有较复杂的烷基或不饱和烃基时，以烷烃或不饱和烃为母体，苯基为取代基进行命名。

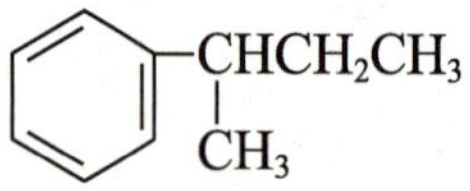

2-苯基丁烷 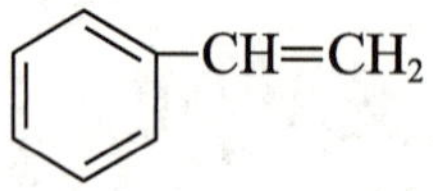　　　　苯乙烯 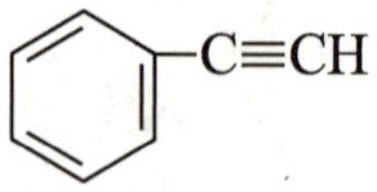　　　　　苯乙炔

芳香烃分子中去掉一个氢原子剩下的基团，称为芳香烃基，常用 Ar—表示。常见的芳基有：

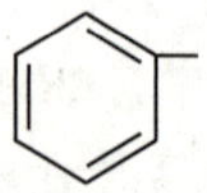

苯基（C_6H_5—） 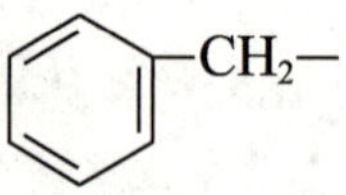　　　苄基（C_6H_5—CH_2—）

三、苯和苯的同系物的性质

（一）物理性质

苯是无色具有特殊气味的液体，密度比水小，不溶于水，易溶于乙醚、四氯化碳等有机溶剂。

熔点 5.5℃，沸点 80.1℃，易挥发。苯及苯的同系物均有毒，吸入、食入、皮肤接触均可造成中毒，短时间内吸入高浓度蒸气，就会引起急性中毒，甚至危及生命。长时间吸入低浓度蒸汽，可引起慢性中毒，损害造血器官和神经系统，长期接触或短期大量接触可致癌。因此，在使用此类物质时一定要采取防护措施。

（二）化学性质

1. 取代反应　在有催化剂存在的条件下，苯容易发生取代反应。

（1）**卤代反应**：在铁粉或卤化铁的催化下，苯与卤素反应，苯环上的氢原子被卤素原子取代，生成卤素取代物。例如：

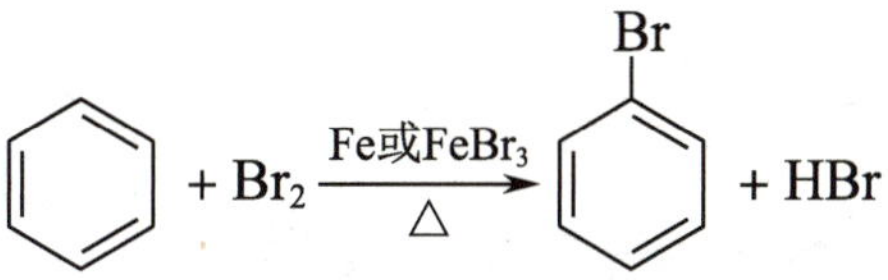

$$\text{苯} + Br_2 \xrightarrow[\triangle]{Fe或FeBr_3} \text{溴苯} + HBr$$

（2）**硝化反应**：在浓硫酸催化下，苯与浓硝酸反应，苯环上的氢原子被硝基（$-NO_2$）取代，生成硝基苯。例如：

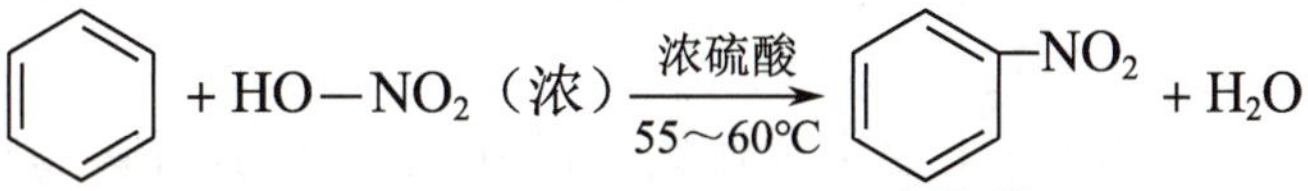

$$\text{苯} + HO-NO_2（浓）\xrightarrow[55\sim60℃]{浓硫酸} \text{硝基苯} + H_2O$$

（3）**磺化反应**：在加热条件下，苯与浓硫酸反应，苯环上的氢原子被磺酸基（$-SO_3H$）取代，生成苯磺酸。

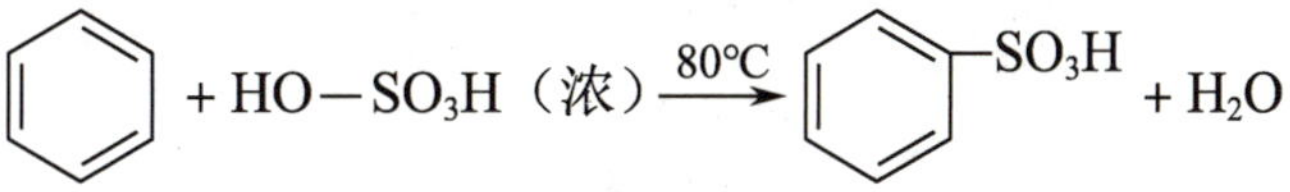

$$\text{苯} + HO-SO_3H（浓）\xrightarrow{80℃} \text{苯磺酸} + H_2O$$

2. 加成反应　苯通常难以发生加成反应，但是在特殊情况下，例如用镍作催化剂，在加热的条件下，苯能与氢气发生加成反应，生成环己烷。

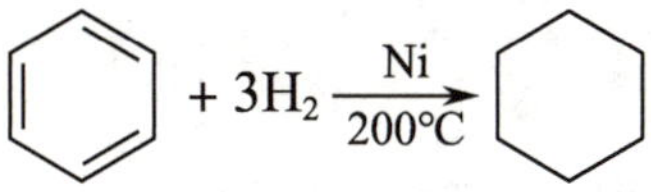

$$\text{苯} + 3H_2 \xrightarrow[200℃]{Ni} \text{环己烷}$$

3. 氧化反应　苯环的结构比较稳定，通常不能被高锰酸钾等强氧化剂氧化。但烷基苯由于苯环和侧链的相互影响，其性质与苯有所不同。若与苯环直接相连的侧链碳原子上连有氢原子，无论侧链长短，遇到高锰酸钾都会被氧化生成苯甲酸，同时高锰酸钾溶液退色；反之，当侧链上与苯环直接相连的碳原子上没有氢原子，则侧链不能被氧化。利用这一性质，可以将苯与苯的同系物区分开。

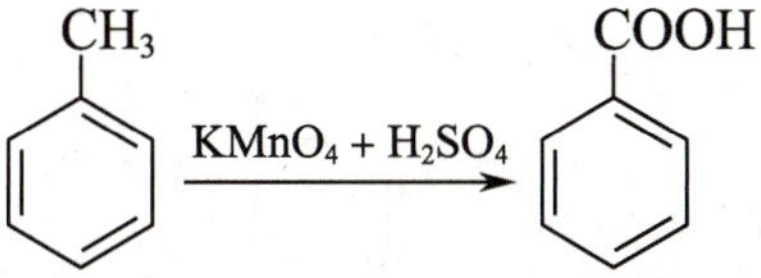

$$\text{甲苯} \xrightarrow{KMnO_4 + H_2SO_4} \text{苯甲酸}$$

ER 8-9

苯和甲苯性质的实验

四、稠环芳香烃

由两个或两个以上的苯环共用相邻的两个碳原子相互稠合而成的多环芳香烃称为稠环芳香烃。重要的稠环芳烃有萘、蒽和菲等。

1. 萘 萘是最简单的稠环芳烃,其分子式为 $C_{10}H_8$,是由两个苯环共用两个相邻的碳原子稠合而成,其结构式如下:

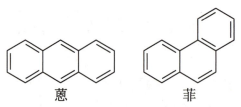

萘是一种白色片状晶体,有特殊气味,室温下容易升华,熔点 80.5℃,沸点 218℃,不溶于水,易溶于有机溶剂。萘是重要的工业原料。常用作防蛀剂,是樟脑丸、卫生球的主要成分。其蒸气及粉尘对人体有害。

2. 蒽和菲 蒽和菲的分子式都是 $C_{14}H_{10}$,它们互为同分异构体,它们都是由 3 个苯环稠合而成的,结构式如下:

蒽   菲

蒽和菲都存在于煤焦油中。蒽是无色片状晶体,是制造染料的重要原料。菲为无色晶体,可溶于乙醇或苯等有机溶剂中,用于制造染料和药物。

环戊烷多氢菲是生物体内具有重要生理作用的甾族化合物的母体,也叫"甾核",是由一个完全氢化了的菲与环戊烷稠合而成,其结构式如下:

戊烷多氢菲

环戊烷多氢菲的衍生物广泛存在于动植物体内,且具有重要的生理作用。如胆固醇、胆酸、维生素 D 和某些激素等。

知识拓展

致 癌 烃

致癌烃是指能引起恶性肿瘤的一类稠环芳香烃,大多是蒽和菲的衍生物。最初,人们在长期从事煤焦油作业的人员中发现有皮肤癌的病例,后来通过动物实验,证实了煤焦油中存在的微量 3,4-苯并芘具有高度致癌性。

目前,已知的致癌烃多含有 4 个或 4 个以上苯环的稠环芳香烃,主要存在于煤焦油、煤烟、石油、沥青、烟草的烟雾中以及各种机动车辆所排出的废气中,例如:芘、苯并芘、二苯并菲、二苯并蒽等,其中 3,4-苯并芘的致癌作用最强。

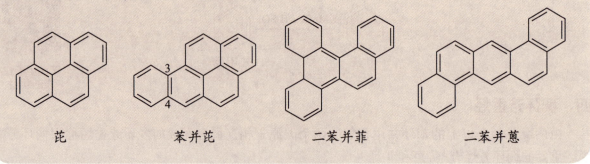

芘   苯并芘   二苯并菲   二苯并蒽

五、重要芳香烃的护理应用

1. 苯　苯是一种常用的有机溶剂,有毒,短时间内吸入苯的蒸气会引起急性中毒,主要表现为中枢神经系统麻醉,甚至呼吸心跳停止。对于急性中毒患者,急救时,要迅速将患者移至空气新鲜的场所,立即脱去被污染的衣物,清洗皮肤,遵医嘱可静脉注射葡萄糖和维生素 C,关键是恢复造血功能。长期接触低浓度苯可引起慢性中毒,主要对造血系统、神经系统造成伤害,表现为头痛、头晕、失眠、白细胞持续减少、血小板减少等症状,甚至诱发白血病。

2. 甲苯　甲苯毒性较低,经呼吸道、皮肤、消化道吸收,主要对神经系统有麻醉作用、对皮肤黏膜有刺激作用,甲苯能引起肝、肾及心脏损害,还具有致癌、致畸和致突变作用。甲苯的很多性质与苯相似,常替代苯用作有机溶剂。

(杨国富)

思考题

1. 请对比总结烯烃和炔烃在结构和化学性质方面的异同,并进一步验证物质结构与性质之间的关系。

2. 想一想,如何用化学方法鉴别乙烷、乙烯和乙炔?

ER 8-10

练习题

第九章 | 醇 酚 醚

ER 9-1 教学课件　　ER 9-2 思维导图

学习目标

1. 掌握：醇、酚和醚的命名、结构、性质。
2. 熟悉：邻二醇和邻二巯基化合物的结构特性；醇、酚和醚的分类和鉴别。
3. 学会：运用所学知识解释乙醇消毒、硫醇重金属解毒的机制及指导护理工作实践。
4. 培养学生具备创新能力、实践能力及具备文化自信、民族自豪感。

　　醇、酚和醚都是烃的含氧衍生物，它们不仅是重要的有机合成原料，也是从分子水平理解、研究机体生化、生理、病理变化及药物作用的重要物质。硫醇作为重金属解毒剂，具有调整物质代谢，保持酶系统的功能，在治疗疾病方面起着十分重要的作用。

情景导入

乙醇代谢和脂肪肝

　　肝是乙醇（酒精）代谢的唯一器官。饮酒后，90% 以上的乙醇进入肝内代谢，一次过量和长期饮酒，可在肝内代谢产生大量的乙醛，该物质化学性质活泼，具有毒性。一方面减慢肝对脂肪酸的氧化，导致肝细胞膨胀，乃至破裂。另一方面干扰氨基酸代谢，引起肝细胞膜脂质过氧化损害。由于乙醛引起肝内脂肪酸代谢紊乱，还可导致酒精性脂肪肝的形成。

请思考：

1. 乙醇的化学结构是什么？
2. 乙醇氧化的产物是什么？

第一节　醇

一、醇的结构、分类和命名

（一）醇的结构

　　醇（alochol）是指羟基（—OH）与脂肪烃基、脂环烃基或芳香烃基侧链的碳原子相连的化合物，其通式为 R—OH，醇羟基（—OH）是醇的官能团。例如：

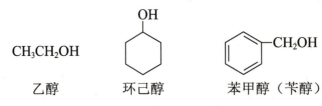

CH₃CH₂OH　　　　　环己醇　　　　苯甲醇（苄醇）

乙醇

ER 9-3

乙醇的 3D 结构

（二）醇的分类

醇类可按其分子的结构特点进行分类（表9-1）。

表9-1 醇的分类

分类方法	类型	结构特点	举例	名称
烃基的种类	脂肪醇	羟基与脂肪烃基相连	CH_3CH_2OH	乙醇
	脂环醇	羟基与脂环烃基相连	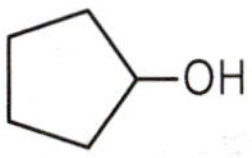 ⬠—OH	环戊醇
	芳香醇	羟基与芳香烃侧链的碳原子相连	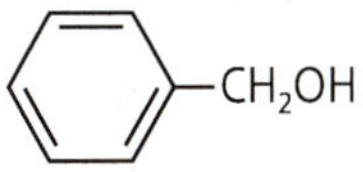 ⌬—CH_2OH	苄醇
含羟基的数目	一元醇	含有1个羟基	CH_3OH	甲醇
	二元醇	含有2个羟基	$CH_2—CH_2$ OH OH	乙二醇
	多元醇	含有2个以上羟基	$CH_2—CH—CH_2$ OH OH OH	丙三醇
羟基所连碳原子种类	伯醇	羟基连接在伯碳原子上	$CH_3CH_2CH_2CH_2OH$	正丁醇
	仲醇	羟基连接在仲碳原子上	$CH_3—CH—CH_2—CH_3$ OH	仲丁醇
	叔醇	羟基连接在叔碳原子上	CH_3 $CH_3—C—OH$ CH_3	叔丁醇

（三）醇的命名

1. 普通命名法 适用于命名结构比较简单的一元醇。命名时可根据羟基所连接烃基的名称来命名，在烃基的后面加上"醇"即可，"基"字可以省略。例如：

$$CH_3CH_2OH \qquad CH_3—CH—CH_2—CH_3$$
$$\qquad\qquad\qquad OH$$

乙醇 　　　　　　　仲丁醇

⬡—OH 　　　　　⌬—CH_2OH

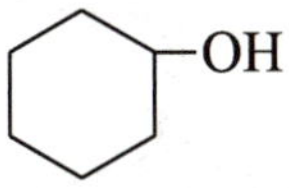

环己醇 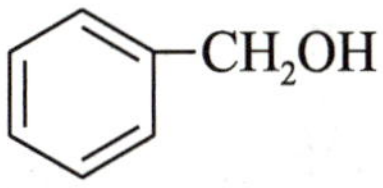 　　　　　苯甲醇（苄醇）

2. 系统命名法 结构复杂的醇一般采用系统命名法，其命名原则如下：

（1）**饱和一元醇的命名**：选择包括羟基所连接的碳原子在内的最长碳链作为主链，从靠近羟基的一端开始给主链碳原子编号，根据主链上所含碳原子的数目称为"某醇"；将羟基的位次用阿拉伯数字写在"某醇"的前面，并用短线隔开；如有取代基，则将取代基的位次、数目及名称写在醇名称的前面。例如：

$$CH_3—CH—CH_2—CH_3 \qquad CH_3—CH—CH_2—CH—CH_3$$
$$\quad\; OH \qquad\qquad\qquad\quad OH \qquad\quad CH_3$$

2-丁醇 　　　　　　　　4-甲基-2-戊醇

（2）**不饱和一元醇的命名**：选择包含连有羟基碳原子和不饱和键（双键和三键）碳原子在内的最长碳链为主链，按主链所含碳原子数目称为"某烯（或炔）醇"例如：

$$CH_2{=}CH—CH_2OH \qquad CH_3—CH—C{\equiv}C—CH_2OH$$
$$\qquad\qquad\qquad\qquad\qquad\quad CH_3$$

2-丙烯-1-醇 　　　　　　4-甲基-2-戊炔-1-醇

（3）**脂环醇的命名**：可按脂环烃基的名称后加“醇”字来命名，通常省去“基”字，称为“环某醇”；若脂环上有取代基，则从羟基所连的碳原子对脂环编号，并使环上取代基的位置最小。例如：

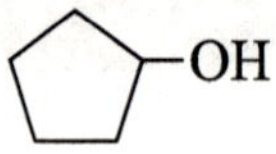
OH

环戊醇

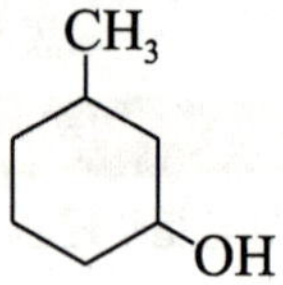
CH3
OH

3-甲基环己醇

（4）**芳香醇的命名**：以脂肪醇为母体，将芳香烃基作为取代基。例如：

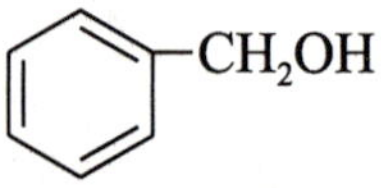
CH2OH

苯甲醇（苄醇）

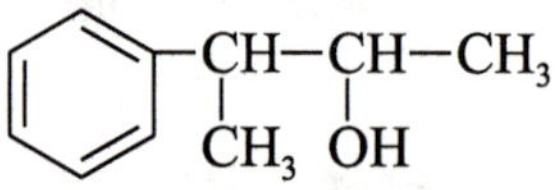
CH—CH—CH3
CH3 OH

3-苯基-2-丁醇

（5）**多元醇的命名**：应选择连有尽可能多羟基在内的最长碳链作为主链，根据主链中碳原子和羟基的数目命名为某二醇、某三醇等，并在碳原子数目前标明羟基的位次。例如：

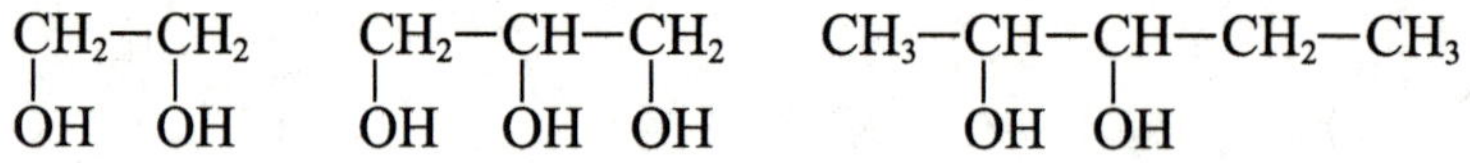
CH2—CH2
OH OH
CH2—CH—CH2
OH OH OH
CH3—CH—CH—CH2—CH3
OH OH

乙二醇　　丙三醇（甘油）　　2,3-戊二醇

有些常见的醇还可根据其来源或突出性状而采用俗名。例如，甲醇俗名木醇，乙醇俗名酒精，丙三醇俗名甘油等。

二、醇的性质

（一）物理性质

C_1~C_4 的醇为无色易挥发的液体，有酒味和灼烧感，C_5~C_{11} 的醇为黏稠液体，有不愉快气味，C_{12} 以上的直链醇为无色蜡状固体。

液态低级醇之间能形成氢键使分子缔合，因此低级醇的沸点比分子量相近的烷烃要高。如：乙醇（相对分子量 46）的沸点为 78.3℃，而丙烷（相对分子量 44）沸点为 −42.2℃。醇分子间的氢键表示如下：

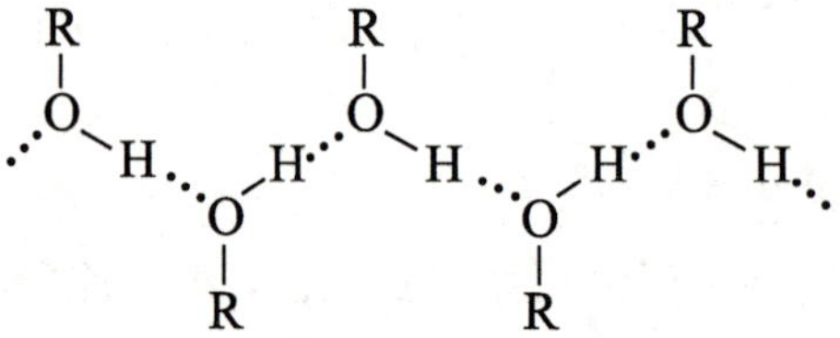
R
O
H
R
O
H
R
O
H
H
O
R
H
O
R

低级醇与水分子可通过氢键相互缔合而溶解。所以，低级醇与水可以互溶。随着醇分子中烃基的增大，醇与水形成氢键的能力迅速减弱，醇在水中的溶解度明显降低。醇与水分子间氢键表示如下：

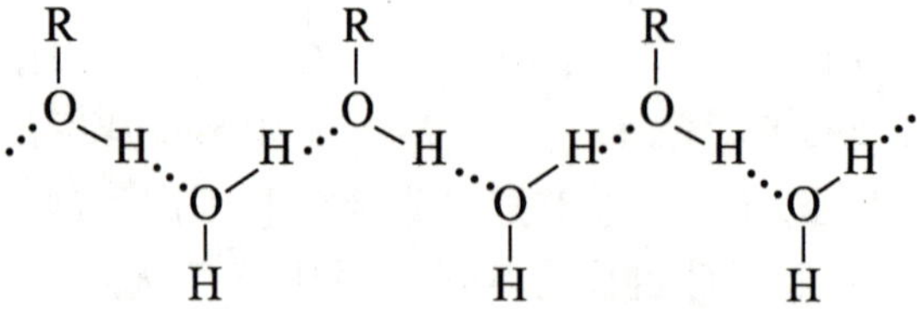
R
O
H
R
O
H
R
O
H
H
O
H
H
O
H
H
O
H

（二）化学性质

醇的主要化学性质都发生在羟基以及与其相连的碳原子上。主要包括 O-H 和 C-O 键的断裂，此外，由于 α-H 原子受羟基的影响，具有一定的活性，容易被氧化。表示如下：

氧化反应 → R—C—O—H ← 弱酸性

发生取代和消除

1. 与活泼金属的反应　在结构上,醇和水相似,醇羟基中的氢原子被活泼金属 (如钠、钾等)取代而表现出一定的弱酸性。如无水乙醇与金属钠反应,生成乙醇钠和氢气。因醇羟基中的氢原子受烷基的影响,其活性要比水分子的氢原子弱,因此醇与金属钠反应比水缓和,实验室常用此性质处理金属钠,以防钠与水剧烈反应引发危险。

ER 9-4
乙醇和水与
金属钠反应
比较

$$2CH_3CH_2OH + 2Na \longrightarrow 2CH_3CH_2ONa + H_2\uparrow$$
　　　乙醇　　　　　　　　　　　乙醇钠

乙醇钠是一种白色固体,比氢氧化钠的碱性还强,在水中不稳定,极易水解生成乙醇和氢氧化钠。

$$CH_3CH_2ONa + H_2O \longrightarrow CH_3CH_2OH + NaOH$$

水及各类醇与金属反应的活性顺序为:水>甲醇>伯醇>仲醇>叔醇,与它们的酸性顺序一致。

2. 与含氧酸反应　醇与含氧酸(如硝酸、硫酸、磷酸等)作用,分子间脱水生成无机酸酯。这种醇与酸在强酸(如浓硫酸)催化下生成酯和水的反应称为酯化反应(esterification reaction)。如甘油与硝酸反应生成甘油三硝酸酯,临床上称作硝酸甘油,它具有扩张冠状动脉血管,缓解心绞痛的作用。

$$\begin{array}{l} CH_2-OH \\ | \\ CH-OH \\ | \\ CH_2-OH \end{array} + 3HO-NO_2 \xrightarrow[10℃]{H_2SO_4} \begin{array}{l} CH_2-O-NO_2 \\ | \\ CH-O-NO_2 \\ | \\ CH_2-O-NO_2 \end{array} + 3H_2O$$
　甘油　　　硝酸　　　　　　　　甘油三硝酸酯

甘油三硝酸酯不稳定,遇到震动会发生爆炸,1866 年诺贝尔用多孔的硅藻土吸收甘油三硝酸酯,制成安全炸药。

醇类化合物也可以与磷酸反应生成磷酸酯,它们在生物化学中具有重要意义。组成细胞的重要成分如核酸、磷脂中都含有具有磷酸酯结构的物质。重要的供能物质三磷酸腺苷(简称 ATP)就是一种具有磷酸酯结构的化合物。

3. 与氢卤酸的反应　醇分子中的羟基被卤素原子取代,生成卤代烃和水。反应如下:

$$R-OH + HX \rightleftharpoons R-X + H_2O$$

反应速率取决于酸的性质和醇的结构。活性顺序为:HI>HBr>HCl;苄醇>叔醇>仲醇>伯醇。

醇与盐酸反应困难,须有无水氯化锌催化下才能进行。由浓盐酸与无水氯化锌配成的溶液称卢卡斯试剂。室温下,叔醇与卢卡斯试剂立即反应,产生的卤代烃不溶于盐酸而出现浑浊或分层(约 1min 内);仲醇需十几分钟后变浑浊;而伯醇在室温下放置数小时无浑浊。此性质可用于鉴别 6 个碳原子以下伯、仲、叔醇。

4. 氧化反应　在有机反应中,通常将加氧或去氢的反应称为氧化反应(oxidation reaction)。加氢或去氧的反应称为还原反应(reduction reaction)。

醇分子中,受羟基的影响,α-H 比较活泼,醇容易被多种氧化剂氧化。醇的结构不同,所用氧化剂不同,其氧化产物不同。

若用 $K_2Cr_2O_7$(或 $KMnO_4$)的酸性溶液为氧化剂。伯醇被氧化成醛,醛进一步被氧化成酸,仲醇则被氧化成酮。叔醇因不含 α-H,在同样条件下不被氧化。

$$R-CH_2-OH \xrightarrow{[O]} R-\underset{\underset{O}{\|}}{C}-H \xrightarrow{[O]} R-\underset{\underset{O}{\|}}{C}-OH$$
　　伯醇　　　　　　　　　醛　　　　　　　　　羧酸

$$\overset{\text{OH}}{\underset{\text{仲醇}}{\text{R}-\overset{|}{\text{C}}\text{H}-\text{R}'}} \xrightarrow{\text{[O]}} \overset{\text{O}}{\underset{\text{酮}}{\text{R}-\overset{\|}{\text{C}}-\text{R}'}}$$

伯醇和仲醇被 $K_2Cr_2O_7$ 的酸性溶液氧化，在几秒内即发生明显的颜色变化，由 $Cr_2O_7^{2-}$ 橙色转变成绿色的 Cr^{3+}。检查司机是否酒后驾车的分析仪就是根据此反应原理设计的。此反应也可用于叔醇与伯醇、仲醇的鉴别。

伯醇和仲醇不仅可以发生加氧氧化，还可以在催化剂（铜、银或铂）存在下，直接发生脱氢氧化，分别生成醛或酮。

$$\underset{\text{乙醇}}{\text{CH}_3-\text{CH}_2-\text{OH}} \xrightarrow[-2\text{H}]{\text{催化剂}} \underset{\text{乙醛}}{\overset{\overset{\text{O}}{\|}}{\text{CH}_3-\text{C}-\text{H}}}$$

$$\underset{\text{2-丙醇}}{\overset{}{\underset{\text{OH}}{\text{CH}_3-\overset{|}{\text{C}}\text{H}-\text{CH}_3}}} \xrightarrow[-2\text{H}]{\text{催化剂}} \underset{\text{丙酮}}{\overset{}{\underset{\overset{\|}{\text{O}}}{\text{CH}_3-\overset{}{\text{C}}-\text{CH}_3}}}$$

> **知识拓展**
>
> ### 酒精在人体内的代谢
>
> 酒精在人体内不需要经过消化作用，就可直接扩散进入血液中，并分布至全身。酒精吸收进入血液后，随血液流到各个器官，主要是分布在肝脏和大脑中。乙醇在人体内的代谢过程，主要在肝脏中进行，在乙醇脱氢酶的催化下，乙醇能被氧化生成乙醛，再进一步在乙醛脱氢酶的作用下，氧化生成可以被人体吸收的乙酸。乙醇和乙醛都可以使人出现头晕、脸红、心跳过速和神志不清等酒精中毒的现象，但乙醛的作用比乙醇更大。
>
> 酒精在人体内的代谢能力有限，如果过量饮酒，酒精就会在体内器官，特别是在肝脏和大脑中积蓄，积蓄至一定程度即出现酒精中毒症状，因此饮酒不能过量，切勿醉酒。

5. 脱水反应 醇与脱水剂（如浓硫酸等）共热，可发生脱水反应，其脱水方式随反应温度不同而异。例如：

（1）**分子内脱水**：乙醇与浓硫酸共热到170℃，发生分子内脱水生成乙烯。

$$\underset{\text{乙烯}}{\overset{\text{CH}_2-\text{CH}_2}{\underset{\lfloor\overline{\text{H} \quad \text{OH}}\rfloor}{}}} \xrightarrow[170℃]{\text{浓H}_2\text{SO}_4} \text{CH}_2=\text{CH}_2 + \text{H}_2\text{O}$$

在适当条件下，从一个有机化合物分子中脱去一个小分子（如水、卤化氢等）生成不饱和化合物的反应称为消除反应（也称消去反应）。

（2）**分子间脱水**：乙醇与浓硫酸共热到140℃，发生分子间脱水生成乙醚。

$$\underset{\text{乙醚}}{\text{CH}_3-\text{CH}_2-\text{O}\lceil\text{H} + \text{HO}\rceil\text{CH}_2-\text{CH}_3} \xrightarrow[140℃]{\text{浓H}_2\text{SO}_4} \text{CH}_3-\text{CH}_2-\text{O}-\text{CH}_2-\text{CH}_3 + \text{H}_2\text{O}$$

醇的分子内脱水和分子间脱水是一对竞争性反应，一般情况下，温度较低时，有利于发生分子间脱水，主要生成醚；温度较高时，有利于发生分子内脱水，主要生成烯烃。

6. 邻二醇的特性 在多元醇中，相邻两个碳原子上都连有羟基（$\underset{\text{OH OH}}{-\overset{|}{\text{C}}-\overset{|}{\text{C}}-}$）的多元醇称为邻二

醇。凡具有邻二醇结构的多元醇(如乙二醇、丙三醇等)都能与新配制的氢氧化铜反应生成深蓝色的溶液。因此,新制的氢氧化铜用于鉴别具有邻二醇结构的醇。反应式如下:

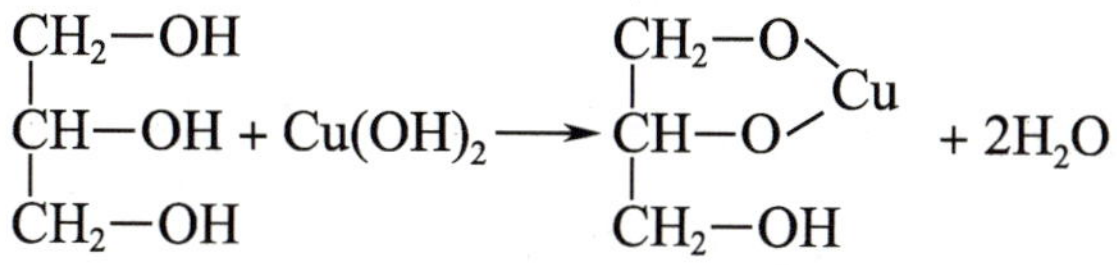

$$\begin{array}{c} CH_2-OH \\ | \\ CH-OH \\ | \\ CH_2-OH \end{array} + Cu(OH)_2 \longrightarrow \begin{array}{c} CH_2-O \\ | \quad\quad Cu \\ CH-O \\ | \\ CH_2-OH \end{array} + 2H_2O$$

甘油 　　　　　　　　　　　甘油铜(深蓝色)

三、硫醇

(一) 硫醇的结构与命名

醇分子中羟基的氧原子被硫原子取代而成硫醇(R—SH)。巯基(—SH)是硫醇的官能团。

硫醇的命名与醇相似,只需将相应的醇名称中的"醇"字改为"硫醇"即可。例如:

$$CH_3CH_2SH \quad\quad \begin{array}{c} CH_2-CH-CH_3 \\ | \quad\quad | \\ SH \quad\quad SH \end{array}$$

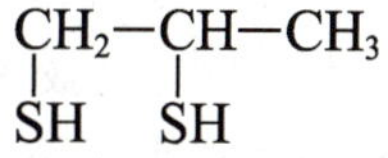

乙硫醇 　　　　　1,2-丙二硫醇

分子中同时含有羟基和巯基时,以醇为母体,把巯基看作是取代基。例如:

$$\begin{array}{c} CH_2-CH_2 \\ | \quad\quad | \\ OH \quad SH \end{array} \quad\quad \begin{array}{c} CH_2-CH-CH_2 \\ | \quad\quad | \quad\quad | \\ SH \quad SH \quad OH \end{array}$$

2-巯基乙醇 　　　二巯基丙醇

(二) 硫醇的性质

低级的硫醇有毒且有恶臭,即使含量很低($10^{-11}g/L$),也易被人所察觉,在煤气中混入少量可起报警作用。硫醇形成氢键的能力比醇弱,因此,硫醇的沸点和水溶性均比相应的醇低。

1. 弱酸性 硫醇的酸性比醇强,能与氢氧化钠作用生成硫醇盐。

$$CH_3CH_2SH + NaOH \rightleftharpoons CH_3CH_2SNa + H_2O$$

乙硫醇 　　　　　　　　　乙硫醇钠

硫醇还可以与重金属(如汞、铅、银等)的氧化物或盐反应,生成不溶于水的硫醇盐。

$$2RSH + HgO \longrightarrow (RS)_2Hg\downarrow + H_2O$$

硫醇 　氧化汞 　硫醇汞盐
　　　　　　　　　(剧毒)

知识拓展

重金属离子解毒

人体内的许多酶(如琥珀酸脱氢酶、乳酸脱氢酶等)含有巯基,与铅汞等重金属离子发生反应,使其变性失活,丧失生理功能(即酶中毒),导致重金属中毒,临床上常用某些含巯基的化合物作为重金属的解毒剂;这些解毒剂在体内可与重金属离子结合生成一个稳定的无毒配合物,随尿排出体外,以保护酶系统。还可以夺取已经与酶结合的重金属离子,使酶复活。以二巯基丁二酸钠解毒为例,重金属解毒的作用过程见图9-1。

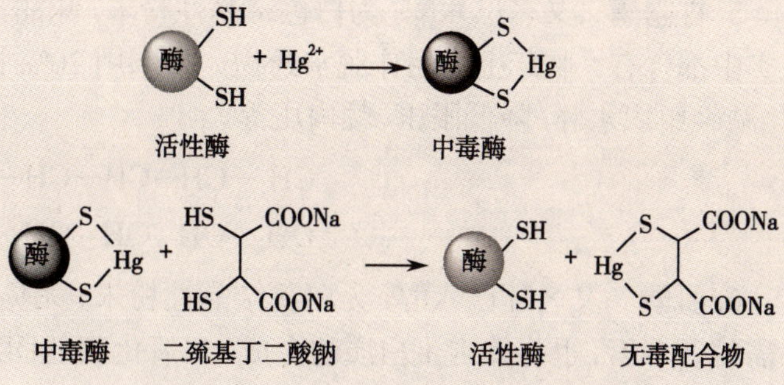

图 9-1 重金属解毒剂的作用过程示意图

需要强调的是对于中毒时间较长的酶，难以转化成活性酶，所以，重金属离子中毒后应及早救治。

2. 氧化反应　硫醇极易被氧化成二硫化合物，二硫化合物中的（—S—S—）称为二硫键。

$$2R-SH \xrightarrow{O_2} R-S-S-R$$

　　　　硫醇　　　　　二硫化合物

二硫键是维持蛋白质空间结构的重要化学键，而—HS是蛋白质分子具有活性的官能团，当—HS被氧化形成二硫键时，会引起蛋白质活性发生改变。

四、重要醇和硫醇的护理应用

1. 甲醇　俗称为木醇或木精，为无色易燃的液体，沸点为64.7℃。其毒性很大，主要作用于神经系统，一般情况下误服10ml可致人失明，误服30ml可致人死亡。

2. 乙醇　俗称酒精，为无色挥发性透明液体。易燃，沸点为78.5℃，能与水混溶，是常用的有机溶剂。临床上，不同浓度的乙醇有不同的作用。例如：

体积分数为95%的乙醇称为药用酒精。医药上主要用于配制碘酒（碘酊），浸制药酒、配制消毒酒精和擦浴酒精等。

70%~75%的乙醇水溶液称为消毒酒精。临床上使用其作皮肤和医疗器械的消毒。在此浓度下酒精可以渗入细菌体内，使细菌蛋白质凝固而发生变性，丧失其原有的生理活性，而高浓度的酒精溶液，可以使细菌表面蛋白质凝固，形成一层硬膜，阻止酒精进一步进入细菌体内，因此高浓度的酒精消毒作用不明显。

25%~30%乙醇水溶液称为擦浴酒精。该溶液给高热病人擦浴，可达到物理降温的目的，但酒精浓度不可过高，否则会刺激皮肤，并吸收体表大量的水分。

40%~50%乙醇水溶液称为按摩酒精。按摩酒精可预防压疮，擦涂该溶液，按摩患者受压部位，能促进局部血液循环，防止形成压疮。

此外，护理工作中还经常用到20%~30%的酒精。吸氧时，置于急性肺水肿病人氧气瓶前的湿化瓶中，随吸氧进入肺内，能降低肺内泡沫表面张力，使泡沫消失，增加气体交换面积，改善肺功能。

3. 丙三醇　俗称甘油，为无色黏稠有甜味的液体，沸点290℃，能与水或乙醇互溶。10%~20%的甘油水溶液涂在皮肤上可使皮肤保湿、光滑，防止皮肤干裂。但高浓度的甘油溶液有较强的吸湿性，对皮肤没有保湿作用，反而会使皮肤干裂。

临床上常用甘油栓或55%的甘油水溶液（开塞露）来灌肠，以治疗便秘。

4. 苯甲醇　又名苄醇，为无色液体，沸点205.2℃，是最简单的芳香醇，存在于植物精油中，具有芳香气味，微溶于水，易溶于甲醇、乙醇等有机溶剂。

苯甲醇具有微弱的麻醉作用和防腐性能。质量分数为10%的苯甲醇软膏或洗液作为局部止痒剂。

5. 甘露醇　又名己六醇，为白色结晶性粉末，味甜，易溶于水，广泛分布于植物中，许多蔬菜及果实中都含有。临床上常用作脱水药物。临床用20%甘露醇水溶液作为组织脱水剂及渗透性利尿剂，减轻组织水肿，降低眼压、颅内压等。

$$\underset{OH}{CH_2}-\underset{OH}{CH}-\underset{OH}{CH}-\underset{OH}{CH}-\underset{OH}{CH}-\underset{OH}{CH_2}$$

6. 肌醇　又名环己六醇，为白色结晶性粉末，无臭、味甜，易溶于水。肌醇是某些酵母生长所必需的营养素，也与体内蛋白质的合成、二氧化碳的固定和氨基酸的转移有关，能促进肝和其他组织中的脂肪代谢，降低血脂，可作为肝炎的辅助治疗药物，常用以治疗脂肪肝，改善肝功能。

（结构图略）

7. 邻二硫醇 为临床上常用的重金属解毒剂，重要的有二巯基丁二酸钠、二巯基丙醇和二巯基丙磺酸钠等。其结构如下：

$$CH_2-CH-CH_2 \quad NaOOC-CH-CH-COONa \quad CH_2-CH-CH_2$$
$$\underset{SH}{|}\ \underset{SH}{|}\ \underset{OH}{|} \qquad \underset{SH}{|}\ \underset{SH}{|} \qquad \underset{SH}{|}\ \underset{SH}{|}\ \underset{SO_3Na}{|}$$

二巯基丙醇　　　　　二巯基丁二酸钠　　　　　二巯基丙磺酸钠

二巯基丁二酸钠是我国首创的解毒药，水溶液不稳定，必须新配制，主要用于重金属如锑、汞、砷、铅等的中毒；它们的解毒机制与二巯基丁二酸钠相似，发挥解毒功能时，两个巯基与重金属形成无毒的配合物，随尿排出体外。

硫醇巯基对氧化反应非常敏感，因此对含有巯基的药物要绝对避免与空气接触，密封保存。

第二节　酚

一、酚的结构、分类和命名

（一）酚的结构

芳香烃分子中苯环上的氢原子被羟基取代后生成的化合物称为酚。酚中的羟基称为酚羟基（—OH），是酚的官能团。例如：

苯酚　　　　　　对甲苯酚　　　　　　邻苯二酚

（ER 9-5 苯酚的3D结构）

（二）酚的分类和命名

根据酚羟基的数目不同，酚可分为一元酚、二元酚和多元酚；根据酚羟基所连芳基的不同，酚可分为苯酚、萘酚等，其中萘酚因酚羟基位置不同，又分为 α-萘酚和 β-萘酚。

酚的命名通常是以"苯酚"为母体，而把其他烃基、卤素原子、硝基、磺酸基等作为取代基进行命名。

1. 一元酚命名 一元酚命名是以"酚"为母体，命名为"某酚"。芳环上的其他原子、原子团或烃基作为取代基，从酚羟基所连碳原子开始用阿拉伯数字给芳环编号，按系统命名原则命名。也可以用邻（o-）、间（m-）、对（p-）表示取代基与酚羟基间的位置。例如：

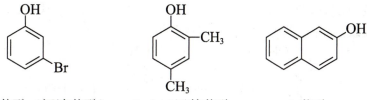

3-溴苯酚（间溴苯酚）　　2,4-二甲基苯酚　　　β-萘酚

2. 二元酚命名 二元酚命名为"某二酚"，可以用阿拉伯数字表示酚羟基的位置；也可用邻、间、对来表示酚羟基的相对位置。例如：

1, 2-苯二酚（邻苯二酚）　　1, 3-苯二酚（间苯二酚）　　1, 4-苯二酚（对苯二酚）

3. 三元酚命名　三元酚命名"某三酚"，酚羟基的相对位置用阿拉伯数字或连、均、偏表示。例如：

1, 2, 3-苯三酚　　　　1, 3, 5-苯三酚　　　　1, 2, 4-苯三酚
（连苯三酚）　　　　（均苯三酚）　　　　（偏苯三酚）

二、酚的性质

（一）物理性质

绝大多数酚是结晶固体，少数烷基酚为高沸点液体，具有特殊气味，有一定毒性。酚分子间能形成氢键，也能与水形成氢键，所以在水中有一定的溶解度。

（二）化学性质

1. 弱酸性　由于苯环对酚羟基的影响，使酚羟基的氢氧之间结合力减弱，酚羟基上的氢原子可质子化，具有一定的活泼性。在水中能电离少量的氢离子，具有弱酸性。

$$\text{C}_6\text{H}_5\text{OH} + \text{NaOH} \longrightarrow \text{C}_6\text{H}_5\text{ONa} + \text{H}_2\text{O}$$

若在苯酚钠溶液中通入 CO_2 即有苯酚游离出来，澄清液又变浑浊。

$$\text{C}_6\text{H}_5\text{ONa} + \text{CO}_2 + \text{H}_2\text{O} \longrightarrow \text{C}_6\text{H}_5\text{OH} + \text{NaHCO}_3$$

苯酚的酸性比醇强，比碳酸弱，不能使石蕊试纸变色，它只能和碱性较强的 Na_2CO_3、NaOH 反应，而不能和 $NaHCO_3$ 反应，所以不溶于碳酸氢钠溶液。

2. 与三氯化铁的显色反应　大多数酚都可以和三氯化铁溶液发生显色反应，不同的酚显示不同的颜色。例如，苯酚、间苯二酚和 1,3,5- 苯三酚均显紫色；连苯三酚显示红棕色；对苯二酚和邻苯二酚显绿色；甲酚显蓝色。常用三氯化铁溶液鉴别酚类化合物。

3. 苯环上的取代反应　受羟基的影响，苯环上易发生取代反应，尤其酚羟基的邻、对位上氢原子活性更高，易被卤素、硝基等基团取代。

（1）**卤代反应**：往苯酚的水溶液里加入溴水，立即生成 2,4,6- 三溴苯酚白色沉淀，此反应非常灵敏，常用于苯酚的定性和定量分析。

ER 9-6

苯酚与三氯化铁的显色反应

$$\text{苯酚} + 3\text{Br}_2 \longrightarrow \text{2,4,6-三溴苯酚} + 3\text{HBr}$$

苯酚　　　　　　　　2, 4, 6-三溴苯酚

除苯酚外，凡是酚羟基的邻、对位上还有氢的酚类化合物与溴水作用，均能生成溴代物沉淀。该反应常用于酚类化合物的鉴别。

（2）**硝化反应**：苯酚与稀硝酸在室温下即可发生取代反应，生成邻硝基苯酚和对硝基苯酚的混合物。

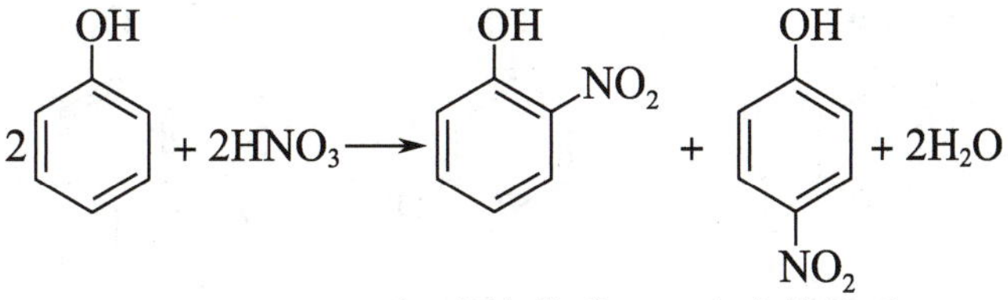

$$2 \text{（苯酚）OH} + 2HNO_3 \longrightarrow \text{（邻硝基苯酚）} + \text{（对硝基苯酚）} + 2H_2O$$

邻硝基苯酚　　　对硝基苯酚

邻硝基苯酚可形成分子内氢键，水溶性降低、挥发性大，可随水蒸气蒸出；而对硝基苯酚因形成分子间氢键，沸点较高，不容易随水蒸气蒸出。因此可用水蒸气蒸馏法将其混合产物分离。

4.氧化反应　酚类很容易被氧化生成醌类化合物，即使是很弱的氧化剂也可以将其氧化。例如，苯酚在空气中就能被氧化，颜色由无色逐渐变为粉红色、红色或暗红色。若与强氧化剂，如（$K_2Cr_2O_7$酸性溶液），苯酚被氧化生成黄色的对苯醌。

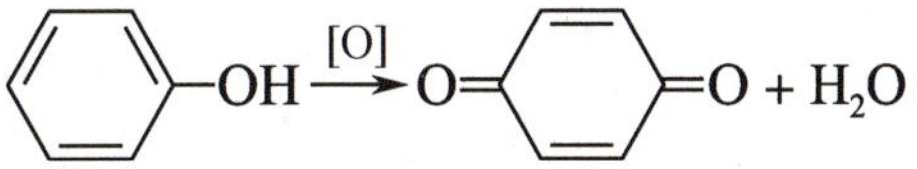

$$\text{（苯酚）-OH} \xrightarrow{[O]} O=\text{（对苯醌）}=O + H_2O$$

对苯醌

多元酚更易被氧化，生成相应的醌类化合物。由于酚易被氧化，所以在保存酚以及含有酚羟基的药物时，应避免与空气接触，必要时须加抗氧剂。

三、重要酚的护理应用

（一）苯酚

苯酚最初由分离煤干馏后的煤焦油中所得，有弱酸性，俗称石炭酸。纯净的苯酚无色针状结晶，有特殊的芳香气味，常温时微溶于水，68℃以上可以与水以任意比例互溶。苯酚易溶于乙醇、乙醚和苯等有机溶剂中。

苯酚能使细菌蛋白质变性，具有杀菌作用，在医药上用作消毒剂和外用消炎药。例如，3%~5%苯酚水溶液用于消毒外科器械，1%苯酚水溶液外用于皮肤止痒，但苯酚的浓溶液对皮肤有严重的腐蚀性。苯酚有毒，使用时应多加小心。

（二）甲酚

甲苯酚（简称甲酚）存在于煤焦油中，俗称煤酚。有三种同分异构体，结构简式分别为：

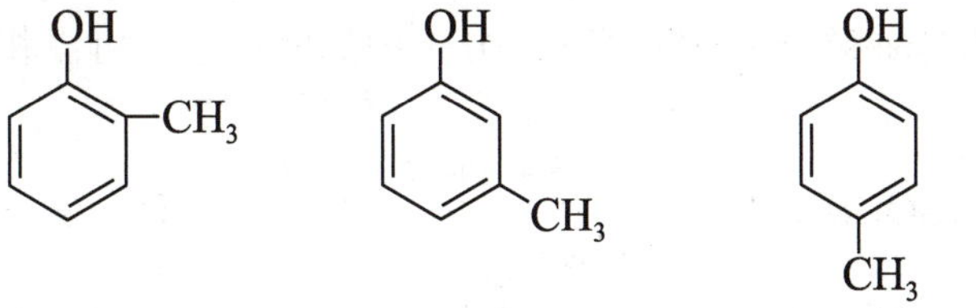

邻甲苯酚　　　　间甲苯酚　　　　对甲苯酚
（沸点192℃）　　（沸点202℃）　　（沸点202℃）

ER 9-7

邻甲苯酚的
3D结构

由于甲酚三种异构体沸点接近，不易分离，故常用它们的混合物。

甲酚难溶于水，易溶于肥皂溶液。所以常配成50%的甲酚肥皂溶液，该溶液称为煤酚皂溶液，俗称"来苏儿"。它是一种黄棕色的黏稠液体，具有酚的臭味，可溶于水和乙醇。

"来苏儿"对皮肤有一定刺激作用和腐蚀性，稀释后可作为消毒剂，其杀菌能力比苯酚强，毒性比苯酚小，是医院常用的消毒剂。例如，1%~2%溶液用于手消毒（也可用于处理染菌桌面），

3%~5% 溶液用于器械物品消毒，5%~10% 溶液用于环境、排泄物的消毒。但因对人体、环境有害，目前已逐步被其他消毒剂取代。

(三) 苯二酚

苯二酚有邻、间、对三种同分异构体，它们的结构简式分别为：

邻苯二酚　　　　　　间苯二酚　　　　　　对苯二酚
（俗名：儿茶酚）　　（俗名：雷锁辛）　　（俗名：氢醌）

邻苯二酚和对苯二酚易被氧化，可作还原剂。在生物体内，它们多以衍生物存在，人体物质代谢的中间产物 3,4- 二羟基苯丙氨酸和医药上常用的肾上腺素中均含有邻苯二酚的结构。对苯二酚常以苷的形式存在于植物体内。

间苯二酚具有杀灭细菌和真菌的能力，如临床上用含 2%~10% 的间苯二酚油膏或洗液治疗皮肤病，如湿疹、癣症等。

知识拓展

维生素E

维生素 E 又名生育酚，是天然存在的酚，广泛分布于植物中，在小麦胚芽油中含量最丰富，豆类及蔬菜中的含量也较多。维生素 E 为黄色油状物，熔点 2.5~3.5℃，在无氧条件下对热稳定。临床上用于治疗先兆流产和习惯性流产，胃、十二指肠溃疡等。维生素 E 可作为体内自由基的清除剂或抗氧化剂，具有延缓衰老的作用。

第三节　醚

一、醚的结构、分类和命名

醚（ethers）可以看作是两个烃基通过一个氧原子连接起来的化合物。醚的结构通式是（Ar）R—O—R′（Ar′），醚的官能团是醚键（—C—O—C—），分子中的两个烃基可以相同，也可以不同。例如：

CH₃CH₂OCH₂CH₃　　　　〈苯〉—O—CH₂CH₃　　　CH₃—O—CH₂CH₃

乙醚　　　　　　　　　苯乙醚　　　　　　　甲乙醚

根据烃基是否相同，醚可分为单醚和混合醚。与氧原子相连的两个烃基相同称为单醚；不同称为混醚。根据烃基的种类，醚可分为脂肪醚和芳香醚。两个烃基都是脂肪烃基的称为脂肪醚；两个烃基中有一个或两个是芳香烃基的称为芳香醚。

单醚命名时，将烃基数目、名称写在"醚"字前，称为"二某醚"；若烃基是烷基时，把"二"字省略，称为"某醚"；但芳香烃基时，"二"字不能省略。例如：

$$CH_3OCH_3$$

甲醚

二苯醚

混醚命名时,若都为脂肪烃基,烃基名称按先小后大的顺序放在"醚"字前;芳香烃基的名称放在脂肪烃基的前面,然后再加上"醚"字。例如:

$$CH_3OCH_2CH_2CH_3$$

甲丙醚

$$O-CH_3$$

苯甲醚

二、重要醚的护理应用

乙醚是最常见的醚,室温下为无色透明液体,沸点34.5℃,具有刺激性气味,极易挥发和易燃,故使用时必须远离明火。乙醚微溶于水,能溶解多种有机物,是应用广泛的有机溶剂,在提取中草药中的某些脂溶性的有效成分时,常用乙醚作溶剂。

乙醚的化学性质稳定,但长期与空气接触时可被氧化成过氧化乙醚。少量的过氧化乙醚对呼吸道有刺激作用,多量能引起肺炎和肺水肿,严重时可致死。为防止过氧化乙醚的生成,乙醚必须避光密闭保存。为保证安全,使用乙醚前,必须检查是否含有过氧化物。

乙醚具有麻醉作用,在外科手术中是使用较早的麻醉剂之一,也曾是医药上常用的全身麻醉剂。由于起效慢,可引起恶心、呕吐等副作用,现已被更安全、高效的麻醉剂安氟醚和异氟醚等代替。安氟醚的药名为恩氟烷,异氟醚的药名为异氟烷,两者互为同分异构体,均为无色液体,是临床上较常用的吸入性麻醉剂。

知识拓展

检查过氧乙醚的常用方法

在乙醚中加入新配制的碘化钾酸性溶液,充分地振荡,若有过氧化乙醚存在,则碘离子被氧化成游离的碘,显黄色或棕色,再加入淀粉试液,若出现蓝色,则可进一步证明过氧化乙醚的存在,不能用作麻醉剂。也可在待测液中加入少量的硫酸亚铁和硫氰化钾的混合物,如果溶液由无色变为红色,说明乙醚中含有过氧化乙醚。

(刘亚玲)

思考题

1. 二巯基丙醇为什么可作为重金属中毒的解毒剂?

2. 分子式为 C_3H_8O 的三种有机化合物 A、B、C,A 与金属钠不反应,B 和 C 都能与金属钠反应放出氢气,B 氧化生成醛,C 氧化生成酮。根据上述性质试写出 A、B、C 的结构简式和名称。

ER 9-9

练习题

第十章 | 醛 和 酮

学习目标

1. 掌握：醛、酮的结构、分类和化学性质。
2. 熟悉：醛和酮的命名；常见醛、酮的鉴别方法。
3. 了解：重要醛和酮的护理应用。
4. 学会：辨析药物结构式中的醛基和酮基官能团。
5. 具备实践探究能力和实验操作技能；具备根据结构推断物质性质的化学思维模式；树立文化自信和民族自豪感。

醛（aldehyde）和酮（ketone）是烃的含氧衍生物，其分子中都含有羰基（carbonyl group），因此又称为羰基化合物。醛和酮是一类非常重要的化合物，它们在自然界中广泛存在，有些是有机合成中的重要物质；有些是生物体内糖、脂肪及蛋白质代谢的中间体；有些是药物的有效成分。

情景导入

血液中的丙酮

丙酮是肝内脂肪酸代谢的中间产物，正常情况下，血液中丙酮的含量很低，糖尿病患者因代谢发生紊乱，体内常有过量的酮体（含丙酮）产生，丙酮可从呼吸呼出或尿液排出。因此，临床上可嗅到患者烂苹果气味，尿丙酮检查阳性。

请思考：
1. 比较丙酮和丙醛的化学性质。
2. 尿液中丙酮的检验方法是什么？

第一节　醛和酮的结构、分类和命名

一、醛和酮的结构

碳原子以双键和氧原子相连所形成的基团称为羰基（carbonyl group）（$-\overset{\underset{\parallel}{O}}{C}-$）。羰基碳原子与一个氢原子相连形成的基团为醛基（$-\overset{\underset{\parallel}{O}}{C}-H$，简写为$-CHO$），醛基与烃基相连而构成的化合物称为醛（甲醛的结构为$H-\overset{\underset{\parallel}{O}}{C}-H$），醛基是醛的官能团。羰基与2个烃基相连的化合物为酮，酮的官能团

为酮基（$-\overset{\overset{\displaystyle O}{\|}}{C}-$）。醛和酮的结构通式可分别表示如下：

$$(Ar)R-\overset{\overset{\displaystyle O}{\|}}{C}-H \qquad (Ar_1)R_1-\overset{\overset{\displaystyle O}{\|}}{C}-R_2(Ar_2)$$

　　　　　醛　　　　　　　　　　　酮

从醛、酮的结构通式可以看出，醛分子中的醛基一定在碳链的一端，酮分子中的酮基则在两个烃基之间。醛和酮分子中的烃基可以是脂肪烃基，也可以是芳香烃基。

二、醛和酮的分类和命名

（一）醛和酮的分类

1.根据羰基所连烃基的不同，醛和酮可分为脂肪醛酮、脂环醛酮和芳香醛酮。例如：

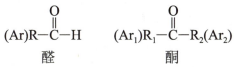

　　　脂肪醛　　　　芳香醛　　　　　脂环酮　　　　　芳香酮

2.根据烃基是否饱和，醛和酮又可分为饱和醛、酮和不饱和醛、酮。例如：

$$CH_3CHO \qquad CH_3-\overset{\overset{\displaystyle O}{\|}}{C}-CH_3 \qquad CH_2=CHCHO \qquad CH_3-\overset{\overset{\displaystyle O}{\|}}{C}-CH=CH_2$$

　　饱和醛　　　　饱和酮　　　　　不饱和醛　　　　　不饱和酮

3.根据官能团的数目，醛、酮可分为一元醛、酮和多元醛、酮。例如：

$$\overset{\overset{\displaystyle CH_3}{|}}{CH_3-CH-CHO} \quad CH_3-\overset{\overset{\displaystyle O}{\|}}{C}-CH_2-CH_3 \quad H-\overset{\overset{\displaystyle O}{\|}}{C}-\overset{\overset{\displaystyle O}{\|}}{C}-H \quad CH_3-\overset{\overset{\displaystyle O}{\|}}{C}-CH_2-\overset{\overset{\displaystyle O}{\|}}{C}-CH_3$$

　　一元醛　　　　　　一元酮　　　　　　多元醛　　　　　　多元酮

（二）醛和酮的命名

1.普通命名法　简单的醛和酮一般采用普通命名法。脂肪醛的命名按所含碳原子数称为"某醛"；脂肪酮的命名与醚相似，根据羰基所连的两个烃基，简单烃基在前，复杂烃基在后来命名，其中烃基的"基"字常省略，称为"某某酮"。如有芳烃基，则将芳烃基写在前面。例如：

$$CH_3CH_2CHO \qquad CH_3-\overset{\overset{\displaystyle O}{\|}}{C}-CH_2CH_3$$

　　　　　　丙醛　　　　　甲乙酮

2.系统命名法　对于结构复杂的醛、酮主要采用系统命名法。

（1）饱和一元脂肪醛、酮的命名：①选择含羰基的最长碳链作为主链，称为"某醛"或"某酮"；②给主链碳原子编号，醛从醛基碳开始，酮则从靠近羰基的一端开始；③将支链作为取代基，把取代基的位次、数目和名称写在醛或酮名称的前面；④醛基因位于碳链的首端，其位次不必标示，酮基的位次标在"某酮"前面，中间用短线隔开。编号也可以用希腊字母表示（与羰基碳直接相连的碳原子为α位，其余碳原子依次为β、γ…位）。例如：

$$\overset{4}{CH_3}-\overset{\overset{\overset{\displaystyle CH_3}{|}}{3}}{\underset{\beta}{CH}}-\overset{\overset{\overset{\displaystyle CH_3}{|}}{2}}{\underset{\alpha}{CH}}-\overset{1}{CHO} \qquad\qquad \overset{1}{CH_3}-\overset{\overset{\overset{\displaystyle O}{\|}}{2}}{C}-\overset{\overset{\overset{\displaystyle CH_3}{|}}{3}}{\underset{\alpha}{CH}}-\overset{4}{CH_3}$$

　2,3-二甲基丁醛（α,β-二甲基丁醛）　　　3-甲基丁酮（α-甲基丁酮）

（2）脂环醛的命名：以脂肪醛为母体，环基为取代基。脂环酮根据构成环的碳原子总数称为"环某酮"。例如：

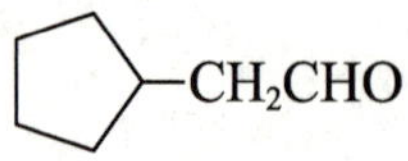

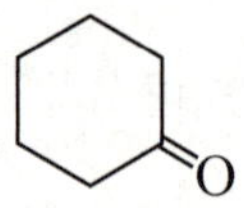

环戊基乙醛　　　　环己酮

（3）芳香醛、酮的命名：以脂肪醛、酮为母体，芳香烃基作为取代基，例如：

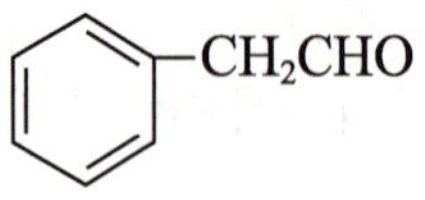

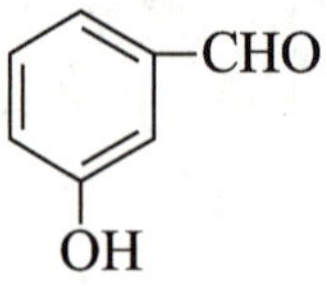

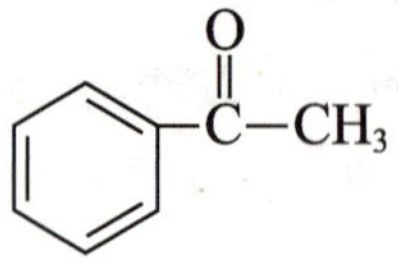

苯乙醛　　　间羟基苯甲醛　　　苯乙酮

第二节　醛和酮的性质

常温下甲醛是气体，其他的醛和酮是液体或固体。甲醛、乙醛和丙酮等低级醛、酮易溶于水，6 个碳原子以上的醛、酮几乎不溶于水，而易溶于乙醚、甲苯等有机溶剂中。低级醛具有强烈刺激性气味，中级醛、酮在较低浓度时往往具有香味，可用于化妆品和食品工业，有些天然香料中都含有酮基，如樟脑、麝香等。

醛和酮都含有羰基，因此它们具有许多相似的化学性质，如羰基的加成反应、还原反应等。但由于醛、酮分子中的羰基上所连基团的不同，又使它们的化学性质存在明显的差异。醛、酮的反应与结构关系如下：

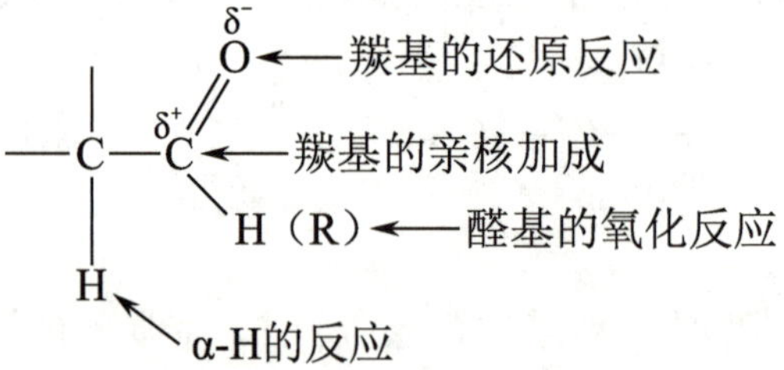

一、醛和酮的相似性质

（一）加成反应

1. 与 HCN 加成　醛、脂肪族甲基酮及 8 个碳以下的环酮能与 HCN 发生加成反应生成 α- 羟基腈，又称为 α- 氰醇。α- 羟基腈比原来的醛或酮多一个碳原子，所以此反应可用于增长碳链。例如：

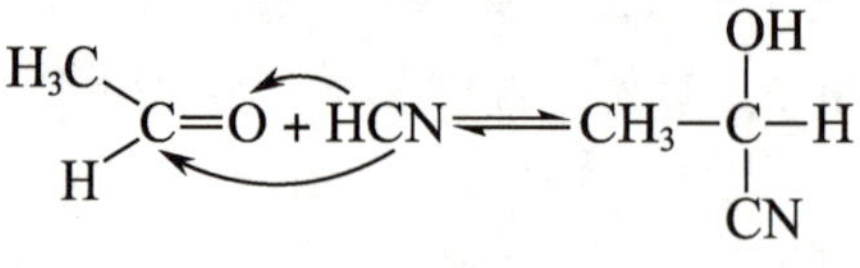

乙醛　　　　α- 乙氰醇

2. 与醇加成　在干燥氯化氢催化下，醇对醛中的羰基发生加成反应，生成半缩醛，新生成的羟基称为半缩醛羟基。半缩醛一般不稳定，这是因为半缩醛羟基很活泼，可继续与过量醇进一步反应，脱去一分子水生成较稳定的缩醛。

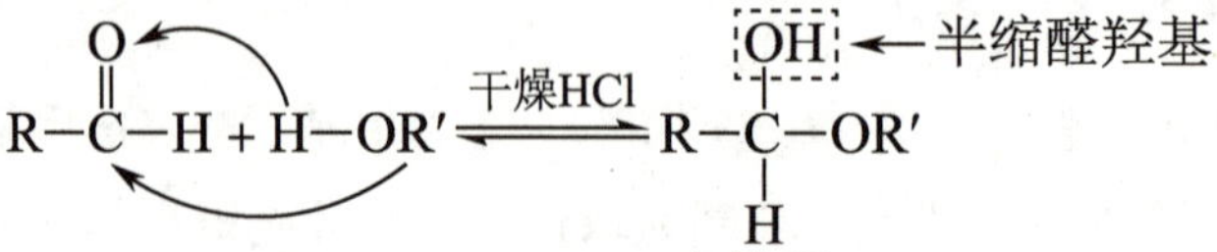

半缩醛

$$\underset{\overset{|}{H}}{\overset{\overset{OH}{|}}{R-C-OR'}} + H-OR' \underset{}{\overset{\text{干燥HCl}}{\rightleftharpoons}} \underset{\overset{|}{H}}{\overset{\overset{OR'}{|}}{R-C-OR'}} + H_2O$$

缩醛

缩醛在碱性溶液中比较稳定,在稀酸溶液中则易水解为原来的醛和醇,因此在药物合成中常利用生成缩醛来保护醛基。酮也可以发生类似的反应,生成半缩酮和缩酮,但比醛困难。

若一个分子中同时含有羰基和羟基时,可能会发生分子内的醇羟基和羰基的加成反应,生成稳定的环状半缩醛(酮),糖类化合物的环状结构就属于这类半缩醛(酮)。

3. 与氨的衍生物加成　氨的衍生物是指氨分子(NH_3)中的氢原子被其他基团取代后的产物,通

式为:$G-NH_2$,如 $HO-NH_2$(羟胺)、H_2N-NH_2(肼)、(2,4-二硝基苯肼)等。

醛、酮能与许多氨的衍生物发生反应,经过加成、脱水,形成含 $\diagup C=N-$ 结构的化合物,反应通式如下:

$$\diagup C=O + H-\underset{}{N}-G \rightleftharpoons \underset{}{\overset{\overline{OH\ H}}{C-N}}-G \xrightarrow{-H_2O} \diagup C=N-G$$

在氨的衍生物中,2,4-二硝基苯肼几乎能与所有的醛、酮迅速反应,生成橙黄色或橙红色不溶性的 2,4-二硝基苯腙晶体,该反应灵敏,易于观察,常用于羰基化合物的鉴别,因此氨的衍生物也被称为羰基试剂,医学上利用此反应测定组织器官转氨酶的活性。

ER 10-5

甲醛、乙醛
与 2,4-二
硝基苯肼
的反应

知识拓展

"Wolff-Kishner-黄鸣龙还原反应"——第一个以中国人姓名命名的化学反应

如何在有机合成中将醛或酮中的羰基还原为亚甲基?

原本的德国化学家沃尔夫(Wolff)和前苏联化学家凯惜纳(Kishner)发明的方法是将醛或酮、无水肼与金属钠或钾在高温下加热,反应需要在封管或高压釜中进行,操作不方便,而且反应需要几天的时间才能完成。我国化学家黄鸣龙对此反应进行了改进,反应时先将醛或酮与肼、氢氧化钾、高沸点醇类的水溶液混合加热,生成腙后,将水和过量肼蒸出,在 200℃温度下回流 3~4h 即可完成。反应方程式如下:

$$\underset{R_1\quad R_2}{\overset{\overset{O}{\|}}{C}} \xrightarrow[\text{KOH}]{H_2N-NH_2} \left[\underset{R_1\quad R_2}{\overset{\overset{NH_2}{\overset{|}{N}}}{\overset{\|}{C}}} \right] \rightarrow \underset{R_1\quad R_2}{\overset{\overset{H\quad H}{\diagdown\diagup}}{\overset{C}{}}}$$

这个改进的意义是:降低了原料的价格,缩短了反应时间,产率从 40% 提高到 90%,且不需要高压的条件,操作简便,因此能应用于大规模工业生产。该反应在国际上广泛应用,并写入了各国有机化学教科书,被称为"Wolff-Kishner-黄鸣龙还原反应"。黄鸣龙是把中国人的名字写进化学反应的第一人。

(二)还原反应

醛、酮分子中的羰基都可以被还原。醛加氢还原成伯醇,酮加氢还原成仲醇。

$$R-\overset{\displaystyle O}{\overset{\|}{C}}-R' + H_2 \xrightarrow{\text{Ni、Pt或Pd}} R-\overset{\displaystyle OH}{\underset{\displaystyle H}{\overset{|}{\underset{|}{C}}}}-R'$$

醛 　　　　　　　　　　　　　伯醇

$$R-\overset{\displaystyle O}{\overset{\|}{C}}-H + H_2 \xrightarrow{\text{Ni、Pt或Pd}} R-\overset{\displaystyle OH}{\underset{\displaystyle H}{\overset{|}{\underset{|}{C}}}}-H$$

酮 　　　　　　　　　　　　　仲醇

（三）α-H 的反应

在醛、酮中，直接和羰基碳相连的碳原子是 α- 碳，α- 碳原子上的氢称为 α-H。由于受羰基的影响，α-H 比较活泼，容易被卤原子取代而发生卤代反应。

$$R-\overset{\displaystyle O}{\overset{\|}{C}}-CH_3 + X_2 \xrightarrow{\text{H}^+\text{或OH}^-} R-\overset{\displaystyle O}{\overset{\|}{C}}-\overset{}{\underset{\displaystyle X}{\overset{}{\underset{|}{C}H_2}}}$$

具有 $H_3C-\overset{\displaystyle O}{\overset{\|}{C}}-H(R)$ 结构的醛或酮，在碱催化下，与卤素的氢氧化钠溶液作用生成三卤代物，三卤代物在碱性溶液中不稳定，立即分解成羧酸盐和卤仿（CHX$_3$），此反应称为卤仿反应。

最有代表性的是碘仿反应，碘仿是不溶于水的淡黄色结晶，容易观察，常用来鉴别乙醛和甲基酮。例如：

碘仿反应

$$CH_3-\overset{\displaystyle O}{\overset{\|}{C}}-H(R) \xrightarrow{\text{X}_2 + \text{NaOH}} CX_3-\overset{\displaystyle O}{\overset{\|}{C}}-H(R) \xrightarrow{\text{OH}^-} CHX_3\downarrow + (R)H-\overset{\displaystyle O}{\overset{\|}{C}}-ONa$$

由于此反应中有氧化剂次碘酸钠生成，可把乙醇及具有 $CH_3-\overset{\displaystyle OH}{\overset{|}{C}H}-$ 结构的仲醇氧化成相应的乙醛或甲基酮，故也可发生碘仿反应。

二、醛的特殊性

（一）醛与弱氧化剂的反应

在醛分子中，醛基上的氢原子由于受羰基的影响变得比较活泼，易被氧化，即使是一些弱氧化剂也能将其氧化，所以醛具有较强的还原性。而酮则难被氧化。

1. 与托伦试剂反应 托伦试剂是硝酸银的氨溶液，其主要成分为 $[Ag(NH_3)_2]OH$，可将醛氧化成羧酸，而 $[Ag(NH_3)_2]^+$ 被还原为金属银附着在试管内壁上，形成银镜，该反应也称为银镜反应（silver mirror reaction）。反应方程式如下：

$$(Ar)R-\overset{\displaystyle O}{\overset{\|}{C}}-H + 2[Ag(NH_3)_2]OH \xrightarrow{\triangle} (Ar)R-\overset{\displaystyle O}{\overset{\|}{C}}-ONH_4 + 2Ag\downarrow + 3NH_3\uparrow + H_2O$$

所有的醛均能发生银镜反应，而酮不能发生，用此反应可以鉴别醛和酮。

2. 与斐林试剂反应 斐林试剂是由硫酸铜溶液和酒石酸钾钠的氢氧化钠溶液等体积混合后组成，其有效成分是含有 Cu^{2+} 的配离子。在水浴加热的条件下，斐林试剂可以将脂肪醛氧化为羧酸，其本身被还原为砖红色的 Cu_2O 沉淀，该反应称为斐林反应（Fehling reaction），反应方程式如下：

$$R-CHO + Cu^{2+}（配离子） \xrightarrow{\triangle} RCOO^- + Cu_2O\downarrow + H_2O$$

只有脂肪醛能被斐林试剂所氧化，酮和芳香醛都不能被氧化，故可利用斐林试剂将脂肪醛和芳香醛区别开来，也可用于鉴别脂肪醛和酮。

（二）与希夫试剂的显色反应

将二氧化硫通入红色的品红溶液中，至红色刚好消失为止，所得的无色溶液称为品红亚硫酸试剂，又称希夫试剂（Schiff reagent）。醛与希夫试剂作用可显紫红色，而酮却不显色，这是鉴别醛和酮最简单的方法。

另外，甲醛与希夫试剂反应生成的紫红色产物，遇硫酸颜色不消失，而其他醛生成的紫红色产物遇硫酸后褪色，因此希夫试剂还可用于区别甲醛和其他醛。

三、重要醛和酮的护理应用

1. **甲醛**（HCHO） 又名蚁醛，是最简单的醛，常温下为无色、具有刺激性气味的气体，沸点 $-21℃$，易溶于水。

质量分数为 40% 的甲醛水溶液俗称为"福尔马林"，是常用的消毒剂和防腐剂，常用于生物标本的固定和防腐。甲醛能使蛋白质凝固，具有杀菌作用，是广谱抗菌剂，对细菌、芽孢、病毒皆有效。2% 的溶液用于器械消毒（浸泡 1~2h）；如用于房间消毒，每平方米取 2~4ml，加等量水，加热蒸发；牙科利用其配制干髓剂，填入髓洞，使牙髓失活。

甲醛溶液与氨水共同蒸发时生成白色晶体环六亚甲基四胺，药名为乌洛托品，因其能在人体内分解产生甲醛，由尿道排出时将细菌杀死，故在医药上用作尿道消毒剂，用于治疗尿路感染。

2. **乙醛**（CH_3CHO） 是无色、易挥发、具有刺激性气味的液体，沸点 $20.8℃$，易溶于水。将氯气通入乙醛中可得到三氯乙醛，它易与水结合生成水合三氯乙醛，简称水合氯醛。水合氯醛为无色透明晶体，具有刺激性气味，易溶于水，是临床上可长期使用的催眠药和抗惊厥药，但对胃有刺激性，不宜口服，常用灌肠法给药。

3. **丙酮**（$CH_3-\overset{O}{\overset{\|}{C}}-CH_3$） 是无色、易挥发、易燃的液体，沸点 $56.5℃$，具有特殊气味，能与水以任意比混溶，并能溶解多种有机物，是常用的有机溶剂。

血液中的丙酮是体内脂肪代谢的中间产物。正常人血液中的丙酮含量很低，糖尿病患者由于代谢出现紊乱，体内常有过量的丙酮产生，并从尿液中排出。临床上检查尿液中是否含有丙酮的方法是向尿液中滴加亚硝酰铁氰化钠溶液的氨水溶液，若有丙酮存在，则显鲜红色。

4. **戊二醛**（$H-\overset{O}{\overset{\|}{C}}-CH_2CH_2CH_2-\overset{O}{\overset{\|}{C}}-H$） 是无色透明、有刺激性气味的油状液体，沸点 $187~189℃$，易溶于水和乙醇，戊二醛水溶液呈酸性。

戊二醛是一种新型消毒剂，具有广谱、高效的灭菌作用。因其对金属腐蚀性小、受有机物影响小等优点，常用于医疗器械，尤其是金属器械的消毒。因其对皮肤及黏膜的刺激性比甲醛小，也可用于消毒内镜及不能用加热法消毒的医疗器械，也可配制心脏瓣膜消毒液。

市售戊二醛的质量分数通常为 2%、25%、50% 的酸性溶液，用于消毒的戊二醛常配制成 2% 的碱性溶液，在 pH 为 7.5~8.5 时，杀菌作用最强，pH>9.0 时，杀菌作用迅速丧失。

5. **樟脑**（ ） 樟脑是一种脂环酮类化合物，学名 2-莰酮。大多为无色半透明固体，具有特殊气味，易挥发，不溶于水，能溶于有机溶剂和油脂。樟脑有兴奋血管运动中枢、呼吸中枢及心肌的功效，100g/L 的樟脑酒精溶液称樟脑酊，有良好的止咳功效，成药清凉油、十滴水、消炎镇痛膏等均含有樟脑。另外，樟脑还是较好的防虫防蛀剂。

（范　伟）

思考题

1. 请说出醛和酮性质异同的原因。

2. 有两瓶没有标签的无色液体，一瓶是乙醛，一瓶是丙酮，请设计一个实验检验这两种物质。

练习题

第十一章 ｜ 羧酸和取代羧酸

ER 11-1 教学课件　ER 11-2 思维导图

学习目标

1. 掌握：羧酸及取代羧酸的结构与命名；羧酸及 α- 氨基酸的主要化学性质。
2. 熟悉：羧酸的分类；羟基酸、酮酸的主要化学性质；羧酸的鉴别方法。
3. 了解：羧酸的物理性质；重要羧酸及取代羧酸的护理应用。
4. 学会：辨析药物结构式中的羧酸和取代羧酸的官能团。
5. 具备实践探究能力和实验操作技能；具备根据结构推断物质性质的化学思维模式；培养良好的职业素养。

　　羧酸、取代羧酸是体内糖和脂肪代谢的中间产物，具有生物活性，参与动植生命活动。羧酸或取代羧酸及其盐类与我们的生活、医药、卫生等密切相关。如苯甲酸是最常用的食品防腐剂；水杨酸能够杀灭真菌治疗脚气；乳酸易于吸收，还具有消毒杀菌作用，乳酸亚铁可补充血液中的铁，乳酸钙可用于防治人体缺钙等。

情景导入

酮症酸中毒

　　某男性患者，16 岁。近 4 年多来无明显诱因地出现烦渴、多饮、多尿、消瘦等症状。曾因反复上呼吸道感染后上述症状加重，2016 年 11 月无明显诱因出现昏迷入院就诊，经查血酮体显著增高，尿酮体强阳性；血气分析 pH 显著降低，呼吸急促。诊断为"1 型糖尿病性酮症酸中毒"。

请思考：
1. 什么是"酮体"？何谓"酮症酸中毒"？
2. 写出"酮体"成分的结构简式。

第一节　羧　酸

一、羧酸的结构、分类和命名

（一）结构

　　分子中含有羧基（carboxyl group）的有机化合物称为羧酸（carboxylic acid）。羧基（—COOH）是羧酸的官能团。除甲酸外，羧酸可看成是烃分子（RH 或 Ar—H）中的氢原子被羧基取代后生成的化合物，其结构通式为

$$\underset{\text{(Ar)R}-\overset{\displaystyle O}{\overset{\|}{\text{C}}}-\text{OH}}{} \quad \text{或} \quad \text{(Ar)RCOOH}$$

其中 R—为烷基，Ar—为芳基。

乙酸的 3D 结构

（二）分类

根据分子中烃基结构的不同，羧酸可分为脂肪羧酸、脂环羧酸和芳香羧酸；根据脂肪烃基饱和程度的不同，又可分为饱和羧酸和不饱和羧酸；根据分子中所含羧基数目的不同，还可分为一元羧酸、二元羧酸和多元羧酸等（表 11-1）。

表 11-1 羧酸的分类

类别	饱和脂肪酸	不饱和脂肪酸	脂环羧酸	芳香羧酸
一元酸	CH_3COOH 乙酸	$CH_2=CHCOOH$ 丙烯酸	环戊基甲酸	苯甲酸
二元酸	HOOC—COOH 乙二酸	CHCOOH‖CHCOOH 丁烯二酸	1,2-环己（基）二甲酸	邻苯二甲酸
多元酸	COOH|CH—COOH|COOH β-羧基丙二酸	CHCOOH‖CCOOH|CH₂COOH β-羧基-2-戊烯二酸	1,2,4-环己（基）三甲酸	1,2,4-苯三甲酸

（三）羧酸的命名

羧酸的系统命名法与醛相似，只需把"醛"字改为"酸"字即可。

1. 饱和脂肪酸的命名 选择含有羧基碳原子在内的最长碳链为主链，根据主链碳原子数目称为"某酸"；从羧基碳原子开始给主链碳原子编号，取代基位次也常用希腊字母表示，将与羧基相连的碳原子定为 α 位，其他依次为 β、γ、δ··· 等。例如：

$$\overset{3}{CH_3}-\overset{\underset{\displaystyle\alpha}{2}}{CH}-\overset{1}{COOH}$$
$$\underset{CH_3}{|}$$

2-甲基丙酸
（α-甲基丙酸）

$$\overset{5}{CH_3}-\overset{\underset{\displaystyle\gamma}{4}}{CH}-\overset{3}{CH_2}-\overset{\underset{\displaystyle\alpha}{2}}{CH}-\overset{1}{COOH}$$
$$\underset{CH_3}{|} \qquad \underset{CH_3}{|}$$

2,4-二甲基戊酸
（α,γ-二甲基戊酸）

2. 不饱和脂肪酸的命名 选择包含羧基碳原子和不饱和键在内的最长碳链作为主链；从羧基碳原子开始给主链碳原子编号，按主链碳原子数目称为"某烯酸"或"某炔酸"；将双键或三键的位次写在"某烯酸"或"某炔酸"之前。主链碳原子数大于 10 时，母体称为"碳烯酸"。例如：

$$CH_3-C=CH-COOH$$
$$\underset{CH_3}{|}$$

3-甲基-2-丁烯酸

$$CH_3-C\equiv C-COOH$$

2-丁炔酸

3. 二元脂肪羧酸的命名 选择含有两个羧基碳原子在内的最长碳链作为主链，按主链碳原子数目称为"某二酸"。例如：

$$HOOC-COOH \qquad HOOC-CH_2-CH_2-COOH$$

乙二酸 丁二酸

4.芳香羧酸和脂环羧酸的命名 以脂肪羧酸为母体,把芳环或脂环看作是取代基来命名。例如:

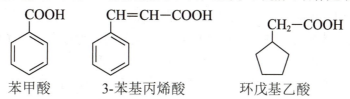

此外,许多羧酸可以从天然物质中获得,故可按其来源或性状而用俗名。如:甲酸俗称蚁酸,乙酸俗称醋酸,乙二酸俗称草酸,苯甲酸俗称安息香酸、丁二酸俗称琥珀酸等。

二、羧酸的性质

(一) 物理性质

含有 $C_1 \sim C_4$ 个碳原子的饱和脂肪酸常温具有强烈刺激气味的无色液体;$C_4 \sim C_9$ 个碳原子的羧酸是带有不愉快气味的油状液体;C_{10} 及以上的羧酸是无气味的蜡状固体;脂肪族二元羧酸和芳香羧酸常温下都是结晶固体。

因羧酸分子可与水分子形成氢键,低级脂肪羧酸能与水以任意比混溶;随着相对分子质量的增加,羧酸在水中的溶解度明显降低,以至难溶或不溶于水,但能溶于有机溶剂中。

羧酸的沸点高于相对分子质量相近的醇的沸点。如甲酸的沸点为 100.5℃,乙醇的沸点为 78.5℃。这是因为羧酸分子间能以 2 个氢键彼此缔合为二聚体,且羧酸分子间的氢键比醇分子间的氢键更强。

$$R-C\overset{O\cdots H-O}{\underset{O-H\cdots O}{}}C-R$$

二聚体

(二) 化学性质

羧酸的化学性质主要由其官能团羧基决定。羧基形式上由羰基和羟基相连构成,但由于两者的相互影响,使羧酸表现出既不同于醛、酮,又不同于醇、酚的一些特殊性质。羧酸可发生反应的主要部位如下:

$$R-\overset{\overset{H}{|}}{\underset{\underset{H}{|}}{C}}-\overset{\overset{O}{||}}{C}-O-H$$

脱羧反应
羟基被取代的反应
羟基断裂呈酸性

1.弱酸性 羧酸分子中,羧基中羟基氢原子因受到羰基的影响,比较活泼,O—H 键极性增强,在水溶液中能部分电离出 H^+,从而具有弱酸性。其电离方程如下:

$$RCOOH \rightleftharpoons RCOO^- + H^+$$

羧酸强于碳酸($pK_a = 6.35$)的酸性,但比盐酸、硫酸等无机酸弱得多。羧酸与其他化合物比较,酸性强弱顺序如下:

$$H_2SO_4, HCl > RCOOH > H_2CO_3 > \text{苯酚} > H_2O > ROH$$

因此,羧酸既可与 NaOH 反应生成羧酸盐和水,也可与 Na_2CO_3、$NaHCO_3$ 反应放出 CO_2。利用此性质,可以分离和鉴别羧酸和酚类化合物。

$$2RCOOH + Na_2CO_3 \longrightarrow 2RCOONa + CO_2\uparrow + H_2O$$

$$RCOOH + NaHCO_3 \longrightarrow RCOONa + CO_2\uparrow + H_2O$$

羧酸的钾、钠、铵盐一般都易溶于水,因此医药上常把一些水溶性差的含羧基药物制成易溶于水的羧酸盐，以便配制水剂或注射液。如含有羧基的青霉素和氨苄青霉素的水溶性极差，但转变为钾盐或钠盐后，其水溶性增强，可配制成注射剂，供临床应用。

2. 羧酸中羟基的取代反应　羧酸分子中羧基上的羟基被其他原子或原子团取代后的产物称为羧酸衍生物（carboxylic acid derivative），常见的有酰卤、酸酐、酯和酰胺。

（1）酰卤的生成：羧酸与 PX_5 或 PX_3 作用，羧基中的羟基被卤原子取代生成酰卤（acyl halide）。

$$CH_3-\overset{O}{\overset{\|}{C}}-OH + PCl_5 \longrightarrow CH_3-\overset{O}{\overset{\|}{C}}-Cl + POCl_3 + HCl$$

乙酰氯　　三氯氧磷

（2）酸酐的生成：除甲酸外，其他一元羧酸在脱水剂 P_2O_5 等的作用下，都可以分子间脱水生成酸酐（anhydride）。

$$\begin{matrix} R-\overset{O}{\overset{\|}{C}}-O\overline{-H} \\ R-\overset{O}{\overset{\|}{C}}\overline{-OH} \end{matrix} \xrightarrow[\triangle]{P_2O_5} \begin{matrix} R-\overset{O}{\overset{\|}{C}} \\ R-\overset{O}{\overset{\|}{C}} \end{matrix} O + H_2O$$

羧酸　　　　　　　　酸酐

（3）酯化反应：羧酸与醇在强酸（通常是浓硫酸）催化下脱水生成酯（ester）和水的反应称为酯化反应（esterification reaction）。在同样条件下，酯也可以水解为对应的羧酸和醇。故此反应是可逆反应。

$$R-\overset{O}{\overset{\|}{C}}-\boxed{OH + H}-O-R' \underset{\triangle}{\overset{浓H_2SO_4}{\rightleftharpoons}} R-\overset{O}{\overset{\|}{C}}-O-R' + H_2O$$

羧酸　　　醇　　　　　　　酯

由羧酸和醇发生酯化反应生成的酯称为羧酸酯，结构通式为 $RCOOR'$，其中—COO—是酯的官能团，称为酯键，R 和 R′ 可以相同，也可以不同。

（4）酰胺的生成：羧酸与氨作用生成羧酸的铵盐，铵盐受热发生分子内脱水生成酰胺（amide）。例如：

$$CH_3-\overset{O}{\overset{\|}{C}}-OH + NH_3 \longrightarrow CH_3-\overset{O}{\overset{\|}{C}}-ONH_4 \overset{\triangle}{\longrightarrow} CH_3-\overset{O}{\overset{\|}{C}}-NH_2 + H_2O$$

乙酸　　　　　　　　　　　　　　乙酰胺

3. 脱羧反应　羧酸分子中脱去羧基放出 CO_2 的反应称为脱羧反应（decarboxylation reaction）。一般条件下，饱和一元羧酸对热相对稳定，不易发生脱羧反应，但在特殊条件下，如无水羧酸盐与碱石灰（NaOH 和 CaO 的混合物）共热，即可脱羧生成比原羧酸分子少一个碳原子的烷烃，实验室常利用此方法制备低级烷烃。例如：

$$CH_3COONa + NaOH \xrightarrow[\triangle]{CaO} CH_4 + Na_2CO_3$$

乙酸钠　　　　　　　甲烷

二元羧酸，由于分子中两个羧基间的相互影响，易发生脱羧反应，且两个羧基距离越近越容易脱羧。乙二酸、丙二酸受热，发生脱羧反应，生成少一个碳原子的一元羧酸。例如：

$$HOOC-COOH \xrightarrow{\triangle} HCOOH + CO_2\uparrow$$

乙二酸　　　　　　甲酸

人体内的脱羧反应是在脱羧酶的作用下进行的，是人体内重要的生化反应。

ER 11-4

甲酸的结构
与性质

三、重要羧酸的护理应用

1. 甲酸（HCOOH）　甲酸俗称蚁酸，最初从蚂蚁体内发现而得名。甲酸是无色、有强烈刺激性气味的液体，沸点100.5℃，能与水、乙醇、乙醚互溶。

甲酸分子的结构较特殊，分子中羧基直接与氢原子相连，既具有羧基结构，又具有醛基结构。

甲酸的结构

甲酸即具有羧酸的通性，且酸性强于其他饱和一元羧酸；又具有醛的还原性，能与托伦试剂、斐林试剂、本尼迪克试剂反应，还能使高锰酸钾酸性溶液褪色。利用这些性质可以区别甲酸与其他羧酸。

甲酸具有杀菌作用，可用作消毒剂或防腐剂。12.5g/L的甲酸水溶液称为蚁精，可用于治疗风湿病。

2. 乙酸（CH_3COOH）　乙酸俗称醋酸，是食醋的主要成分，无色具有刺激性酸味的液体，易溶于水，沸点118℃，熔点16.6℃，在室温低于16.6℃时，凝结成冰状固体，故又称为冰醋酸。

乙酸具有抗细菌和真菌作用，可作为消毒剂和防腐剂。如0.5%~2%的乙酸溶液用于烫伤或烧伤感染的创面洗涤；30%的乙酸溶液外搽可治疗甲癣、鸡眼等。

3. 过氧乙酸（CH_3COOOH）　临床上常用的消毒剂过氧乙酸就是由冰醋酸和过氧化氢反应制得。

过氧乙酸为无色液体，有强烈刺激性醋酸气味，易挥发，可溶于水和有机溶剂。具有强氧化性，对细菌、芽孢、真菌、病毒等都有高效的杀灭能力。如0.1%~0.2%过氧乙酸溶液用于洗手消毒；0.3%~0.5%溶液用于器械消毒（但不能用于金属器械消毒）；0.04%溶液用于餐具、空气及废弃物消毒；20%的成品熏蒸用于无菌室消毒；1%的溶液浸泡可治疗手足癣。

过氧乙酸易挥发，不稳定，须用前配制，15~25℃保存不宜超过2d，原液应贮于阴凉通风处。

4. 苯甲酸（C_6H_5COOH）　苯甲酸又称安息香酸，最早从安息香树脂中发现。苯甲酸为白色晶体，熔点121.7℃，难溶于冷水，易溶于热水、乙醇、乙醚等有机溶剂，受热易升华，也能随水蒸气挥发。

ER 11-6

苯甲酸的3D
结构

苯甲酸及其钠盐具有防腐杀菌作用，且毒性较小，常用作食品、药物的防腐剂，如0.01%~0.1%的溶液可加入食品或药物作防腐剂；苯甲酸还具有抑制真菌、细菌生长的作用，其酒精溶液可用作治疗癣病的外用药。

5. 乙二酸（$HOOC-COOH$）　乙二酸俗称草酸，无色结晶，常以盐的形式存在于草本植物中。草酸熔点189℃，温度超过熔点时则发生脱羧反应。

草酸具有还原性，能与高锰酸钾发生定量氧化还原反应，因此，在分析化学中常用作基准物来标定高锰酸钾溶液的浓度。高价铁盐也可以被草酸还原成易溶于水的低价铁盐，因此可以用草酸溶液去除铁锈或蓝墨水的污渍。

6. 丁二酸（$HOOCCH_2CH_2COOH$）　丁二酸俗称琥珀酸，最早是由蒸馏琥珀而得到的。丁二酸为无色结晶，熔点185~187℃，能溶于水，微溶于乙醇、乙醚、丙酮等有机溶剂。

丁二酸是体内糖类、脂类和蛋白质代谢的中间产物，在医药中常用于抗痉挛、祛痰及利尿。

知识拓展

花生四烯酸

花生四烯酸（5,8,11,14-二十碳四烯酸）是人体必需的不饱和高级脂肪酸。具有酯化胆固醇、增加血管弹性、降低血液黏度、调节细胞功能等一系列的生理和药理活性。它是人体大脑和视神经发育的重要物质，可以提高智力、增强记忆、改善视力。花生四烯酸能有效地降低高血脂、高血糖，预防心脑血管疾病、糖尿病等的发生。

第二节　取代羧酸

羧酸分子中烃基上的氢原子被其他原子或基团取代后得到的化合物称为取代羧酸（substituted carboxylic acid），根据取代基的种类不同，取代羧酸可分为卤代酸、羟基酸、酮酸和氨基酸等。本节主要介绍羟基酸、酮酸和氨基酸。

一、羟基酸

（一）羟基酸的结构、分类和命名

羧酸分子中烃基上的氢原子被羟基取代后生成的化合物称为羟基酸（hydroxy acid）。其分子中既含有羟基又含有羧基，是具有复合官能团的化合物。

羟基酸根据羟基所连烃基不同分为醇酸和酚酸。羟基与脂肪烃基相连的称为醇酸（alcoholic acid），羟基直接与芳环相连的称为酚酸（phenolic acid）。根据羟基和羧基的相对位置不同，又可分为 α- 羟基酸、β- 羟基酸和 γ- 羟基酸等。

醇酸的命名以羧酸为母体，羟基作为取代基，羟基的位置可用阿拉伯数字或希腊字母 α、β、γ… 等标明。许多羟基酸来源于自然界，也常按来源采用俗名。例如：

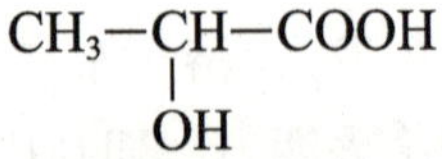

$$CH_3-CH-COOH$$
$$|$$
$$OH$$

2-羟基丙酸
（α-羟基丙酸，乳酸）

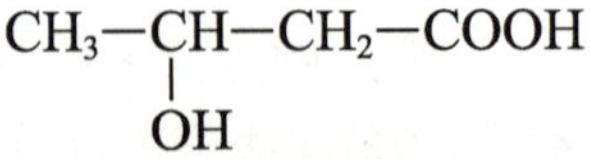

$$CH_3-CH-CH_2-COOH$$
$$|$$
$$OH$$

3-羟基丁酸

$$HO-CH-COOH$$
$$|$$
$$CH_2-COOH$$

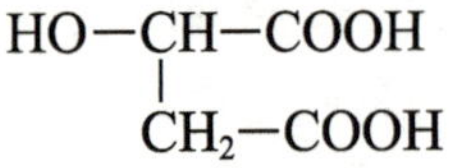

2-羟基丁二酸
（苹果酸）

$$HO-CH-COOH$$
$$|$$
$$HO-CH-COOH$$

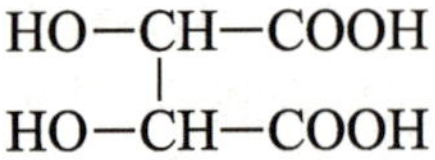

2,3-二羟基丁二酸
（酒石酸）

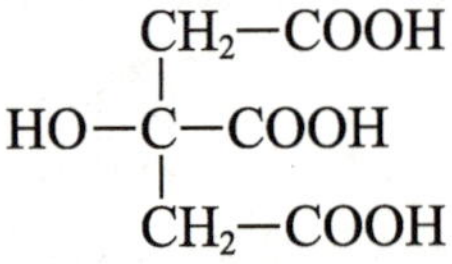

$$CH_2-COOH$$
$$|$$
$$HO-C-COOH$$
$$|$$
$$CH_2-COOH$$

3-羟基-3-羧基戊二酸
（柠檬酸）

酚酸是以芳香羧酸为母体，羟基作为取代基来命名。例如：

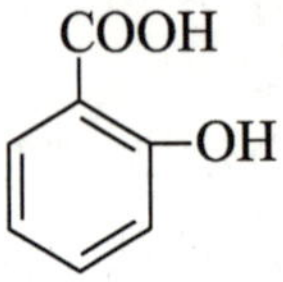

2-羟基苯甲酸
（水杨酸）

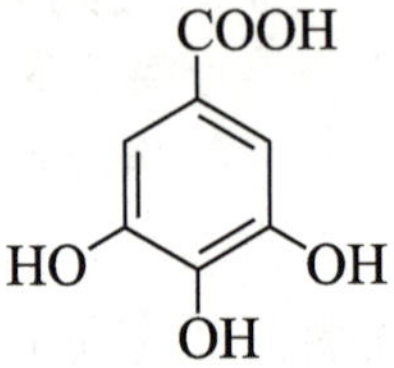

3,4,5-三羟基苯甲酸
（没食子酸）

（二）羟基酸的性质

醇酸一般为黏稠液体或结晶固体。易溶于水，其溶解度大于相应的醇和羧酸。酚酸大多数是晶体，其熔点比相应的芳香酸高。

羟基酸都因含有羟基和羧基两种官能团，具有醇和酸的通性。如发生氧化、酯化、脱水、成盐、成酯等反应；但羟基和羧基的相互影响，又表现出一些特殊性质。

1. 酸性　由于羟基的吸电子效应，羟基酸的酸性比相应的脂肪羧酸强，而且羟基离羧基越近，对羧基的影响越大，酸性越强。例如：

酸性：$\overset{\alpha}{C}H_3CHCOOH$ > $\overset{\beta}{C}H_2CH_2COOH$ > $CH_3CHCOOH$
　　　　　$|$　　　　　　　$|$　　　　　　　　$|$
　　　　　OH　　　　　　OH　　　　　　　H

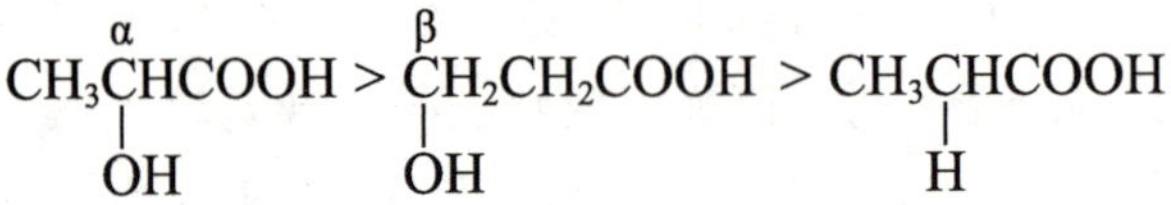

pK_a　　　3.87　　　　　　4.51　　　　　　4.88

酚酸的酸性与羟基在苯环上的位置有关,其酸性强弱顺序为:邻位>间位>对位。

2. 氧化反应 醇酸分子中的羟基由于受到羧基的影响,比醇羟基更容易被氧化,能被托伦试剂、稀硝酸氧化成醛酸或酮酸。

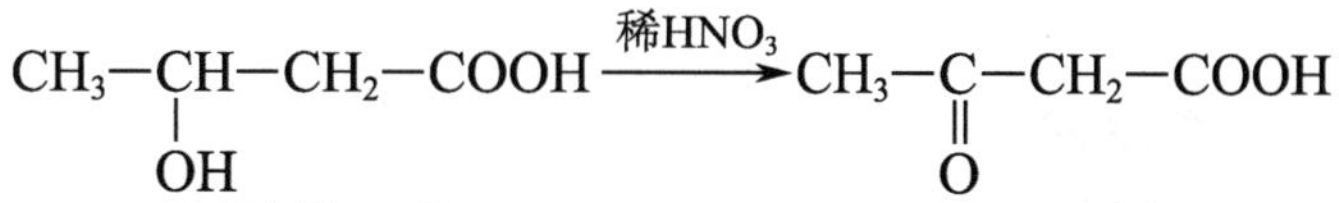

$$CH_3-\underset{\underset{OH}{|}}{CH}-CH_2-COOH \xrightarrow{\text{稀}HNO_3} CH_3-\underset{\underset{O}{\|}}{C}-CH_2-COOH$$

β-羟基丁酸　　　　　　　　　　β-丁酮酸

机体代谢过程中产生的醇酸,在酶的作用下氧化,如:

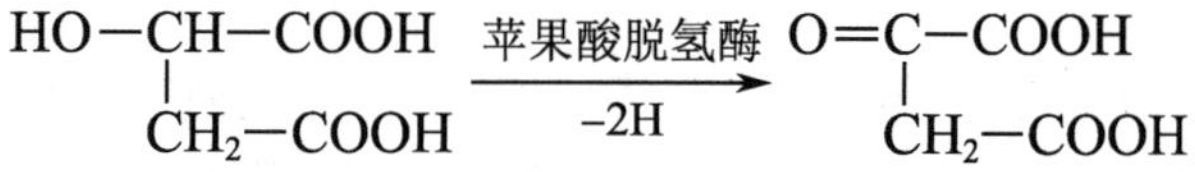

$$\underset{\underset{CH_2-COOH}{|}}{HO-CH-COOH} \xrightarrow[-2H]{\text{苹果酸脱氢酶}} \underset{\underset{CH_2-COOH}{|}}{O=C-COOH}$$

苹果酸　　　　　　　　　　草酰乙酸

3. 脱水反应 醇酸受热不稳定,易发生脱水反应。但脱水的方式及生成的产物又因羟基的位置而有所不同。

α-醇酸受热时,分子间交叉脱水,生成六元环交酯。例如:

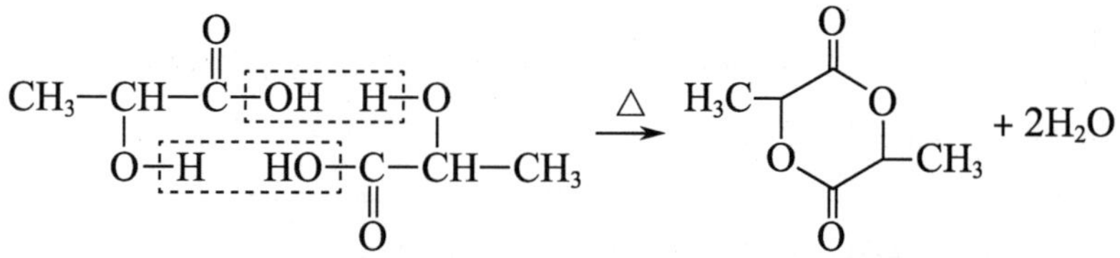

α-羟基丙酸(乳酸)　　　　　丙交酯

β-醇酸受热时,分子内脱水,生成 α,β-不饱和羧酸。

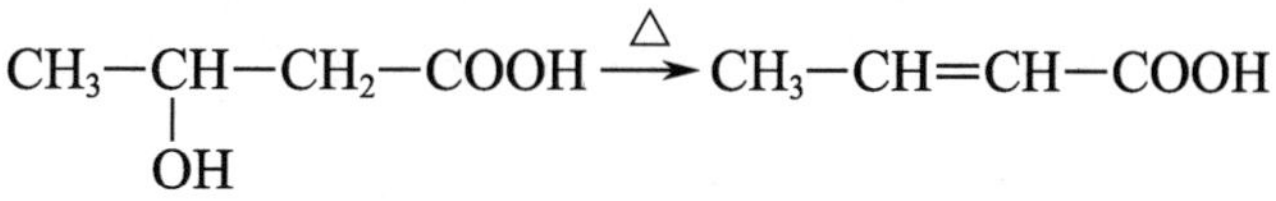

$$CH_3-\underset{\underset{OH}{|}}{CH}-CH_2-COOH \xrightarrow{\triangle} CH_3-CH=CH-COOH$$

β-羟基丁酸　　　　　　　　　　2-丁烯酸

γ-醇酸和 δ-醇酸受热,易发生分子内的酯化反应,生成五元或六元环状内酯。

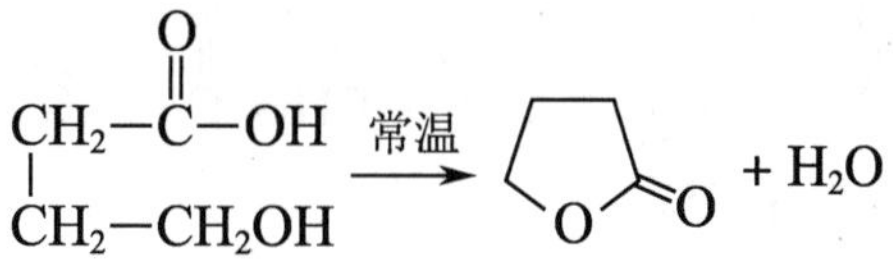

γ-丁醇酯　　　　　γ-丁内酯

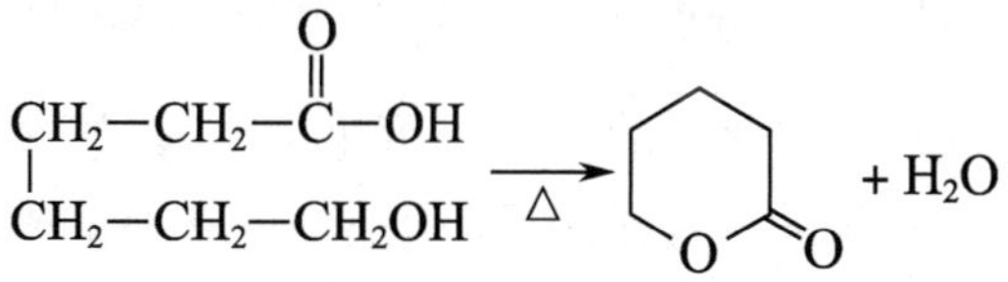

δ-戊醇酸　　　　　δ-戊内酸

某些药物的有效成分中含有内酯结构。如具有抗菌消炎作用的穿心莲,其主要成分穿心莲内酯就含有 γ-内酯的结构。

4. 脱羧反应 羟基处于邻位或对位的酚酸,对热不稳定,当加热至熔点以上时,能脱去羧基生成相应的酚。

如水杨酸加热到200~220℃时易脱羧生成苯酚。

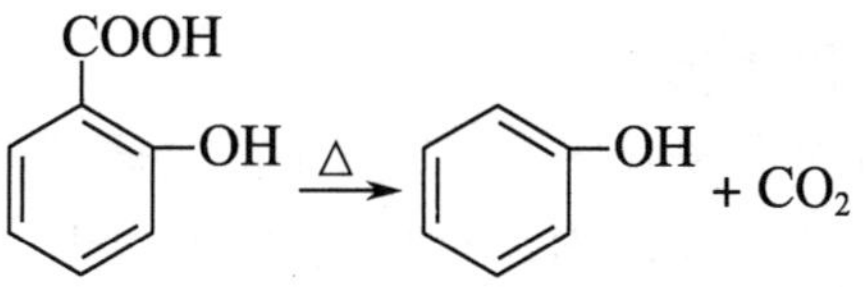

5. 显色反应　酚酸分子中由于含有酚羟基，因此能与 $FeCl_3$ 溶液发生显色反应。如水杨酸遇 $FeCl_3$ 溶液显紫红色。

ER 11-8

水杨酸与三氯化铁的显色反应

二、酮酸

（一）酮酸的结构、分类及命名

分子中既含有羧基又含有酮基的化合物称为酮酸（keto acid）。根据酮基和羧基的相对位置，酮酸可分为 α、β、γ⋯酮酸。其中 α-酮酸和 β-酮酸是生物体内糖、脂肪和蛋白质代谢的中间产物。

酮酸的命名是选择含有羧基和酮基在内的最长碳链作为主链，称为"某酮酸"；从羧基碳原子开始，用阿拉伯数字或希腊字母依次给主链碳原子编号，标明酮基的位置。例如：

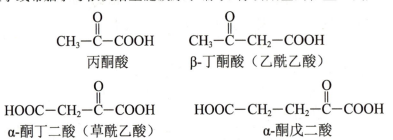

$$CH_3-\overset{O}{\overset{\|}{C}}-COOH$$
丙酮酸

$$CH_3-\overset{O}{\overset{\|}{C}}-CH_2-COOH$$
β-丁酮酸（乙酰乙酸）

$$HOOC-CH_2-\overset{O}{\overset{\|}{C}}-COOH$$
α-酮丁二酸（草酰乙酸）

$$HOOC-CH_2-CH_2-\overset{O}{\overset{\|}{C}}-COOH$$
α-酮戊二酸

ER 11-9

丙酮酸的 3D 结构

（二）酮酸的性质

酮酸一般为液体或晶体，水中溶解度大于相应的羧酸和酮。

酮酸由于同时含有酮基和羧基，而具有酮和羧酸的一般性质，但因酮基和羧基的相互影响及相对位置的不同，α-酮酸和 β-酮酸又具有一些特殊的性质。

1. 脱羧反应　α-酮酸在稀硫酸作用下，受热发生脱羧反应，生成少一个碳原子的醛。

$$CH_3-\overset{O}{\overset{\|}{C}}-COOH \xrightarrow[\triangle]{稀H_2SO_4} CH_3-CHO + CO_2\uparrow$$

β-酮酸受热更易脱羧，生成少一个碳原子的酮。

$$CH_3-\overset{O}{\overset{\|}{C}}-CH_2-COOH \xrightarrow{\triangle} CH_3-\overset{O}{\overset{\|}{C}}-CH_3 + CO_2\uparrow$$

2. 还原反应　酮酸还原生成羟基酸。

$$CH_3-\overset{O}{\overset{\|}{C}}-COOH \underset{-2H}{\overset{+2H}{\rightleftharpoons}} CH_3-\overset{OH}{\overset{|}{C}}H-COOH$$

3. 氨基化反应　α-酮酸与氨在催化剂的作用下可生成 α-氨基酸。生物体内的转氨基作用则是 α-酮酸与 α-氨基酸在氨基转移酶的催化作用下，生成新的 α-氨基酸和 α-酮酸。例如：

$$\underset{(CH_2)_2-COOH}{\overset{COOH}{\overset{|}{\underset{|}{C=O}}}} + \underset{CH_3}{\overset{COOH}{\overset{|}{\underset{|}{H_2N-C-H}}}} \xrightleftharpoons{丙氨酸氨基转移酶（ALT）} \underset{(CH_2)_2-COOH}{\overset{COOH}{\overset{|}{\underset{|}{H_2N-C-H}}}} + \underset{CH_3}{\overset{COOH}{\overset{|}{\underset{|}{C=O}}}}$$

α-酮戊二酸　　丙氨酸　　　　　　　　　谷氨酸（α-氨基戊二酸）丙酮酸

三、氨基酸

（一）氨基酸的结构、分类和命名

氨基酸（amino acid）可以看作是羧酸分子中烃基上的氢原子被氨基取代的化合物。氨基酸分子中同时含有氨基（—NH_2）和羧基（—COOH），是具有复合官能团的化合物。

氨基酸根据分子中烃基的结构，可分为脂肪族氨基酸，芳香族氨基酸和杂环氨基酸。例如：

$$CH_3-\underset{\underset{NH_2}{|}}{CH}-COOH \qquad \text{苯环}-CH_2-\underset{\underset{NH_2}{|}}{CH}-COOH \qquad \text{咪唑环}-CH_2-\underset{\underset{NH_2}{|}}{CH}-COOH$$

丙氨酸（脂肪氨基酸）　　　苯丙氨酸（芳香氨基酸）　　　组氨酸（杂环氨基酸）

根据分子中氨基与羧基的相对位置，可分为 α-, β-, γ-···氨基酸。例如：

$$CH_3-\underset{\underset{NH_2}{|}}{CH}-COOH \qquad CH_3-\underset{\underset{NH_2}{|}}{CH}-CH_2-COOH \qquad \underset{\underset{NH_2}{|}}{CH_2}-\underset{\underset{CH_3}{|}}{CH}-CH_2-COOH$$

α-氨基丙酸　　　　　　β-氨基丁酸　　　　　β-甲基-γ-氨基丁酸

根据分子中氨基和羧基的相对数目，可分为中性氨基酸、酸性氨基酸、碱性氨基酸。

中性 α- 氨基酸：氨基的数目等于羧基的数目，例如：

$$CH_3-\underset{\underset{CH_3}{|}}{CH}-\underset{\underset{NH_2}{|}}{CH}-COOH$$

β-甲基-α-氨基丁酸（缬氨酸）

酸性 α- 氨基酸：氨基的数目小于羧基的数目，例如：

$$HOOC-CH_2-CH_2-\underset{\underset{NH_2}{|}}{CH}-COOH$$

α-氨基丁二酸（天冬氨酸）

碱性 α- 氨基酸：氨基的数目大于羧基的数目，例如：

$$\underset{\underset{NH_2}{|}}{CH_2}-(CH_2)_3-\underset{\underset{NH_2}{|}}{CH}-COOH$$

α, ε-二氨基己酸（赖氨酸）

目前发现的天然氨基酸约有 300 多种，但生物体内合成蛋白质的氨基酸只有 20 余种。它们都是 α- 氨基酸，其结构通式如下：

$$\text{侧链部分} \rightarrow R-\underset{\underset{NH_2}{|}}{\overset{\overset{H}{|}}{C}}-COOH \leftarrow \text{羧基部分}$$

氨基部分

氨基酸可按系统命名法命名，命名规则与羟基酸相似，即以羧酸为母体，氨基为取代基，称为"氨基某酸"。氨基的位次常用希腊字母表示，写在氨基酸名称前。氨基酸还可采用俗名命名，如甘氨酸、丝氨酸等。也常用英文名称缩写符号（通常为前 3 个字母）或用中文代号表示，如甘氨酸可用 Gly 或 G 或"甘"字来表示。

（二）氨基酸的性质

氨基酸都为无色晶体，熔点比相应的羧酸或胺类要高，一般在 200~300℃，熔化时易脱羧放出 CO_2。氨基酸一般能溶于水，且都能溶于强酸或强碱中，但不溶于乙醇、乙醚等有机溶剂。有的氨基酸有甜味、也有无味和苦味的。谷氨酸的钠盐则有鲜味，是味精的主要成分。

氨基酸分子由于同时含有氨基和羧基，所以氨基酸具有羧基和氨基的一般性质，又因羧基与氨基的相互影响，氨基酸又具有一些特殊性质。

1. 两性电离与等电点　氨基酸分子中既含有酸性的羧基，又含有碱性的氨基，因此，既可以进行酸式电离，又可以进行碱式电离，是两性电解质。

酸式电离：$R-CH-COOH \rightleftharpoons R-CH-COO^- + H^+$
　　　　　　　｜　　　　　　　｜
　　　　　　　NH_2　　　　　　NH_2
　　　　　　　　　　　　　　氨基酸阴离子

碱式电离：$R-CH-COOH + H_2O \rightleftharpoons R-CH-CH_2OOH + OH^-$
　　　　　　　｜　　　　　　　　　　　　｜
　　　　　　　NH_2　　　　　　　　　NH_3^+
　　　　　　　　　　　　　　　　氨基酸阳离子

氨基酸分子内的羧基和氨基也可以相互作用而成盐，使氨基酸分子成为同时带有正电荷和负电荷的两性离子（zwitterion），这种两性离子也称作内盐。

$$R-CH-COOH \rightleftharpoons R-CH-COO^-$$
　　｜　　　　　　　　｜
　　NH_2　　　　　　NH_3^+
　　　　　　两性离子（内盐）

氨基酸在水溶液中的存在形式，取决于溶液的 pH。在酸性溶液中，氨基酸分子中的羧基的酸式电离受到抑制，而氨基的碱式电离得到加强，氨基酸主要以阳离子形式存在，在电场作用下移向负极；在碱性溶液中，氨基酸分子中的氨基的碱式电离受到抑制，而羧基的酸式电离得到加强，氨基酸主要以阴离子形式存在，在电场作用下移向正极；调节溶液的 pH，使得氨基酸的酸式电离程度恰好等于碱式电离程度，此时氨基酸将以两性离子形式存在，氨基酸呈电中性，处于等电状态，在电场作用下既不移向正极，也不移向负极。此时，氨基酸溶液的 pH 称为氨基酸的等电点（isoelectric point）。常以 pI 表示。

$$R-CH-COOH$$
　　　　｜
　　　　NH_2

$R-CH-COOH \underset{OH^-}{\overset{H^+}{\rightleftharpoons}} R-CH-COO^- \underset{OH^-}{\overset{H^+}{\rightleftharpoons}} R-CH-COO^-$
　　｜　　　　　　　　　　｜　　　　　　　　　　　｜
　　NH_3^+　　　　　　　NH_3^+　　　　　　　NH_2
　氨基酸阳离子　　　　　两性离子　　　　　氨基酸阴离子
　　pH<pI　　　　　　　pH=pI　　　　　　　pH>pI

不同氨基酸由于组成和结构不同，都有其特有的等电点，等电点是氨基酸的特征常数。通常，中性氨基酸的 pI 为 5~6.5；酸性氨基酸的 pI 为 2.5~3.5；而碱性氨基酸的 pI 为 7.6~10.8。

在等电点时，氨基酸在水中的溶解度最小，最易结晶析出。调节溶液 pH，可以从氨基酸的混合液中分离、提纯不同的氨基酸。

2. 成肽反应　在适当条件下加热，2 个 α- 氨基酸分子中一个氨基酸分子的氨基与另一个氨基酸分子的羧基之间脱去 1 分子水，缩合生成的化合物称为肽，此反应称为成肽反应（peptide reaction）。反应通式如下：

$$H_2N-CH-C-OH + H-NH-CH-C-OH \xrightarrow{-H_2O} H_2N-CH-C-N-CH-C-OH$$

由 2 个氨基酸分子缩合成的肽称为二肽。二肽分子中的酰胺键（$-C-N-$）称为肽键。由于二肽分子中还存在自由的氨基和羧基，还可以与其他 α- 氨基酸进一步脱水缩合形成三肽、四肽、五肽……，由多个氨基酸分子脱水缩合生成的化合物叫多肽（polypeptide）。例如：

$$H_2N-CH-\overset{\overset{\displaystyle O}{\parallel}}{C}-N-CH-\overset{\overset{\displaystyle O}{\parallel}}{C}-N-CH-\overset{\overset{\displaystyle O}{\parallel}}{C}\cdots\cdots N-CH-\overset{\overset{\displaystyle O}{\parallel}}{C}-COOH$$

$$\underset{R_1}{\quad}\quad\overset{H}{\quad}\underset{R_2}{\quad}\quad\overset{H}{\quad}\underset{R_3}{\quad}\quad\overset{H}{\quad}\underset{R_n}{\quad}$$

多肽

多肽链中每个氨基酸单位叫氨基酸残基（residue）。肽链的一端存在游离氨基叫 N 端，常写在左端；另一端存在游离羧基称为 C 端，常写在右端。

多肽链中的肽键在酸或酶作用下水解，又可生成多种 α- 氨基酸。由约 100 个以上氨基酸脱水缩合，形成相对分子质量 >10 000，并具有一定空间结构的多肽称为蛋白质。蛋白质属于生物大分子，是生命的物质基础，存在于一切细胞中。多肽和蛋白质之间没有明显的界限。

3. 茚三酮反应 α- 氨基酸在碱性溶液中与茚三酮作用，生成蓝紫色的物质。

此反应非常灵敏，是鉴别 α- 氨基酸的最迅速、最简单的方法。此外多肽和蛋白质都能发生此显色反应。

ER 11-10
甘氨酸与茚三酮的显色反应

四、重要取代羧酸的护理应用

（一）重要羟基酸的护理应用

1. 乳酸 [$CH_3CH(OH)COOH$] 因最初从酸牛奶中发现而得名。乳酸是体内糖类无氧代谢的产物。人在剧烈运动时，机体处于缺氧状态，肌肉中的糖原酵解产生乳酸，同时放出能量，以供生命活动急需。运动后肌肉有酸胀感，就是肌肉中乳酸含量增多所致，休息一段时间后，一部分乳酸经血液循环至肝脏，转化为糖原及丙酮酸，另一部分经肾脏随尿液排出，酸胀感消失。

乳酸有消毒防腐作用，可用于治疗阴道滴虫；临床上常用乳酸钙治疗如佝偻病等一些缺钙症；用乳酸钠纠正酸中毒；乳酸蒸汽可用于病房、手术室等场所消毒。

2. 柠檬酸 [$HOOCCH_2C(OH)(COOH)CH_2COOH$] 又称为枸橼酸，主要存在于柑橘、山楂等果实中，尤以柠檬中的含量最高而得名。柠檬酸为无色晶体，不含结晶水的柠檬酸熔点为 153℃，易溶于水、乙醇和乙醚，有酸味，是食品工业中的调味剂。

临床采血时，常加入柠檬酸钠可防止血液凝固，是常用的抗凝血剂。柠檬酸铁铵用作补血剂，治疗缺铁性贫血。柠檬酸钾用作祛痰剂和利尿剂，柠檬酸镁是温和的泻药。

柠檬酸是动物体内糖、脂肪和蛋白质代谢的中间产物。

3. 水杨酸 水杨酸又名柳酸，存在于柳树及水杨树皮中，为白色针状结晶，熔点 159℃，微溶于冷水，易溶于乙醇、乙醚和氯仿中。

水杨酸具有杀菌防腐作用，其乙醇溶液可用于治疗真菌感染引起的皮肤病，水杨酸具有解热镇痛作用，但其对肠胃刺激性较大，不宜内服，医药上多用其衍生物，如乙酰水杨酸。

知识拓展

重要水杨酸衍生物在医药中的应用

水杨酸具有解热镇痛作用，但由于其对肠胃刺激性较大，不宜内服，医药上多用其衍生物，常见的有乙酰水杨酸（即阿司匹林）、水杨酸甲酯、对氨基水杨酸等。

阿司匹林具有解热、镇痛、抗风湿和抗血栓形成的作用，是常用的解热镇痛药。

水杨酸甲酯俗称冬青油，由冬青树叶中提取，为无色液体，有特殊的香味，可用作制造牙膏、糖果等的香精，也可用作治疗扭伤的外用药。

乙酰水杨酸　　　　　水杨酸甲酯　　　　　对氨基水杨酸

对氨基水杨酸化学名称为 4- 氨基 -2- 羟基苯甲酸，简称 PAS，为白色粉末，微溶于水，有酸性，其钠盐由于水溶性大，刺激性小，可制成针剂，用于结核病的治疗，常与链霉素或异烟肼合用，可增加疗效。

（二）重要酮酸的护理应用

1. 丙酮酸（$CH_3COCOOH$）　无色、有刺激性气味的液体，能与水混溶，酸性比丙酸和乳酸都强。丙酮酸是人体内糖、脂肪和蛋白质代谢的中间产物，在体内酶的催化作用下，易脱羧氧化成乙酸，也可被还原成乳酸。

2. β- 丁酮酸（CH_3COCH_2COOH）　β- 丁酮酸又称乙酰乙酸，是无色黏稠液体，酸性比丁酸和 β-羟基丁酸强，可与水或乙醇混溶。

β- 丁酮酸是人体内脂肪代谢的中间产物，在体内还原酶作用下，被还原为 β- 羟基丁酸；在脱羧酶作用下，脱羧生成丙酮。

$$CH_3-\overset{O}{\overset{\|}{C}}-CH_2-COOH \underset{-2H}{\overset{+2H}{\rightleftharpoons}} CH_3-\overset{OH}{\overset{|}{C}}H-CH_2-COOH$$

β-丁酮酸　　　　　　　　β-羟基丁酸

$$CH_3-\overset{O}{\overset{\|}{C}}-CH_2-COOH \xrightarrow{脱羧酶} CH_3-\overset{O}{\overset{\|}{C}}-CH_3 + CO_2\uparrow$$

β-丁酮酸　　　　　　　　丙酮

临床上把 β- 丁酮酸、β- 羟基丁酸和丙酮三者合称为酮体。酮体是脂肪酸在肝内的代谢产物，正常情况下酮体生成较少，在肝外组织中迅速分解，所以正常人体血液中酮体的含量很少。而糖尿病患者由于糖代谢存在障碍，脂肪代谢加速，导致血液和尿中的酮体含量增加，从而使血液的酸度增加，引起酸中毒，称为酮症酸中毒。严重时可引起患者昏迷或死亡，必须及时纠正。

（三）重要氨基酸的护理应用

生物体内合成蛋白质的氨基酸有 20 余种，其中苏氨酸、甲硫氨酸、缬氨酸、亮氨酸、异亮氨酸、苯丙氨酸、色氨酸、赖氨酸等 8 种氨基酸在人体内不能合成或合成量不足，但营养上不可缺少，必须由食物提供，这些氨基酸被称为必需氨基酸（essential amino acids）。人体缺乏任何一种氨基酸，都会引起生理功能异常，导致疾病（表 11-2）。

ER 11-11

苏氨酸的
3D 结构

表 11-2　必需氨基酸的结构与生理功能

名称	缩写符号			结构简式	生理功能
	中文	英文	字母代号		
苏氨酸	苏	Thr	T	$CH_3CH-CHCOOH$ 　　$\underset{OH}{\vert}$　$\underset{NH_2}{\vert}$	有转变某些氨基酸达到平衡的功能
甲硫氨酸	蛋	Met	M	$CH_3S-CH_2CH_2-CHCOOH$ 　　　　　　　$\underset{NH_2}{\vert}$	参与组成血红蛋白、组织与血清，有促进脾、胰腺及淋巴的功能

名称	缩写符号			结构简式	生理功能
	中文	英文	字母代号		
缬氨酸	缬	Val	V	$CH_3CH-CHCOOH$ 下 CH_3 NH_2	加快创伤愈合,治疗肝功能衰竭,提高血糖水平,增加生长激素
亮氨酸	亮	Leu	L	$(CH_3)_2CH-CH_2-CH-COOH$ 下 NH_2	平衡异亮氨酸
异亮氨酸	异亮	Ile	I	$CH_3CH_2CH-CH-COOH$ 下 CH_3 NH_2	参与胸腺、脾脏及脑下腺的调节以及代谢;脑下腺属总司令部,作用于甲状腺、性腺
苯丙氨酸	苯丙	Phe	F	$CH_2-CH-COOH$ 下 NH_2	参与消除肾及膀胱功能的损耗
色氨酸	色	Trp	W	$CH_2-CH-COOH$ 下 NH_2	促进胃液、胰液的产生
赖氨酸	赖	Lys	K	$NH_2CH_2(CH_2)_3CHCOOH$ 下 NH_2	促进大脑发育,是肝及胆的组成成分,能促进脂肪代谢,调节松果体、乳腺、黄体及卵巢,防止细胞退化

知识拓展

复方氨基酸输液的临床应用

　　氨基酸在医药上主要用来制备复方氨基酸输液,也用作治疗药物和用于合成多肽药物。复方氨基酸注射液在临床上广泛应用。

　　复方氨基酸注射液是多种 L- 型氨基酸根据营养或治疗需求以适当比例配制而成。按药理作用复方氨基酸注射液可分为平衡型和疾病适用型。其中,平衡型复方氨基酸注射液含有人体合成蛋白质所需的必需和非必需氨基酸。主要用于因消化、吸收功能障碍造成的蛋白质缺乏;改善大型外科手术前、后患者的营养状态;分解代谢旺盛者,如烧伤、严重创伤、感染所致的蛋白质损失;各种疾病引起的低蛋白血症等。小儿复方氨基酸注射液即属此种类型。而疾病适用型复方氨基酸注射液根据其配方特点及适应不同疾病状态,又分为肝病氨基酸输液制剂、肾病用氨基酸输液制剂及创伤用氨基酸输液制剂等。不同种类复方氨基酸注射液的配方组成不同,适应证也不同。临床应用过程中,应根据患者的年龄和病理状态合理选用。

（李芳蓉）

思考题

　　1. 医药上制备青霉素 G 时,为什么常制成青霉素 G 钾或青霉素 G 钠?

　　2. 谷氨酸的等电点为 3.22,在 pH 为 7.0 的溶液中,谷氨酸主要以何种形式存在?在电场作用下,移向何极?

ER 11-12

练习题

第十二章 | 酯和脂类

ER 12-1   ER 12-2

教学课件   思维导图

学习目标

1. 掌握：酯和油脂的组成、结构、命名和性质。
2. 熟悉：卵磷脂、脑磷脂的组成和结构。
3. 了解：甾体化合物的结构和功能；油脂的生理意义及护理应用。
4. 学会运用所学知识指导护理工作实践。
5. 具备运用相关化学知识对患者进行健康教育，树立良好的职业素养和职业道德。

酯（ester）是一类重要的羧酸衍生物。脂类（lipid）是油脂（grease）和类脂（compound of csters）的总称。它是组成有机体的三大营养物质之一，是生物体进行新陈代谢的物质基础及能量来源。

情景导入

血脂与人体健康

血脂是血浆中脂类的总称。包括甘油三酯、磷脂、胆固醇、胆固醇酯和游离脂肪酸。血脂水平是健康评估、疾病诊断的重要生化指标。当血脂异常增高时，会引起一系列疾病，如脂肪肝、高血脂、动脉粥样硬化、冠心病等。

请思考：

1. 甘油三酯、甘油磷脂、胆固醇的化学结构是什么？
2. 人体内脂类含量是否越多越好？

第一节　酯

酯是羧酸和醇发生脱水反应的产物。包括无机酸酯和有机酸酯，有机酸酯简称酯，它在生命活动中发挥着重要作用。

一、酯的结构和命名

（一）酯的结构

酯可以看作是羧酸分子中羧基上的羟基被烃氧基取代后生成的化合物。其结构通式为：

$$R_1-\overset{\overset{\textstyle O}{\|}}{C}-O-R_2$$

其中 R_1 和 R_2 可以相同，也可以不同。其中酯键（$-\overset{\overset{\displaystyle O}{\|}}{C}-O-$），是酯的官能团。

（二）酯的命名

酯可以根据生成酯的羧酸和醇的名称来命名，即把羧酸的名称写在前面，醇的名称写在后面，并把"醇"字改为"酯"字，称为"某酸某酯"。例如：

$$H-\overset{\overset{\displaystyle O}{\|}}{C}-O-CH_3 \qquad CH_3-\overset{\overset{\displaystyle O}{\|}}{C}-O-C_2H_5 \qquad \text{（苯环）}-\overset{\overset{\displaystyle O}{\|}}{C}-O-CH_3$$

甲酸甲酯   甲酸乙酯   苯甲酸甲酯

ER 12-3
甲酸甲酯的
3D 结构

二、酯的性质

（一）物理性质

低级酯为无色有香味的液体，存在于各种水果和花草中，能溶解多种有机物，是良好的有机溶剂；高级酯为蜡状固体。酯一般比水轻，难溶于水，易溶于有机溶剂。由于酯分子间不能形成氢键，因此，它的沸点比相对分子质量相近的羧酸要低。

（二）化学性质

酯能发生水解、醇解、氨解及异羟肟酸铁等反应。

1. 水解　酯为中性化合物，在一定条件下能发生水解反应。酯的水解反应是酯化反应的逆反应。

$$R-\overset{\overset{\displaystyle O}{\|}}{C}+O-R' + H+OH \underset{\text{酯化}}{\overset{\text{水解}}{\rightleftharpoons}} R-\overset{\overset{\displaystyle O}{\|}}{C}-OH + R'OH$$

通常情况下，酯水解反应的速率较慢，但在少量无机酸或碱催化下加热，可加快其反应速率。在强碱性（NaOH 或 KOH）条件下水解，碱中和了水解产生的酸，促使平衡向水解的方向进行，水解反应趋于完全。

$$CH_3-\overset{\overset{\displaystyle O}{\|}}{C}-O-C_2H_5 + H_2O \overset{\text{NaOH}}{\longrightarrow} CH_3-\overset{\overset{\displaystyle O}{\|}}{C}-ONa + C_2H_5-OH$$

> **知识拓展**
>
> ### 盐酸头孢他美酯的水解
>
> 　　头孢他美酯为第三代口服头孢菌素——头孢他美的前体药，口服后在体内迅速水解为具有抗菌活性的头孢他美而发挥作用。头孢他美酯的抗菌性在体外的活力远远不及在体内，体内头孢他美酯在肠壁和肝脏被酯酶水解，水解后的抗菌活性大大提高，对链球菌属、肺炎链球菌等革兰氏阳性菌及对大肠埃希菌、流感嗜血杆菌、克雷伯菌属、沙门菌属、志贺菌属、淋病奈瑟氏球菌等革兰氏阴性菌都有很强的抗菌活性。

2. 醇解　酯和醇在酸或碱存在下相互作用，生成新的酯和醇，酯的醇解又称酯交换反应。

$$CH_3-\overset{\overset{\displaystyle O}{\|}}{C}+O-C_2H_5 + H+O-CH_3 \overset{\text{NaOH}}{\longrightarrow} CH_3-\overset{\overset{\displaystyle O}{\|}}{C}-O-CH_3 + C_2H_5-OH$$

3. 氨解　酯与氨（或胺）发生反应生成酰胺和醇。

$$CH_3-\overset{\overset{\displaystyle O}{\|}}{C}+O-C_2H_5 + H+\overset{\overset{\displaystyle H}{|}}{N}-CH_3 \longrightarrow CH_3-\overset{\overset{\displaystyle O}{\|}}{C}-\overset{\overset{\displaystyle H}{|}}{N}-C_2H_5 + C_2H_5-OH$$

许多氨的衍生物，如胺（R—NH₂）和肼（NH₂—NH₂）等，只要氮原子上还有氢原子，都可与酯发生氨解反应。如异羟肟酸铁反应，就是酯与羟胺（NH₂—OH）反应生成异羟肟酸，再与三氯化铁反应生成异羟肟酸铁，呈红色或紫红色。羧酸的衍生物（酯、酰胺、酰卤及酸酐）均能与羟胺发生酰化反应，生成异羟肟酸，再与三氯化铁反应生成红色或紫红色的异羟肟酸铁，此法可用于羧酸衍生物的鉴别。

知识拓展

香 豆 素

香豆素是一类由顺式邻羟基桂皮酸分子内脱水环合而成的内酯化合物。广泛地分布于植物界，被药典收载的有白芷、秦皮、独活、前胡、补骨脂、茵陈等。香豆素类化合物具有抗凝血、抗 HIV、抗肿瘤、抗细菌、抗氧化及增强人体免疫功能等多方面的药理作用。香豆素内酯开环，并与盐酸羟胺缩合成异羟肟酸，再在酸性条件下与三价铁离子络合成盐而显红色。此法是鉴别含有酚羟基香豆素的一种重要方法。

第二节　油　脂

一、油脂的组成和结构

油脂是油（oil）和脂肪（fat）的总称。通常把室温下为液体的称为油，如菜籽油、玉米油、芝麻油等。常温下为半固体或固体的称为脂肪，如猪油、牛油等。

从化学结构和组成来看，油脂是 1 分子甘油和 3 分子高级脂肪酸组成的三酯酰甘油（triacylglycerol），又称为甘油三酯（Triglyceride），其通式为

$$
\begin{array}{c}
\text{CH}_2\text{—O—}\overset{\displaystyle O}{\overset{\|}{C}}\text{—R}_1 \\
\text{CH—O—}\overset{\displaystyle O}{\overset{\|}{C}}\text{—R}_2 \\
\text{CH}_2\text{—O—}\overset{\displaystyle O}{\overset{\|}{C}}\text{—R}_3
\end{array}
$$

ER 12-4

甘油三酯的 3D 结构

式中 R₁，R₂，R₃，相同的叫作单甘油酯，不同的叫混甘油酯。天然油脂多为混甘油酯。

组成油脂的羧酸绝大多数是含偶数碳原子的高级脂肪酸，以 16 和 18 个碳原子的高级脂肪酸最为常见。常见的脂肪酸见表 12-1。

表 12-1　油脂中常见脂肪酸

名称	结构特点	结构简式
月桂酸	十二碳、饱和	$CH_3(CH_2)_{10}COOH$
软脂酸	十六碳、饱和	$CH_3(CH_2)_{14}COOH$
硬脂酸	十八酸、饱和	$CH_3(CH_2)_{16}COOH$
油酸	十八碳、1 个双键	$CH_3(CH_2)_7CH=CH(CH_2)_7COOH$
亚油酸	十八碳、2 个双键	$CH_3(CH_2)_4(CH=CHCH_2)_2(CH_2)_6COOH$
亚麻酸	十八碳、3 个双键	$CH(CH_2CH=CH)_3(CH_2)_7COOH$
花生四烯酸	二十碳、4 个双键	$CH_3(CH_2)_3(CH_2CH=CH)_4(CH_2)_3COOH$
EPA	二十碳、5 个双键	$CH_3(CH_2CH=CH)_5(CH_2)_3COOH$
DHA	二十六碳、6 个双键	$CH_3(CH_2)_4(CH_2CH=CH)_6(CH_2)_2COOH$

高级脂肪酸有饱和与不饱和两类。饱和脂肪酸中以软脂酸分布最广，不饱和脂肪酸中最常见的是烯酸，如油酸、亚油酸。表 12-1 中，前 3 位脂肪酸为饱和脂肪酸，其余的都是不饱和脂肪酸。EPA 和 DHA 是近年来从海洋鱼类及甲壳类动物体内油脂中分离出来的不饱和脂肪酸，它们是大脑所需要的营养物质，同时也具有降血脂、抗动脉硬化、抗血栓等作用。

二、油脂的性质

在室温下，纯净的油脂是无色无味的液体或固体，天然油脂多为混甘油酯，油脂中还含有少量游离脂肪酸、维生素和色素等其他物质，所以具有不同的气味和颜色，没有恒定的熔点和沸点。油脂的密度小于水，难溶于水，易溶于乙醚、汽油、氯仿等有机溶剂。

1. **水解反应** 油脂在酸、碱、酶的作用下发生水解反应，生成甘油和脂肪酸，在碱性条件下水解生成甘油和脂肪酸盐。常用的肥皂就是高级脂肪酸的钠盐，因此，油脂在碱性溶液中的水解称为皂化反应（saponification reaction）。

$$
\begin{array}{l}
CH_2-O-\overset{\displaystyle O}{\overset{\displaystyle \|}{C}}-R_1 \\
CH-O-\overset{\displaystyle O}{\overset{\displaystyle \|}{C}}-R_2 + 3NaOH \xrightarrow{\triangle} \\
CH_2-O-\overset{\displaystyle O}{\overset{\displaystyle \|}{C}}-R_3
\end{array}
\quad
\begin{array}{l}
CH_2-OH \quad R_1COONa \\
CH-OH + R_2COONa \\
CH_2-OH \quad R_3COONa
\end{array}
$$

油脂　　　　　　　　　　甘油　　　高级脂肪酸

完全皂化 1g 油脂所需要的氢氧化钾的毫克数称皂化值。皂化值越大，油脂的平均相对分子质量越小，也就是所含脂肪酸的平均分子量小，因此，可根据皂化值的大小判断油脂平均分子量的高低。

> **知识拓展**
>
> ### 硬肥皂和软肥皂
>
> 由高级脂肪酸的钠盐组成的肥皂称为钠肥皂，又称硬肥皂（即普通肥皂）。由高级脂肪酸的钾盐组成的肥皂称为钾肥皂，它比钠肥皂软，又称为软肥皂。将亚麻油、橄榄油或茶子油与氢氧化钾一起共煮，即发生皂化反应。如向反应体系中加入食盐，就会发生盐析，肥皂浮起在水面，甘油的食盐溶液分层在下面，分离即可得到半胶状物质，就是软皂。由于软皂对人体皮肤、黏膜刺激性小，医药上常用作灌肠剂和乳化剂。

2. **油脂的加成反应** 含有不饱和脂肪酸的油脂，其分子中含有碳碳双键，能与氢、卤素发生加成反应。

（1）**加氢**：不饱和度大的油脂熔点低，常温是液态。液态的油在高温、高压和金属催化剂（Ni、Pt、Pd）的条件下加氢，不饱和脂肪酸油脂转化为饱和脂肪酸油脂。氢化后的油脂熔点升高，由原来液态的油变成半固态或固态的脂肪，这个过程称为油脂的氢化或硬化。氢化后的油脂不易变质，便于储存和运输，扩大了油脂的应用范围，如人造黄油就是利用了油脂的氢化反应。

$$
\begin{array}{l}
CH_2-O-\overset{\displaystyle O}{\overset{\displaystyle \|}{C}}-(CH_2)_7CH=CH(CH_2)_7CH_3 \\
CH-O-\overset{\displaystyle O}{\overset{\displaystyle \|}{C}}-(CH_2)_7CH=CH(CH_2)_7CH_3 + 3H_2 \xrightarrow{Ni} \\
CH_2-O-\overset{\displaystyle O}{\overset{\displaystyle \|}{C}}-(CH_2)_7CH=CH(CH_2)_7CH_3
\end{array}
\quad
\begin{array}{l}
CH_2-O-\overset{\displaystyle O}{\overset{\displaystyle \|}{C}}-(CH_2)_{16}CH_3 \\
CH-O-\overset{\displaystyle O}{\overset{\displaystyle \|}{C}}-(CH_2)_{16}CH_3 \\
CH_2-O-\overset{\displaystyle O}{\overset{\displaystyle \|}{C}}-(CH_2)_{16}CH_3
\end{array}
$$

甘油三油酸酯　　　　　　　　　　　　　　甘油三硬脂酸酯

（2）加碘：油脂中不饱和脂肪酸与碘发生加成反应，可以根据碘的用量来测定油脂的不饱和程度。100g油脂与碘反应所需碘的克数称为碘值。碘值大，表示油脂的不饱和程度大，碘值小，表示油脂不饱和程度小。

3. 油脂的酸败　油脂在贮存过久，或是保存不当，受日光和空气中的氧或微生物的作用发生变质，产生难闻的气味，这种变化叫作酸败。油脂的酸败主要有两个因素：一是不饱和油脂中的双键与空气中的氧作用，氧化成过氧化物，过氧化物继续分解或氧化，产生有刺激性气味的醛和羧酸；二是在微生物或酶的作用下，将油脂水解成脂肪酸，脂肪酸经氧化生成具有臭味的酮。

酸败的油脂不能食用。为防止油脂的酸败，须将油脂贮存在低温、避光的密闭容器中，也可加适当的抗氧化剂，以抑制酸败。

知识拓展

油脂的乳化

油脂难溶于水，又比水轻。若将水和油混合后用力振荡，油脂以小油滴分散于水中形成一种不稳定的乳状液。放置后，小油滴互相碰撞聚集成大油滴，很快浮出水面分为油和水两层。如果要使油分散在水中得到稳定的乳状液，必须加入乳化剂，如洗涤剂、肥皂和胆汁酸盐等。乳化剂之所以能使乳状液稳定，是因为乳化剂分子中含有亲水基和亲油基两部分。如肥皂（$C_{17}H_{35}COONa$）分子中 $C_{17}H_{35}$—为亲油基，—COO^- 为亲水基。当乳化剂与油滴和水接触时，亲油基伸向油中，亲水基伸向水中。这样使油滴的表面形成了一层乳化剂分子的保护膜，防止小油滴互相碰撞而聚集，从而形成比较稳定的乳状液。这种利用乳化剂使油脂形成比较稳定的乳状液的作用，称为油脂的乳化。

油脂的乳化具有重要的生理意义，它可以促进油脂在体内的消化、吸收。油脂在小肠内经胆汁酸盐的乳化作用分散成小油滴，从而增大了与酶接触的面积，便于油脂的水解及消化，而且它还能与脂类消化产物形成胆汁酸混合微团，在脂类吸收中起作用。

三、油脂的生理意义

1. 储能与供能　人体中绝大部分油脂储存于脂肪组织中，包括皮下、肾周围、肠系膜、大网膜、腹后壁等处，称这些部位为脂库，其含量约占体重的10%~30%。每氧化1g油脂平均可放出38.9kJ的热量。体内可大量储存油脂，一般可达到体重的1/5。由于油脂含水少，单位质量的油脂所占的体积小，为糖原所占体积的1/4，这样在单位体积中可以储存较多的能量，当人体需要时可及时动员，释放出来利用。因此，油脂成为饥饿或禁食时体内能量的主要来源。

2. 提供必需脂肪酸　亚油酸、亚麻酸和花生四烯酸为营养必需脂肪酸。是指机体需要但体内不能合成，必须通过食物摄取的脂肪酸。油脂中的必需脂肪酸是维持生长发育和皮肤正常代谢所必需的物质，如缺少必需脂肪酸，可出现生长缓慢、皮肤鳞屑多、变薄、毛发稀疏等症状。花生四烯酸是合成前列腺素、血栓素和白三烯等重要生物活性物质的原料。

3. 保温、保护内脏　油脂不易导热，皮下脂肪组织可以防止热量散失，有保温作用。内脏周围的脂肪组织有软垫作用，能缓冲外界的机械撞击，保护内脏。

此外，油脂是脂溶性维生素 A、D、E、K 等许多活性物质的良好溶剂，能促进其吸收；还可以参加构成血浆脂蛋白。

第三节　磷　脂

磷脂（Phospholipid）是一类含磷酸酯结构的类脂化合物，广泛存在于动物的肝脏、脑、脊髓、神经组织和植物的种子中，具有重要的生理作用。磷脂可分为甘油磷脂和鞘磷脂（又称神经磷脂），由甘油构成的磷脂称为甘油磷脂（phosphatidylcholine），由鞘氨醇构成的磷脂称为鞘磷脂（sphingomyelin）。体内甘油磷脂含量较多。

一、甘油磷脂

甘油磷脂可看作是磷脂酸的衍生物。即甘油分子中 2 个羟基与高级脂肪酸成酯，第 3 个羟基与磷酸成酯。结构式如下：

$$
\begin{array}{l}
CH_2-O-\overset{\displaystyle O}{\overset{\displaystyle \|}{C}}-R_1 \\[6pt]
CH-O-\overset{\displaystyle O}{\overset{\displaystyle \|}{C}}-R_2 \\[6pt]
CH_2-O-\overset{\displaystyle}{\underset{\displaystyle OH}{P}}-OH \\
\end{array}
$$

磷脂酸

1. 卵磷脂　又称磷脂酰胆碱，是磷脂酸分子中磷酸与胆碱通过酯键结合而成的化合物。因最初是从蛋黄中发现的，且含量丰富而得名。结构如下：

$$
\begin{array}{l}
CH_2-O-\overset{\displaystyle O}{\overset{\displaystyle \|}{C}}-R_1 \\[6pt]
CH-O-\overset{\displaystyle O}{\overset{\displaystyle \|}{C}}-R_2 \\[6pt]
CH_2-O-\overset{\displaystyle}{\underset{\displaystyle O^-}{P}}-OCH_2CH_2N^+(CH_2)_3 \\
\end{array}
$$

亲油基　　胆碱部分（亲水基）

卵磷脂

ER 12-5

卵磷脂结构
示意图

1 分子卵磷脂完全水解，可得到 1 分子甘油、2 分子脂肪酸、1 分子磷酸和 1 分子胆碱。天然卵磷脂是几种不同脂肪酸形成的卵磷脂的混合物。纯的卵磷脂是白色蜡状固体，有吸水性，不溶于水，易溶于乙醚、乙醇及氯仿中。卵磷脂不稳定，在空气中易被氧化而变成黄色或棕色。

知识拓展

卵　磷　脂

　　卵磷脂是人体组织中含量最高的磷脂，是构成神经组织的重要成分，属于高级神经营养素，卵磷脂存在于每个细胞中，更多地集中在脑及神经系统、血液循环系统、免疫系统以及肝、心、肾等重要器官。卵磷脂具有神奇的功效，是肝脏的"保护神"，血管的"清道夫"，能促进大脑发育并增强记忆力，对心脏健康有积极保护作用，也是胎儿、婴儿神经发育所必需的。因此卵磷脂被誉为与蛋白质、维生素并列的"第三营养素"。

2. 脑磷脂　又称磷脂酰胆胺，是磷脂酸分子中磷酸与胆胺（$HOCH_2CH_2NH_2$）通过磷酸酯键结合而成的化合物，因在脑组织中含量较多而得名。其结构如下：

$$
\begin{array}{l}
CH_2-O-\overset{\displaystyle O}{\overset{\|}{C}}-R_1 \\[4pt]
CH-O-\overset{\displaystyle O}{\overset{\|}{C}}-R_2 \\[4pt]
CH_2-O-\overset{\displaystyle O}{\underset{\underset{OH}{|}}{\overset{\|}{P}}}-OCH_2CH_2NH_2 \\
\end{array}
$$

胆胺部分

脑磷脂

1分子脑磷脂完全水解，可得到1分子甘油、2分子脂肪酸、1分子磷酸和1分子胆胺。

脑磷脂易吸水，不稳定，在空气中易被氧化为黑棕色物质，易溶于乙醚，但不溶于乙醇，据此可以将卵磷脂与脑磷脂分离。

二、鞘磷脂

鞘磷脂又称神经鞘磷脂，它不是磷脂酸的衍生物。它是由鞘氨醇、脂肪酸、磷酸及胆碱所组成，鞘氨醇结构如下：

$$
CH_3-(CH)_{12}-CH=CH-\underset{\underset{OH}{|}}{CH}-\underset{\underset{NH_2}{|}}{CH}-CH_2OH
$$

鞘氨醇

鞘磷脂是鞘氨醇以酰胺键与脂肪酸结合，再以酯键与磷酸结合，磷酸再通过酯键与胆碱结合，其结构如下：

$$
CH_3-(CH)_{12}-CH=CH-\underset{\underset{OH}{|}}{CH}-\underset{\underset{NH}{|}}{CH}-CH_2-O-\underset{\underset{O}{\|}}{\overset{\overset{OH}{|}}{P}}-O-CH_2CH_2-\overset{\overset{CH_3}{|}}{\underset{\underset{CH_3}{|}}{N^+}}-CH_3OH^-
$$

脂肪酸部分 $\begin{cases} C=O \\ | \\ R \end{cases}$

鞘氨醇部分　　　　　磷酸部分　　胆碱部分（亲水基）

鞘磷脂

鞘磷脂是白色晶体，比较稳定，在空气中不易被氧化，不溶于丙酮和乙醚，易溶于热乙醇中，这是鞘磷脂不同于卵磷脂、脑磷脂之处。

鞘磷脂是动植物细胞膜的重要成分，在大脑和神经组织中含量较多，在机体不同组织中发现的鞘磷脂所含的脂肪酸种类不同，组成鞘磷脂的脂肪酸主要有软脂酸、硬脂酸、二十四碳烯酸等。鞘磷脂有两条由鞘氨醇残基和脂肪酸残基构成的疏水性基团，有1个亲水性的磷酸胆碱残基，因此，在结构上与甘油磷脂类似，也具有乳化性质。

ER 12-6

甘油磷脂和
鞘磷脂结构
的比较

三、重要磷脂的护理应用

1. 磷脂是构成生物膜、脂蛋白的重要成分。细胞膜主要是由蛋白质和磷脂组成，磷脂在细胞膜的结构和功能中起着十分重要的作用。鞘磷脂是细胞膜的重要成分之一，人体红细胞脂质中含 20%~30% 的鞘磷脂。鞘磷脂与蛋白质及多糖构成神经纤维或轴索的保护层，其作用类似于电线的绝缘层。

2. 卵磷脂及其合成原料能促进甘油三酯向肝外组织转运，促进肝中脂肪的运输，常用作抗脂肪肝的药物。

3. 脑磷脂与血液的凝固有关，血小板内能促使血液凝固的凝血激酶，就是脑磷脂和蛋白质组成的。

4. 脂肪乳注射液是白色乳状复方制剂，由大豆油、卵磷脂、甘油和水制成的灭菌脂肪乳剂，可以为机体提供能量和必需脂肪酸。按大豆油含量的不同分为 10%、20%、30% 三种，如早产儿及低体重新生儿，可适当补充 10%、20% 脂肪乳注射液。30% 脂肪乳注射液更适合输液量受限制和能量需求高度增加的患者。其中的卵磷脂可辅助治疗动脉粥样硬化、脂肪肝，以及小儿湿疹，神经衰弱症等，还在药用辅料中作增溶剂、乳化剂及油脂类的抗氧化剂。

ER 12-7

磷脂双分子层示意图

> ## 知识拓展
>
> ### 磷脂与脂肪肝
>
> 肝是合成和利用甘油三酯的主要器官，但不是储存脂肪的场所。正常人的肝只含有少量的脂肪，占 4%~7%。肝将合成的甘油三酯以极低密度脂蛋白的形式释放入血液代谢。极低密度脂蛋白的合成需要磷脂为原料。当肝受损或合成磷脂的原料减少时，导致磷脂缺乏，极低密度脂蛋白的合成减少，肝内甘油三酯不能正常运出，造成脂肪在肝中堆积，而导致"脂肪肝"。

第四节　甾族化合物

甾族化合物（steroid）又名类固醇化合物，广泛存在于动植物组织内，有其独特的生理功能。它主要包括甾醇、胆甾酸和甾体激素。在临床上广泛使用，如胆固醇、胆汁酸、维生素 D、肾上腺皮质激素及性激素等。

一、甾族化合物的基本结构

甾族化合物分子基本骨架均为环戊烷并多氢菲母核和环上三个侧链构成，"甾"字很形象地表现了这种结构特征，"田"表示 4 个稠合环，"巛"表示环上有 3 条侧链。许多甾族化合物除这 3 个侧链外，甾核上还有双键、羟基和其他取代基。4 个环分别用 ABCD 表示，环上的碳原子有固定的编号顺序。大多数甾族化合物在 C_{10}、C_{13} 上各连有 1 个甲基，在 C_{17} 上连有 1 个取代基。其通式为：

甾核结构及环上碳原子的编号

ER 12-8

动物胆固醇（27 碳）结构示意图及编号

甾族化合物的命名比较复杂，通常以其来源或生理作用衍生出的俗名来命名。如睾酮、胆酸、雌酚酮、胆固醇、雄甾酮等。

二、重要甾族化合物的护理应用

（一）甾醇

甾醇又称为固醇（sterol），它们广泛存在于动植物体内，根据来源分为动物甾醇和植物甾醇两类，并分别以酯和苷的形式存在。

1. 胆固醇 又称为胆甾醇（cholesterol），是最早发现的一个甾体化合物，因最初从胆结石中发现而得名。胆固醇广泛存在于动物及人体的组织细胞中，在脑及神经组织中含量较多。胆固醇在体内常与脂肪酸结合成胆固醇酯，所以在血液中既有胆固醇，又有胆固醇酯。

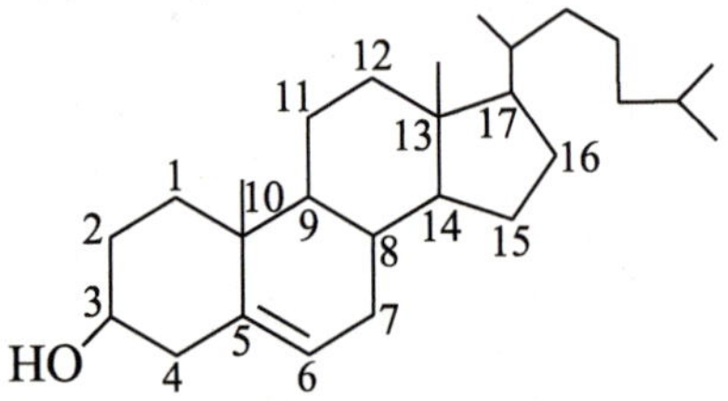

胆固醇 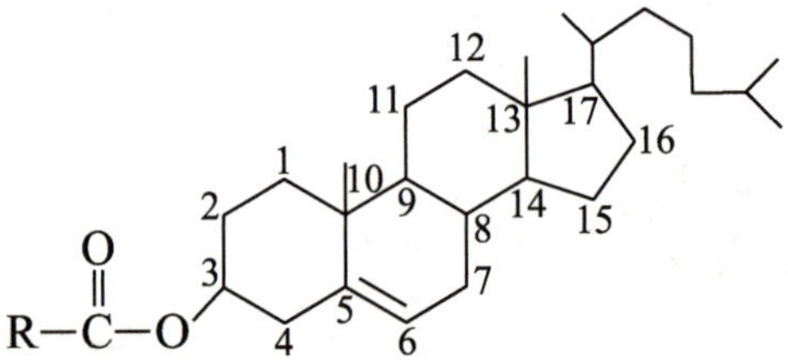　　　　　　　　　　　　胆固醇酯

正常人体血液中胆固醇含量为 2.82~5.95mmol/L，当摄入过多或胆固醇代谢发生障碍时，血液中的胆固醇含量就会增加。胆固醇及其酯沉积于血管壁会形成动脉粥样硬化，导致心、脑血管疾病。胆汁中胆固醇的沉积会形成胆结石，胆结石可引起剧烈疼痛，阻塞正常胆汁液流动，引起黄疸。

胆固醇在体内还可以转变成具有重要生理功能的物质，如胆汁酸盐、肾上腺皮质激素、性激素等。

知识拓展

胆固醇与人体健康

胆固醇是人体组织细胞所不可缺少的重要物质，胆固醇在体内参与细胞膜的组成，并维持和营养细胞膜，保持细胞膜的稳定性；胆固醇是合成胆汁酸、维生素 D 的原料；同时也是体内合成类固醇激素的重要原料，可合成皮质激素、孕酮、雄激素及雌激素等。

胆固醇在血液中存在于脂蛋白中，其存在形式包括高密度脂蛋白、低密度脂蛋白、极低密度脂蛋白等。医学上认为高密度脂蛋白对血管有保护作用，通常称为"好胆固醇"；而低密度脂蛋白超标一般被认为是心血管疾病的前兆，也就是动脉粥样硬化的元凶，患冠心病的危险因素会增加，通常把它称为"坏胆固醇"。

科学的饮食方法提倡适量摄入胆固醇。胆固醇含量多的食物有：蛋黄、动物脑、动物肝肾、墨斗鱼（乌贼）、蟹黄、蟹膏等。不含胆固醇和胆固醇含量少的食物有：所有植物性食物、禽蛋的蛋清、禽肉、乳品、鱼等。

---

2. 7-脱氢胆固醇 胆固醇在酶催化下氧化成 7-脱氢胆固醇（7-dehydrocholesterol），其结构与胆固醇不同之处在于 C_7~C_8 之间为双键。机体中的胆固醇可转变为 7-脱氢胆固醇，由血液运输至皮肤组织中，在日光中经紫外线照射，发生开环反应，转变为维生素 D_3。适当地晒太阳，有助于机体获得维生素 D_3。

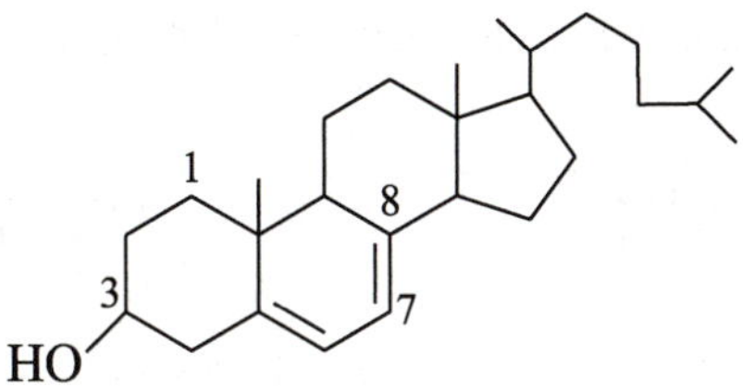

7-脱氢胆固醇 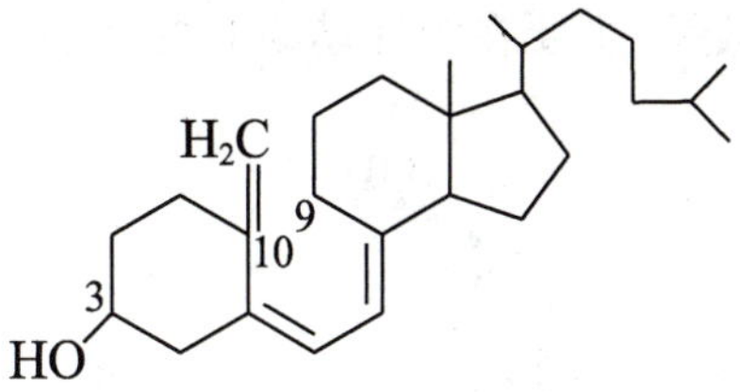 维生素D₃ 结构图

维生素 D_3 是从小肠吸收 Ca^{2+} 过程中的关键化合物。体内维生素 D_3 的浓度太低，会引起 Ca^{2+} 缺乏，不足以维持骨骼的正常生成而产生软骨病。

3. 麦角甾醇 麦角甾醇（ergosterol）是一种植物甾醇，最初是从麦角中得到的，但在酵母中更易得到。麦角甾醇在结构上比 7-脱氢胆固醇在 C_{24} 上多了 1 个甲基，在 C_{22}~C_{23} 之间为双键。麦角甾醇经日光中紫外线照射后，B 环开环而成前钙化醇，前钙化醇加热后形成维生素 D_2（即钙化醇）。

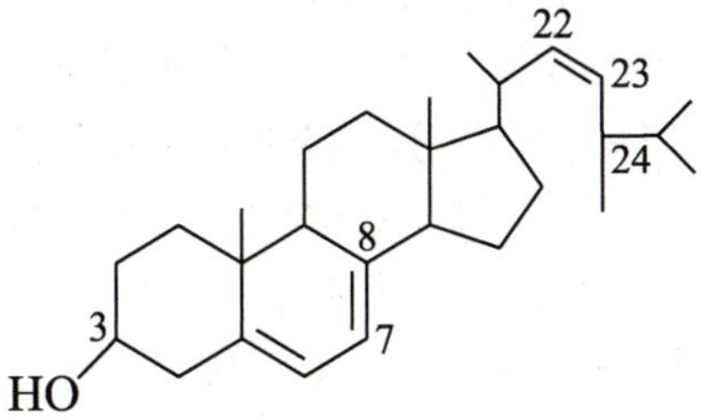

麦角甾醇 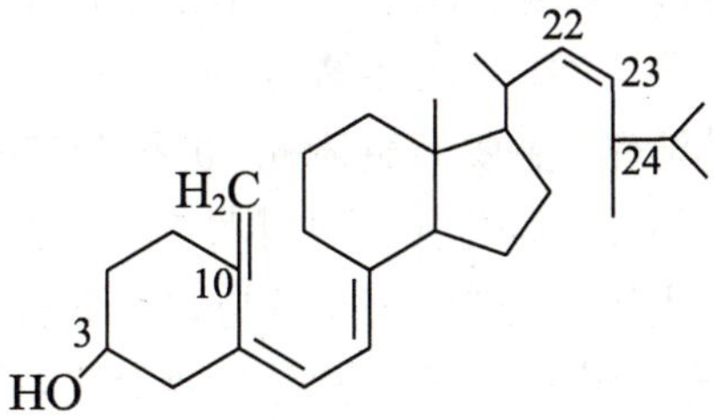 维生素D₂ 结构图

维生素 D_2 同维生素 D_3 一样，也能抗软骨病，因此，可以将麦角甾醇用紫外光照射后加入牛奶和其他食品中，以保证儿童能得到足够的维生素 D。

维生素 D 属于脂溶性维生素，其活性形式是 1,25-$(OH)_2$-D_3，其生理意义是调节钙、磷代谢，促进骨骼正常发育，临床上主要用于预防和治疗软骨症及佝偻病。

（二）胆甾酸

胆甾酸包括胆酸、鹅脱氧胆酸、脱氧胆酸和石胆酸等。在人体肝细胞内以胆固醇为原料直接合成的胆酸、鹅脱氧胆酸及与甘氨酸或牛磺酸通过酰胺键结合形成的各种结合胆甾酸，称为初级胆汁酸。初级胆汁酸在肠道细菌作用下转变生成的脱氧胆酸和石胆酸及其结合型胆汁酸称为次级胆汁酸。

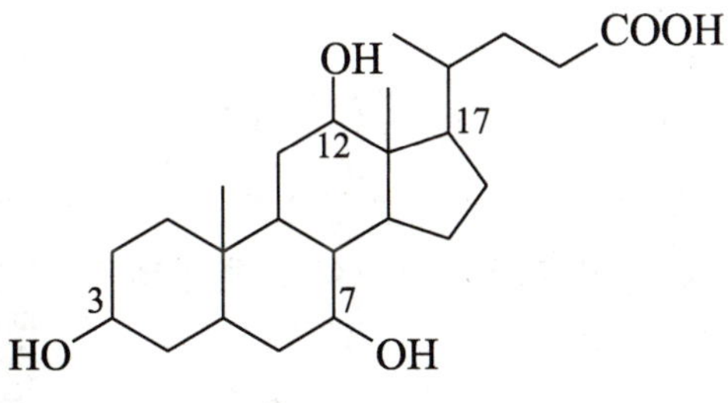

胆酸 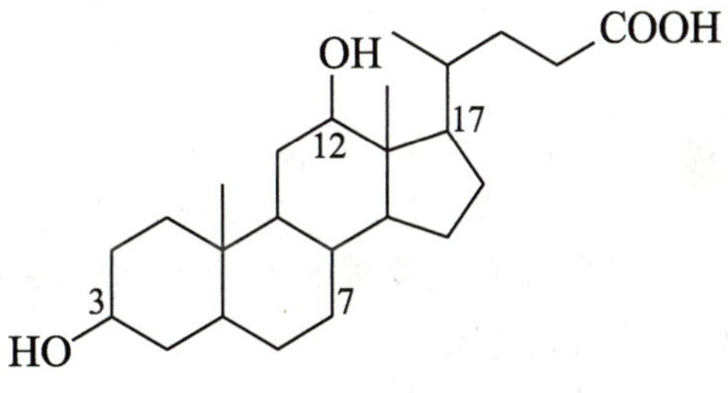 7-脱氧胆酸 结构图

胆汁酸存在于动物的胆汁中，以钠盐或钾盐的形式存在，即胆汁酸盐，简称胆盐。胆汁酸盐是良好的乳化剂，能使油脂在肠中乳化成细小微团，易于水解、消化和吸收。还能抑制胆汁中胆固醇的析出，防止胆结石的形成。临床上常用的利胆药——胆酸钠，就是甘氨胆酸钠和牛黄胆酸钠的混合物。

（三）甾体激素

激素是人体内分泌腺分泌的微量物质，对各种生理功能和代谢过程起着重要的协调作用。甾体激素是以胆甾醇为原料生成的激素。根据其来源分为性激素和肾上腺皮质激素两类。

1. 性激素 性激素分为雄性激素和雌性激素两类，在生理上各有特定的生理功能。

（1）**雄性激素**：主要在雄性动物的睾丸中产生，肾上腺皮质也分泌少量雄性激素。

睾酮　　　　　　　　雌二醇　　　　　　　　黄体酮

雄性激素活性最强的是睾酮，它能促进男性器官的形成和副性器官的发育。临床上由于它在消化道中易被破坏，口服无效，多制成油剂供注射用。因作用不能持久，也多用它的衍生物，如甲基睾酮及睾酮酯等，甲基睾酮可供口服，睾酮酯的油剂可供注射用。

（2）**雌性激素**：主要有雌激素和孕激素两类。雌激素主要由卵巢的卵泡细胞等分泌，又称为卵泡激素，主要为雌二醇，对雌性的第二性征的发育起主要作用。孕激素是由卵泡排卵后形成的黄体产生，又称黄体激素，主要为黄体酮，也称孕二酮。黄体酮可在月经期的某一阶段及妊娠中抑制排卵，临床上用于治疗习惯性子宫功能性出血、痛经及月经失调等。炔诺酮是一种合成的女用口服有效的孕激素，产生排卵抑制作用，可与炔雌醇合用作为短效口服避孕药。

2. 肾上腺皮质激素　　肾上腺皮质激素是哺乳动物肾上腺皮质分泌的激素，按其生理作用特点可分为盐皮质激素和糖皮质激素。盐皮质激素主要调节机体水、盐代谢和维持电解质平衡，如皮质醇、醛固酮。糖皮质激素主要与糖、脂肪、蛋白质代谢和生长发育等有关，并具有抗炎、抗过敏和抗休克等作用，如氢化可的松、醋酸地塞米松等。

皮质醇　　　　　　　　　　　　氢化可的松

（陈国华）

思考题

1. 育儿专家会经常说多带宝宝进行户外活动，多给宝宝晒太阳。经常进行日光浴对人体健康有何意义？

2. 长期食用低碘值油脂对人体健康有何危害？

练习题

第十三章 ｜ 含氮有机化合物

ER 13-1　ER 13-2

教学课件　　思维导图

学习目标

1. 掌握：胺、酰胺的结构、命名；胺、酰胺的化学性质。

2. 熟悉：胺、酰胺的分类；杂环化合物的结构和命名。

3. 了解：熟悉生物碱的概念、重要生物碱的医学应用。季铵盐类化合物的结构及医学上的意义。

4. 学会：比较胺的碱性强弱；会用化学方法鉴别各种胺类化合物。

5. 具备运用相关化学知识对患者进行健康教育，树立良好的职业素养和职业道德。

　　分子中含有氮元素的有机化合物称为含氮有机化合物。主要包括胺、酰胺、重氮化合物、偶氮化合物、氨基酸、含氮杂环化合物和生物碱等。含氮有机化合物大多具有显著的生物活性，与生命活动密切相关；临床上很多药物如普鲁卡因、巴比妥类、磺胺类药物等都是含氮有机化合物。本章主要介绍胺、酰胺、杂环化合物及生物碱。

情景导入

感冒药——对乙酰氨基酚（扑热息痛）

　　1875 年研究人员发现苯胺有很强的解热作用，但对中枢神经系统毒性大，无药用价值。后来研究发现在对氨基苯酚分子中引入酰基而制得的对乙酰氨基酚有很好的解热镇痛作用，现为治疗感冒的常用药。但需要注意的是，过量使用对乙酰氨基酚可引起严重肝损伤，甚至死亡。

$$HO-\!\!\bigcirc\!\!-NH_2 \qquad\qquad HO-\!\!\bigcirc\!\!-NH-\overset{\displaystyle O}{\overset{\|}{C}}-CH_3$$

对氨基苯酚　　　　　　　　对乙酰氨基酚（扑热息痛）

请思考：

1. 以上二种化合物的结构中含有几种官能团？说出官能团的名称。

2. 碱性基团有几个？各属于哪类胺？

第一节　胺

一、胺的结构、分类和命名

（一）胺的结构

胺的结构与氨相似，可以看作氨气分子中的氢原子分别被烃基（-R）取代所得的化合物。在氨或胺分子中，氮原子以三个 sp^3 杂化轨道与 -R 或 H 形成三个 σ 键。另外，氮原子上还有一对孤电子占据一个 sp^3 杂化轨道，整个分子为棱锥形结构（图 13-1）。

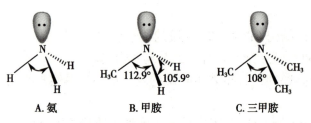

二甲胺的
3D 结构

图 13-1　氨和胺分子结构

（二）胺的分类

1. 根据氮原子所连烃基的种类不同，将胺分为脂肪胺和芳香胺。

氮原子与脂肪烃基相连的胺称为脂肪胺（aliphatic amine）。例如：

$$CH_3CH_2NH_2$$
乙胺
苯甲胺

氮原子与芳香环直接相连的胺称为芳香胺（aromatic amine）。例如：

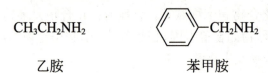

苯胺
N-乙基苯胺

2. 根据氮原子所连烃基数目的不同，将胺分为伯胺（1°胺）、仲胺（2°胺）、叔胺（3°胺）。

氨分子中一个氢原子被一个烃基取代的化合物称为伯胺（primary amine）。其通式为 $R-NH_2$，其中 $-NH_2$ 为其官能团，称为氨基。例如：

$$CH_3NH_2$$
甲胺
对甲基苯胺

氨分子中两个氢原子被两个烃基取代的化合物称为仲胺（second amine）。其通式为 $R-NH-R'$，其中 $-NH-$ 为其官能团，称为亚氨基。例如：

$$CH_3CH_2NHCH_3$$
甲乙胺
N-甲基苯胺

氨分子中三个氢原子被三个烃基取代的化合物称为叔胺（tertiary amine）。通式为 $R-\overset{R}{\underset{|}{N}}-R$，其中 $-\overset{|}{N}-$ 为其官能团，称为次氨基。例如：

$$\underset{\text{甲乙丙胺}}{CH_3CH_2NCH_2CH_2CH_3}$$

（图中氮上连有 CH_3）

$$\underset{\text{N,N-二甲基苯胺}}{\text{苯环}-N(CH_3)_2}$$

注意：伯胺、仲胺、叔胺是依据氮原子上连接烃基数目不同，而伯醇、仲醇、叔醇是依据羟基所连碳原子类型的不同，它们的含义完全不同。例如：叔丁醇属于叔醇，而叔丁胺则属于伯胺。

$$\underset{\text{叔丁醇（叔醇）}}{H_3C-\overset{CH_3}{\underset{CH_3}{C}}-OH} \qquad \underset{\text{叔丁胺（伯胺）}}{H_3C-\overset{CH_3}{\underset{CH_3}{C}}-NH_2}$$

另外，NH_4^+ 中的 4 个 H 被烃基全部取代后形成的离子称为季铵根离子。季铵根离子与 OH^- 结合生成季铵碱，与酸根结合生成季铵盐。季铵类化合物包括季铵盐和季铵碱。例如：

$$\underset{\text{季铵盐}}{\left[H_3C-\overset{CH_3}{\underset{CH_3}{N}}-CH_3\right]^+ Cl^-} \qquad \underset{\text{季铵碱}}{\left[H_3C-\overset{CH_3}{\underset{CH_3}{N}}-CH_2CH_3\right]^+ OH^-}$$

3. 根据分子中氨基数目的不同，将胺分为一元胺（monamine）和多元胺（diamine）。如：$CH_3CH_2NH_2$（一元胺），$H_2NCH_2CH_2NH_2$（二元胺）。

（三）胺的命名

1. 伯胺的命名　在烃基的后面直接加胺字，称为"某胺"。例如：

$$\underset{\text{乙胺}}{CH_3CH_2NH_2} \qquad \underset{\text{苯胺}}{\bigcirc\!\!-NH_2} \qquad \underset{\text{苯甲胺}}{\bigcirc\!\!-CH_2NH_2} \qquad \underset{\text{环己胺}}{\bigcirc\!\!-NH_2}$$

2. 仲胺和叔胺的命名　烃基相同时，用数字"二、三"表示烃基的数目，称为"二某胺""三某胺"；烃基不同时，则按次序规则依次写出。例如：

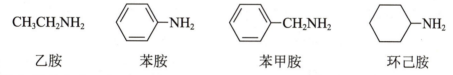

$$\underset{\text{二甲胺}}{CH_3-NH-CH_3} \qquad \underset{\text{三甲胺}}{CH_3-\overset{CH_3}{N}-CH_3} \qquad \underset{\text{二苯胺}}{\bigcirc\!\!-NH-\!\!\bigcirc}$$

$$\underset{\text{甲乙胺}}{CH_3CH_2-NH-CH_3} \qquad \underset{\text{甲二乙胺}}{CH_3-\overset{CH_2CH_3}{N}-CH_2CH_3} \qquad \underset{\text{甲乙丙胺}}{CH_3-\overset{CH_2CH_3}{N}-CH_2CH_2CH_3}$$

当氮原子上同时连有芳香基和脂肪基时，以芳香胺为母体，把脂肪基作为取代基，并在脂肪烃基前冠以"N-"以表示烃基直接与氮相连，而不是连在芳环上。例如：

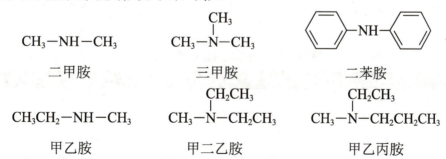

$$\underset{\text{N-甲基苯胺}}{\bigcirc\!\!-NH-CH_3} \qquad \underset{\text{N,N-二甲基苯胺}}{\bigcirc\!\!-\overset{CH_3}{N}-CH_3} \qquad \underset{\text{N-甲基-N-乙基苯胺}}{\bigcirc\!\!-\overset{CH_3}{N}-CH_2CH_3}$$

3. 复杂胺的命名　以烃为母体，氨基作为取代基进行命名。例如：

$$\underset{\substack{| \\ CH_3CH_2CHCH_2CH_3}}{N(CH_2CH_3)_2}\qquad \underset{\substack{| \\ NH_2}}{CH_3CH_2CHCHCH_3}\qquad H_2N-\!\!\!\!\bigcirc\!\!\!\!-COOH$$

3-二乙氨基戊烷　　　　3-甲基-2-氨基戊烷　　　　对氨基苯甲酸

4. 多元胺的命名　与多元醇的命名相似,在烃基名称之后、"胺"字之前加上二、三等数目来命名,同时标出氨基的位置。例如:

$$H_2N-CH_2-CH_2-NH_2\qquad\qquad H_2N-CH_2-CH_2-CH_2-CH_2-NH_2$$

乙二胺　　　　　　　　　　　　　1,4-丁二胺

5. 季铵类化合物的命名　与卤化铵和氢氧化铵的命名相似,称卤化四某胺和氢氧化四某胺;若烃基不同时,烃基名称由简单到复杂依次排列。例如:

$$\left[\underset{\substack{| \\ CH_3}}{\overset{\substack{CH_3 \\ |}}{CH_3-N-CH_3}}\right]^+ Cl^-\qquad\qquad \left[\underset{\substack{| \\ CH_3}}{\overset{\substack{CH_3 \\ |}}{CH_3-N-CH_2CH_3}}\right]^+ OH^-$$

氯化四甲铵　　　　　　　　　氢氧化三甲乙铵

二、胺的性质

(一) 物理性质

常温下,低级脂肪胺中甲胺、二甲胺、三甲胺和乙胺是无色气体,6个碳原子以下的低级为液体。低级胺有氨味,易溶于水,随着相对分子量的增加,水溶性迅速减小,高级脂肪胺难溶于水。

芳香胺通常是无色液体或固体,有特殊臭味,有毒,易通过皮肤接触或吸入其蒸气而引起中毒。

(二) 化学性质

1. 碱性　胺与氨相似,氮原子上有孤电子对,能接受质子显弱碱性。例如:

ER 13-4
苯胺的碱性

$$CH_3-NH_2 + H_2O \rightleftharpoons CH_3-\overset{+}{N}H_2 + OH^-$$

$$\bigcirc\!\!\!-NH_2 + H_2O \rightleftharpoons \bigcirc\!\!\!-\overset{+}{N}H_3 + OH^-$$

胺的碱性强弱可用它的解离常数 K_b 或 pK_b 表示。K_b 值越大或 pK_b 越小,碱性越强。一些常见胺类的 pK_b 见表13-1。

表13-1　一些常见胺的碱性(25℃)

名称	结构式	pK_b	名称	结构式	pK_b
氨	NH_3	4.75	二乙胺	$(CH_3CH_2)_2NH_2$	3.0
甲胺	CH_3NH_2	3.38	三乙胺	$(CH_3CH_2)_3NH_2$	3.25
二甲胺	$(CH_3)_2NH_2$	3.27	苄胺	$C_6H_5-CH_2NH_2$	4.66
三甲胺	$(CH_3)_3NH_2$	4.21	苯胺	$C_6H_5-NH_2$	9.38
乙胺	$CH_3CH_2NH_2$	3.29	二苯胺	$(C_6H_5)_2NH_2$	13.21

从表13-1可以看出,脂肪胺如甲胺、二甲胺、三甲胺的碱性强弱顺序为:

二甲胺＞甲胺＞三甲胺＞氨

pK_b　　3.27　　3.36　　4.24　　4.75

芳香胺如苯胺、二苯胺、三苯胺的碱性强弱顺序为:

氨＞苯胺＞二苯胺＞三苯胺

pK_b　　4.75　　9.40　　13.00　　近中性

季铵碱是离子型化合物，是强碱，其碱性与 NaOH 相当。所以不同种类的胺其碱性强弱次序为：季铵碱 > 脂肪胺 > 氨 > 芳香胺。

胺具有碱性，可与酸作用生成铵盐。芳香胺碱性较弱，只能与强酸反应生成盐。

$$CH_3NH_2 + HCl \longrightarrow CH_3\overset{+}{N}H_3\ Cl^-$$

氯化甲铵

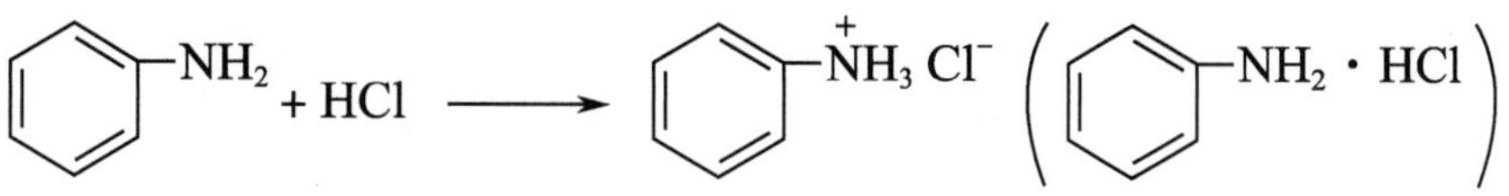

氯化苯铵　　苯胺盐酸盐

利用上述性质，可进行胺的鉴别、分离、提纯和增强药效。如在药物合成中，将含有氨基且难溶于水的化合物制成铵盐，改善其水溶性并有利于人体吸收，以增强其药效。

2. 酰化反应　在有机分子中引入酰基的反应称为酰化反应（acylating reaction）。能提供酰基的试剂称为酰化剂（acylating agent），如酰卤和酸酐等。

伯胺、仲胺可与酰化试剂反应，氮原子上的氢原子被酰基（RCO-）取代后生成酰胺，叔胺的氮原子上由于没有氢原子而不能发生该反应。

$$CH_3CH_2-NH_2 + CH_3-\overset{\overset{\large O}{\|}}{C}-Cl \longrightarrow CH_3CH_2-NH-\overset{\overset{\large O}{\|}}{C}-CH_3 + HCl$$

N-乙基乙酰胺

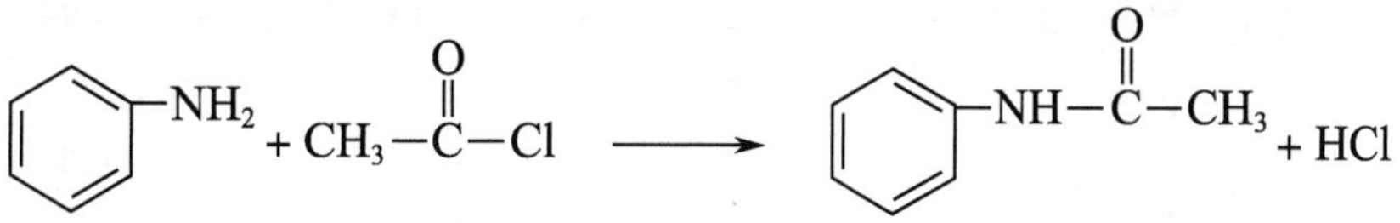

苯胺　　乙酰苯胺

酰胺毒性小，因此酰化反应在制药工业上具有重大意义。如在胺类药物分子中引入酰基后常可增加药物的脂溶性，有利于机体的吸收，以提高或延长疗效，并可降低毒性。

3. 与亚硝酸反应　胺都能与亚硝酸反应，不同的胺与亚硝酸反应产物各不相同。这里只讨论伯胺与亚硝酸的反应。由于亚硝酸不稳定易分解，常用亚硝酸盐和盐酸代替亚硝酸。

（1）**脂肪伯胺的反应**：脂肪伯胺与亚硝酸反应，可定量放出氮气，此反应常用于氨基的定量测定。

$$R-NH_2 + HNO_2 \longrightarrow N_2\uparrow + R-OH + H_2O$$

脂肪伯胺　　醇

（2）**芳香伯胺的反应**：在低温下（0~5℃），芳香族伯胺与亚硝酸在强酸溶液中反应，生成重氮盐的反应称为重氮化反应（diazotization）。芳香重氮盐在低温（0~5℃）和强酸性溶液中时保持相对稳定，不发生放氮反应，但在加热时则分解成酚和氮气。干燥的芳香重氮盐易爆炸。

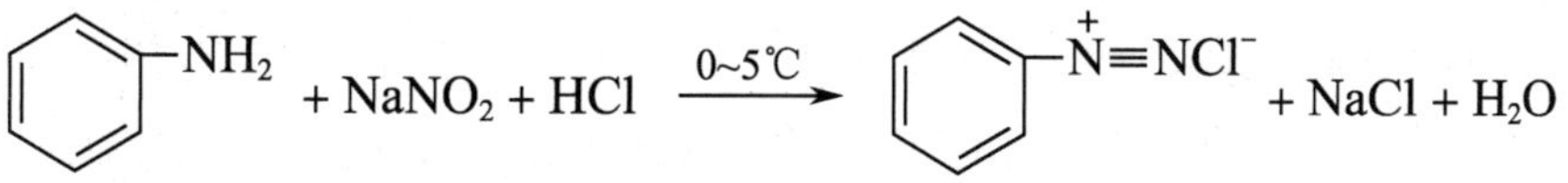

苯胺　　氯化重氮苯

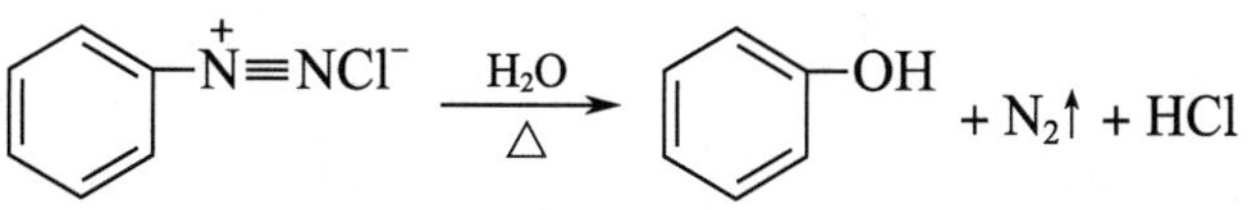

氯化重氮苯　　苯酚

4. 芳环上的卤代反应　苯胺与卤素（Cl_2、Br_2）的反应非常迅速。例如：苯胺与溴水反应，在室温下立即生成 2,4,6- 三溴苯胺白色沉淀，此反应可用于苯胺的定性或定量分析。

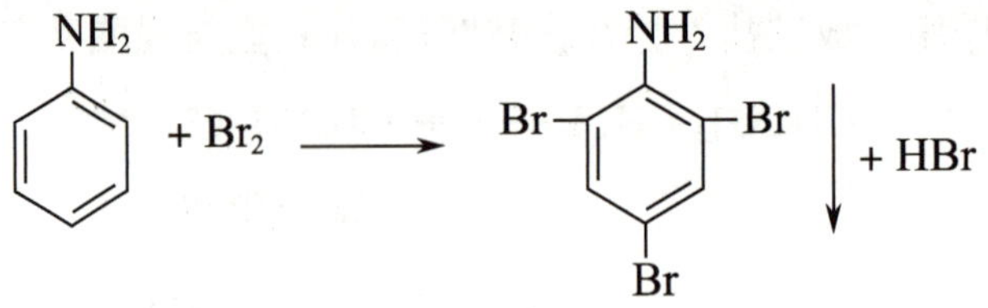

2, 4, 6-三溴苯胺（白色沉淀）

三、重要胺的护理应用

1. 苯胺　常温下无色油状液体，有特殊气味，微溶于水，易溶于有机溶剂，有杀菌作用。苯胺易被氧化，长期存放的苯胺因被氧化成醌类或偶氮类化合物等而呈黄色、红色或棕色，应在锌粉存在下蒸馏后使用。苯胺有毒，能透过皮肤或吸入其蒸气而使人中毒。苯胺是合成磺胺类药物、染料的重要原料。

2. 胆碱和乙酰胆碱　胆碱是广泛分布在生物体内的一种季铵碱，因最初是在胆汁中发现且具有碱性，故称为胆碱。胆碱为白色晶体，味辛而苦，极易吸湿，是卵磷脂和鞘磷脂的重要组成部分，在脑组织和蛋黄中含量较高。胆碱在人体内参与甘油磷脂合成代谢，能促进肝内脂蛋白合成，防止脂肪在肝内沉积，有抗脂肪肝的作用。食用富含卵磷脂的食物，如鱼类、蛋类、豆类和瘦肉等，有利于健脑。

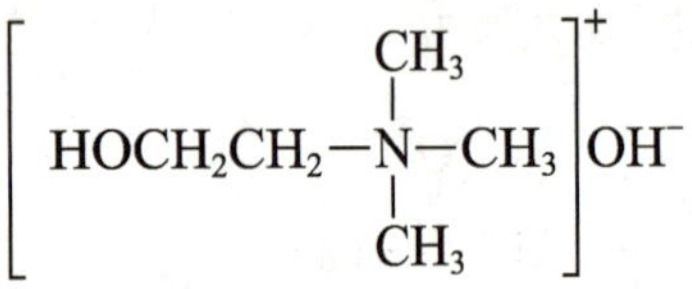

胆碱 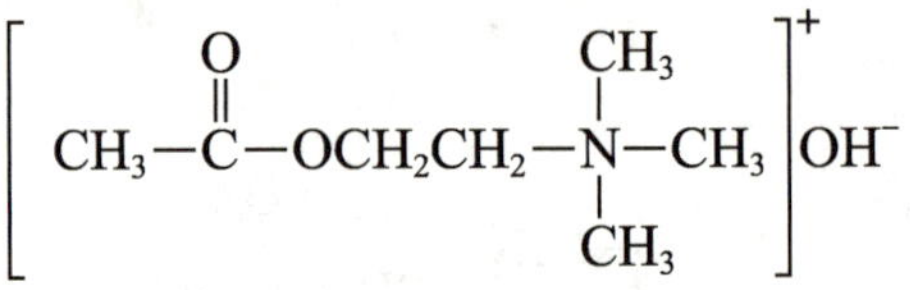　　　　　　　　　　　　　　乙酰胆碱

乙酰胆碱是胆碱分子中羟基上的氢原子被乙酰基取代后生成的产物，是人体中枢及周边神经系统中常见的神经传导物质。食物中的卵磷脂经人体消化吸收可得到乙酰胆碱。乙酸胆碱具有重要的生理作用，人的记忆力减退与乙酰胆碱不足有一定的关系。

3. 苯扎溴铵　学名为溴化二甲基十二烷基苄铵，别名溴化苄烷铵或新洁尔灭，是一种季铵盐，常温下为微黄色黏稠状液体，吸湿性强，易溶于水，水溶液呈碱性。苯扎溴铵具有乳化脂肪和去除污渍的作用，能渗入细胞内部，引起细胞破裂或溶解，从而起到抑菌或杀菌的作用。临床上常以其0.1%的稀释液用于皮肤、黏膜、创面、手术器械和术前手的消毒。

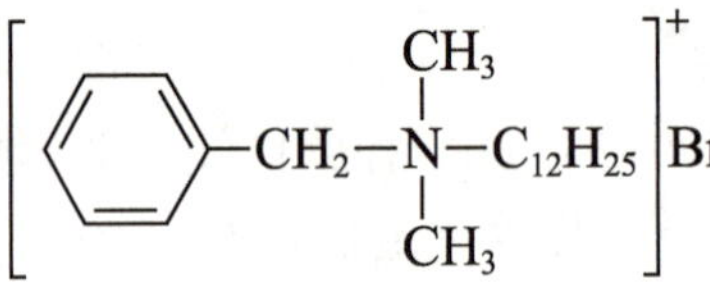

苯扎溴铵

4. 肾上腺素和去甲肾上腺素　肾上腺素和去甲肾上腺素是肾上腺髓质分泌的两种激素，为白色固体，具有酚和胺的一般性质，日光和空气都会使其氧化而呈红色甚至棕色，因此要避光保存。它们的主要作用是收缩血管、升高血压、舒张支气管、加速心率、加强心肌收缩力等，临床上用作升压药、平喘药和抗心律失常药。

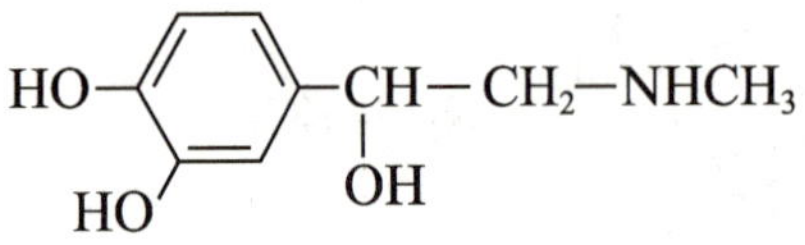

肾上腺素 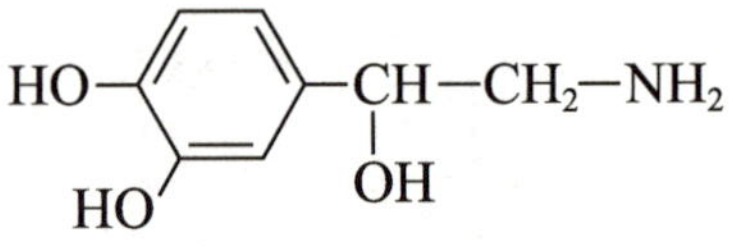　　　　　　　　　　　　去甲肾上腺素

5. 盐酸普鲁卡因　白色结晶,在空气中稳定,但对光敏感,应避光保存。适用于缓解神经衰弱、神经衰弱综合征及自主神经功能紊乱的症状。具有良好的局部麻醉作用,是临床上常用的局麻药。配制成注射液,常用于肌内注射。

$$\left[H_2N-\left\langle\ \right\rangle-\overset{\overset{O}{\|}}{C}-O-CH_2-CH_2-\overset{\overset{CH_2CH_3}{|}}{N}-CH_2CH_3 \right]\cdot HCl$$

盐酸普鲁卡因

第二节　酰　胺

一、酰胺的结构和命名

(一) 酰胺的结构

酰胺(amide)是氨或胺分子中氮原子上的氢原子被酰基取代后形成的化合物。酰胺可看作氨或胺的衍生物,也可看作羧酸的衍生物。酰胺的通式可表示为:

$$R-\overset{\overset{O}{\|}}{C}-NH_2 \qquad R-\overset{\overset{O}{\|}}{C}-NH-R' \qquad R-\overset{\overset{O}{\|}}{C}-\overset{\overset{\displaystyle R'}{\diagup}}{\underset{\diagdown}{N}}\underset{\displaystyle R''}{}$$

(二) 酰胺的命名

1. 氮原子上没有烃基的简单酰胺,直接在酰基的后面加"胺"字,命名为"某酰胺"。例如:

$$CH_3-\overset{\overset{O}{\|}}{C}-NH_2 \qquad\qquad \text{苯甲酰胺}$$

乙酰胺　　　　　　　苯甲酰胺

ER 13-5

乙酰胺的
3D 结构

2. 氮原子上连有烃基的酰胺,在烃基的前面加上"N-",并将"N- 烃基"放在酰胺名称的前面,命名为"N- 烃基某酰胺"。例如:

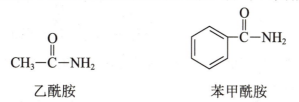

N-甲基苯甲酰胺　　　　　N, N-二甲基乙酰胺　　　　N-甲基-N-乙基乙酰胺

3. 氮原子与两个酰基同时相连的酰胺称为酰亚胺。例如:

邻苯二甲酰亚胺

二、酰胺的性质

(一) 物理性质

除甲酰胺为无色透明液体外,其余酰胺均为白色固体。低级酰胺易溶于水,比如碳酰胺(尿素),但随着相对分子质量的增大,溶解度逐渐减小。由于酰胺分子间可形成 N-H 氢键,因此熔点

和沸点均比相应的羧酸高。

（二）化学性质

酰胺具有羧酸衍生物的一般化学性质，如能发生水解、醇解、氨解以及还原反应等。

1. 酸碱性　酰胺分子中氮原子上的孤对电子与羰基形成 p-π 共轭体系而向羰基偏移，氮原子上电子云密度降低，其接受质子的能力减弱，因此酰胺一般呈中性或近中性。

酰亚胺上的氮原子由于受两个酰基吸电子效应的影响，氮原子上的电子云密度进一步降低，氮氢键极性增强，氢原子有质子化倾向而显弱酸性。例如：邻苯二甲酰亚胺可与 NaOH 反应生成盐。

2. 水解　酰胺在强酸、强碱或酶的催化下，可水解成羧酸（或羧酸盐）和氨（胺或铵盐）。酰胺的水解反应比酯的水解难，需加热回流。

3. 与亚硝酸反应　酰胺与亚硝酸作用，氨基被羟基取代，生成相应的羧酸，并有氮气放出。反应定量进行，可用于酰胺的鉴定。

三、重要酰胺的护理应用

（一）尿素

尿素（urea）简称脲，在结构上可以看作碳酸分子中的 2 个羟基被氨基取代后形成的化合物，又称碳酰二胺或碳酰胺。

尿素是人和哺乳动物体内蛋白质代谢的最终产物，成人每日随尿排出 25~30g 尿素。尿素是无色长棱形结晶，熔点 133℃，易溶于水和乙醇，难溶于乙醚。尿素在农业上属于高氮氮肥，在医药制备中作为中间体原料。临床上尿素注射液对降低颅内压及眼内压有显著的疗效，还可用于治疗急性青光眼和脑外伤引起的脑水肿等。

由于尿素分子中两个氨基连在一个羰基上，结构比较特殊，因此尿素除具有酰胺的一般通性外，还具有一些特殊性质。

1. 弱碱性　尿素具有弱碱性，能与强酸反应生成盐，其硝酸盐和草酸盐难溶于水，易结晶，可用来从尿液中提取尿素或鉴别尿素。

$$H_2N-\overset{\overset{\displaystyle O}{\|}}{C}-NH_2 + HNO_3 \longrightarrow H_2N-\overset{\overset{\displaystyle O}{\|}}{C}-NH_2 \cdot HNO_3\downarrow$$

硝酸脲生成（白色沉淀）

2. 水解反应　尿素在酸、碱或尿素酶的催化下水解，生成二氧化碳和氨（或铵）。

$$H_2N-\overset{\overset{\displaystyle O}{\|}}{C}-NH_2 + H_2O \longrightarrow CO_2\uparrow + 2NH_3\uparrow$$

3. 与亚硝酸反应　尿素与亚硝酸反应时两个氨基被羟基取代，生成碳酸并定量释放出氮气。碳酸不稳定，会分解成二氧化碳和水。通过测量放出氮气的体积，可计算出溶液中尿素的含量。工业上也常用此反应来除去亚硝酸。

$$H_2N-\overset{\overset{\displaystyle O}{\|}}{C}-NH_2 + HNO_2 \longrightarrow CO_2\uparrow + N_2\uparrow + H_2O$$

4. 缩二脲的生成和缩二脲反应　将固体尿素缓慢加热到稍高于其熔点时，两分子的尿素反应脱去一个氨分子，生成的产物叫缩二脲。缩二脲是白色结晶，难溶于水，易溶于碱性溶液中。

$$H_2N-\overset{\overset{\displaystyle O}{\|}}{C}+NH_2 + H+NH-\overset{\overset{\displaystyle O}{\|}}{C}-NH_2 \xrightarrow{150\sim160℃} H_2N-\overset{\overset{\displaystyle O}{\|}}{C}-NH-\overset{\overset{\displaystyle O}{\|}}{C}-NH_2 + NH_3\uparrow$$

尿素　　　　　　尿素　　　　　　　　　　　　缩二脲

在缩二脲的碱性溶液中，滴加少量稀硫酸铜溶液，即显紫红色，这种特殊的颜色反应称为缩二脲反应（biuret reaction）。凡是分子中含有两个或两个以上酰胺键的化合物都可发生这种颜色反应，故此反应常用于多肽和蛋白质的鉴别。

缩二脲反应

（二）胍

尿素分子中的氧被亚氨基（—NH—）取代后生成的化合物称为胍（guanidine），也称为亚氨基脲。胍为无色结晶，熔点为 50℃，吸湿性强，易溶于水和乙醇，是有机强碱，其碱性与氢氧化钠相当。

在胍分子中，去掉氨基上的 1 个氢原子后剩余的基团称为胍基，去掉 1 个氨基后的基团称为脒基。

$$H_2N-\overset{\overset{\displaystyle NH}{\|}}{C}-NH_2 \qquad H_2N-\overset{\overset{\displaystyle NH}{\|}}{C}-NH- \qquad H_2N-\overset{\overset{\displaystyle NH}{\|}}{C}-$$

胍　　　　　　　　　胍基　　　　　　　　　脒基

含有胍基或脒基的药物称为胍类药物，通常将此类药物制成盐类贮存和使用。例如治疗糖尿病的二甲双胍（甲福明）和治疗胃病的西咪替丁（甲氰咪胍）等分子中就含有胍基和脒基。

二甲双胍　　　　　　　　　　　　　　　西咪替丁

在人体内，含有胍基结构的化合物主要存在于肌肉中，如肌酸、磷酸肌酸等，后者是肌肉中的一种储存能量的物质，因肌肉耗能较多，所以肌肉中含有丰富的肌酸和磷酸肌酸。

知识拓展

降糖药——盐酸二甲双胍

盐酸二甲双胍是一种双胍类的口服降血糖药，对 2 型糖尿病人降血糖作用明显。盐酸二甲双胍不影响胰岛素分泌，主要通过促进外周组织摄取葡萄糖、抑制葡萄糖异生、降低肝糖原输出、延迟葡萄糖在肠道吸收，由此达到降低血糖的作用。近年来大量的研究表明，二甲双胍除了具有降糖作用外，还有减肥、抗衰老、抗肿瘤、预防心血管疾病、治疗妇产科疾病等功效，以致被视为"神药"。

（三）丙二酰脲

丙二酰氯或丙二酸二乙酯与尿素在乙醇钠催化下发生缩合反应生成丙二酰脲。丙二酰脲是无色结晶，熔点为245℃，微溶于水。

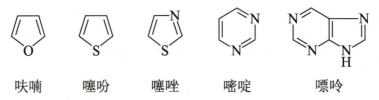

丙二酰脲分子亚甲基上的氢原子和氮原子上的氢原子，由于同时受到羰基的影响而非常活泼，在水溶液中能发生酮式 - 烯醇式互变异构。

酮式结构　　　　　　　烯醇式结构

烯醇式的丙二酰脲具有较强的酸性（$pK_a = 3.98$），因此丙二酰脲又称为巴比妥酸。丙二酰脲本身无生物活性，但它的亚甲基上的两个氢原子被烃基取代后得到的衍生物，是一类重要的镇静催眠药，总称为巴比妥类药物。烃基不同，其镇静催眠作用的强弱、快慢、长短也不同。巴比妥类药物在水溶液中的溶解度较小，常利用其酸性制成钠盐水溶液，供口服或注射用。

第三节　杂环化合物和生物碱

一、杂环化合物

（一）杂环化合物的概念

杂环化合物（heterocyclic compound）是指构成环的原子除碳原子外还有其他原子的环状有机化合物。组成环的非碳原子称为杂原子。常见的杂原子有氧、硫、氮等。

呋喃　　　噻吩　　　噻唑　　　嘧啶　　　嘌呤

杂环化合物在结构上和芳香族化合物相似，具有闭合的共轭体系，也具有芳香性，是含有杂原子的非苯系芳香族化合物。

杂环化合物种类繁多，在自然界中分布非常广泛，约占已知有机化合物的三分之一，大多数具有生理活性，常见的叶绿素、血红素、维生素、吗啡、小檗碱以及组成核苷酸的碱基等都是杂环化合物，临床上使用的天然药物和合成药物大多数都含有杂环。

（二）杂环化合物分类

根据分子中环的数目可将杂环化合物分为单杂环和稠杂环两大类。单杂环又可根据成环原子数的多少分类，其中最常见的有五元杂环和六元杂环。稠杂环按其稠合方式有苯稠杂环和杂稠杂环两种。此外，还可以根据所含杂原子的种类和数目进一步分类。表13-2列出了常见的杂环化合物母环的结构、分类和名称。

表13-2 常见杂环化合物的结构、分类和名称

分类		含有1个杂原子的杂环			含有2个杂原子的杂环			
单杂环	五元杂环	呋喃	噻吩	吡咯	吡唑	咪唑	噻唑	噁唑
	六元杂环	吡啶	吡喃		嘧啶	吡嗪	哒嗪	
稠杂环		吲哚	喹啉	异喹啉	嘌呤（特定编号）			

（三）杂环化合物命名

杂环化合物的命名方法有音译法和系统命名法两种。音译法是选用同音汉字再加"口"字旁来表示杂环化合物的名称。如呋喃（furan）、吡啶（pyridine）等。我国常用音译法。

杂环化合物的环原子编号，一般从杂原子开始沿环逐一编号。当环上只有1个杂原子时，将杂原子的编号为1（或其沿邻位依次为 α、β、γ…），然后依次编号，并使取代基的位次最小；当杂环上有不同杂原子时，按 O、S、NH、N 的顺序编号，并使这些杂原子位次的数字之和为最小；取代基的位次、数目和名称写在杂环母体名称的前面。如果是稠杂环一般有固定编号。例如：

喹啉   嘌呤

当杂环上含有−CHO、−COOH等基团时，将杂环作为取代基来命名。例如：

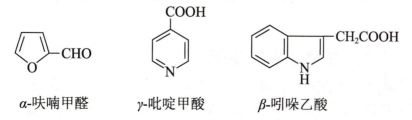

α-呋喃甲醛   γ-吡啶甲酸   β-吲哚乙酸

二、生物碱

（一）生物碱的概念

生物碱（alkaloid）是一类存在于生物体内（多为植物）具有强烈生理作用的含氮碱性有机化合物，也称植物碱。

生物碱的分子结构多属于仲胺、叔胺或季铵类，少数为伯胺类，大多数含有氮杂环，也有少数不含杂环，如秋水仙碱。大多数生物碱都是结构复杂的多环化合物，分子中大都有含氮杂环，故显碱性。

我国传统中药之所以能给人治病，与中药中含有多种生物碱有很大关系。如麻黄中起平喘作用的麻黄碱，黄连、黄柏中起抗菌消炎作用的小檗碱（黄连素），长春花中的抗癌成分长春新碱，以及当归、贝母、曼陀罗等的有效成分都是生物碱。一种植物中往往含有几种甚至几十种生物碱，但含量都很低。一些生物碱是毒品，如海洛因、可卡因、冰毒等。

（二）生物碱的命名和分类

生物碱大多是根据它们来源的植物命名，很少用系统命名法命名。例如，麻黄碱来源于麻黄，烟碱来源于烟草，毒芹碱来源于毒芹草。有些生物碱采用国际通用名称的译音，例如烟碱又称为尼古丁。

生物碱的种类繁多，数目庞大，常根据化学结构（尤其是杂环类型）分为有机胺类、吡啶衍生物、莨菪烷衍生物类、喹啉衍生物类、喹唑酮衍生物类、嘌呤衍生物类等等。例如，麻黄碱属有机胺类；一叶萩碱、苦参碱属吡啶衍生物类；莨菪碱属莨菪烷衍生物类；喜树碱属喹啉衍生物类。

（三）生物碱的一般性质

生物碱大多数都是白色固体，个别有色或呈液态（如黄连为黄色，烟碱为液态）。生物碱一般难溶于水，易溶于有机溶剂，也可溶于稀酸溶液而成盐，可用于提取、分离和制备生物碱制剂。生物碱及其盐一般都有苦味，有些极苦而辛辣，有烧灼感。

1. 碱性 由于大多数生物碱分子中含有氮原子，而氮原子上有一对孤电子，有一定接受质子的能力，因此大多数生物碱具有弱碱性，能与酸反应生成盐。生物碱形成的盐一般易溶于水和乙醇，难溶于其他溶剂，遇到强碱又可重新生成原来的生物碱。利用这一性质可提取生物碱。

$$\text{生物碱} \underset{\text{+NaOH}}{\overset{\text{+HCl}}{\rightleftharpoons}} \text{生物碱盐}$$

（水中析出）　　　　　（溶于水中）

2. 沉淀反应 大多数生物碱或其盐的水溶液能与一些试剂生成难溶性的盐或配合物。这些能使生物碱发生沉淀反应的试剂称为生物碱沉淀剂。常用的生物碱沉淀剂如鞣酸、苦味酸、碘化汞钾、磷钼酸等。

生物碱遇不同的沉淀剂可呈现不同颜色、不同形态的沉淀。如生物碱遇鞣酸溶液生成棕黄色沉淀，遇苦味酸生成黄色沉淀，遇碘化铋钾溶液生成红棕色或橘红色沉淀等。利用这种沉淀反应可初步判断某些生物碱是否存在，也可用于生物碱的分离和精制。

3. 显色反应 生物碱或生物碱盐能与某些试剂作用呈现出各种颜色，这些试剂称为生物碱显色剂。如吗啡遇甲醛-浓硫酸显紫色；可待因遇甲醛-浓硫酸显蓝色等。生物碱的显色反应可用于检测和鉴别生物碱。

三、重要杂环化合物和生物碱的护理应用

（一）重要杂环化合物的护理应用

1. 血红素分子中的杂环 血红素与珠蛋白结合形成红细胞中最重要的成分血红蛋白，血红蛋

白是高等动物体内运输氧气和二氧化碳的重要载体。

ER 13-7

卟吩环的
3D 结构

卟吩环　　　　　　　　　　　　血红素

从结构上看,血红素是吡咯的衍生物,其分子中的基本骨架是卟吩环。卟吩环是由 4 个吡咯环的 α- 碳原子和 4 个次甲基(—CH＝)依次交替连接而成的共轭体系。在体系中间的空隙处,4 个吡咯环与一个 Fe^{2+} 同时以共价键和配位键结合在一起。在体系的外部,4 个吡咯环的 β- 位连有不同的取代基。

吡咯的衍生物在自然界中分布非常广泛,除血红素外,具有卟吩环骨架的化合物还有叶绿素、维生素 B_{12} 及多种生物碱等,它们都具有重要的生理作用。

2. 蛋白质分子中的杂环化合物

(1)色氨酸分子中含有吲哚环,属于吲哚的衍生物。色氨酸是人体必需氨基酸之一,经催化生成 5- 羟色氨酸,再经脱羧酶催化生成 5- 羟色胺。

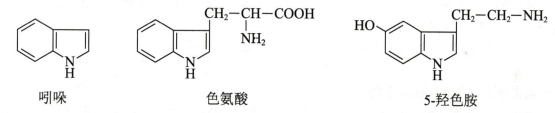

吲哚　　　　　　　　　　　色氨酸　　　　　　　　　　5-羟色胺

5- 羟色胺又称血清素,广泛存在于哺乳动物组织中,特别在大脑皮质及神经突触内含量很高。大脑中的 5- 羟色胺为抑制性神经递质,与睡眠、疼痛和体温调节有关。

吲哚衍生物中重要药物有伊马替尼(治白血病)和替考拉宁(免疫抑制剂)等。

(2)组氨酸分子结构中含有咪唑环,属于咪唑衍生物。组氨酸是许多酶蛋白的主要组成部分,其中的咪唑环参与形成酶的活性中心。在脱羧酶的作用下,组氨酸脱羧生成组胺。

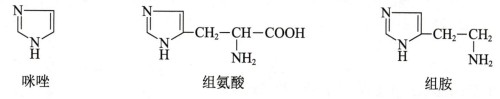

咪唑　　　　　　　　　　　组氨酸　　　　　　　　　　组胺

组胺有收缩血管的作用,人体的过敏反应与体内组胺含量过多有关。临床上用组胺的磷酸盐刺激胃酸分泌,诊断真性胃酸缺乏症。

3. 核酸分子中的杂环化合物

(1)**嘧啶碱**:核酸中含有的嘧啶碱(Pyrimidine)有三种结构,分别是胞嘧啶、尿嘧啶和胸腺嘧啶,它们都属于嘧啶衍生物。

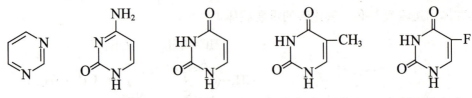

嘧啶　　　胞嘧啶（C）　　尿嘧啶（U）　　胸腺嘧啶（T）　　氟尿嘧啶

很多嘧啶衍生物可用作药物,如巴比妥类(安眠药)、磺胺嘧啶(广谱抑菌药)以及氟尿嘧啶(抗代谢抗肿瘤药)等。

（2）**嘌呤碱**：核酸中含有的嘌呤碱(Purine)有腺嘌呤和鸟嘌呤,属于嘌呤的衍生物。巯嘌呤是重要的抗代谢抗肿瘤药物。

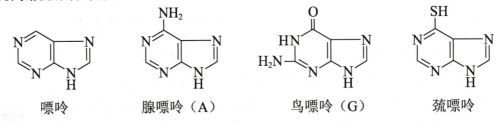

嘌呤　　　　　腺嘌呤（A）　　　　鸟嘌呤（G）　　　　巯嘌呤

尿酸与痛风

嘌呤在人体内被氧化成尿酸,尿酸过高就会引起痛风。痛风是尿酸结晶沉积在关节内而引发的一种疾病,沉积的结晶导致关节内和关节周围出现疼痛性炎症发作。痛风石是痛风的特征性临床表现,常见于耳郭、跖趾、指尖、掌指、肘等关节、跟腱、髌骨滑囊等处,疼痛程度极高。痛风可以并发肾脏病变,严重的可出现关节破坏、肾功能损害,常伴有高脂血症、高血压病、糖尿病、动脉硬化及冠心病等。

痛风患者应少摄入高嘌呤食物,如啤酒、动物内脏、海鲜等。

4. 维生素分子中的杂环化合物

（1）**维生素 PP**：维生素 PP 属于 B 族维生素,由烟酸(β- 吡啶甲酸)和烟酰胺(β- 吡啶甲酰胺)组成,均为吡啶的衍生物。它们的结构式为：

烟酸（3-吡啶甲酸）　　烟酰胺（3-吡啶甲酰胺）

烟酸能促进细胞的新陈代谢和血管扩张,临床上主要用于防治烟酸缺乏症,并可用于治疗高脂血症。烟酰胺是辅酶Ⅰ的组成成分,作用与烟酸类似。烟酸和烟酰胺都是人体不可缺少的维生素,肉类、花生、酵母、谷类中含量丰富。

（2）**维生素 B$_6$**：维生素 B$_6$ 又名吡哆素,无色晶体,易溶于水及乙醇,也是吡啶的衍生物,包括吡哆醇、吡哆醛和吡哆胺三种物质。它们的结构式分别为：

吡哆醇　　　　　　　　吡哆醛　　　　　　　　吡哆胺

蔬菜、鱼、肉、谷物、蛋黄及花生中维生素 B_6 含量较丰富。临床上常用维生素 B_6 治疗婴儿惊厥、精神焦虑、妊娠呕吐和放射病呕吐等。

其他的重要吡啶衍生物还有异烟肼（抗结核药）、尼可刹米（呼吸中枢兴奋药）等。

（3）**维生素 B_1**：维生素 B_1 由一个噻唑环和一个嘧啶环通过一个亚甲基连接而成，又称硫胺素，其结构式为：

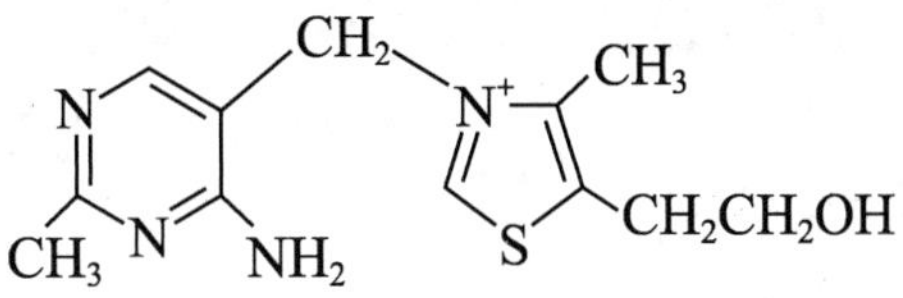

维生素B_1

谷类、豆类的种皮、酵母、蔬菜、瘦肉及蛋类中维生素 B_1 含量较为丰富。维生素 B_1 缺乏时可引起多发性神经炎、脚气病、消化不良等。临床常用于治疗脚气病。

5. 抗生素中的杂环化合物

（1）**青霉素（盘尼西林）**：天然青霉素是从青霉素菌培养液中提取出来的一类抗生素的总称。天然青霉素有七种，其中以青霉素 G 含量较高，疗效好，它们都有一个共同的基本结构，A 环为 β- 内酰胺环，B 环为氢化噻唑环，由 2 个环稠合而成。

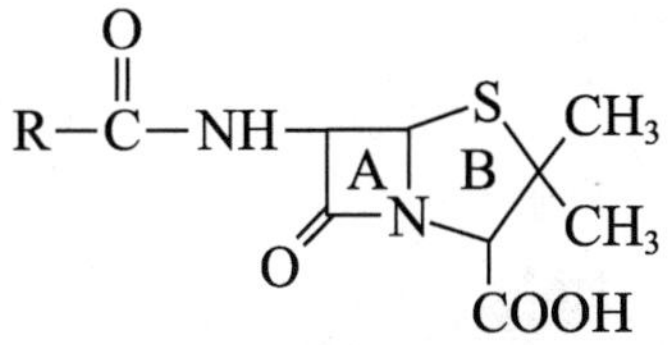

青霉素的基本结构

青霉素具有消炎杀菌作用，对多数因细菌感染而引起的疾病有较好的疗效，但毒性低，临床应用范围广，缺点是个别病人有严重的过敏反应，青霉素难溶于水，因其分子中含有羧基，一般制成钠盐或钾盐使用，增加其溶解度。

青霉素在水溶液中不稳定，室温下 4h 效价已开始下降，24h 后抗菌能力已减大半，且容易起过敏反应。而干燥的粉末在室温下保存 2~3 年不失效。因此，临床上常用其粉剂。

（2）**甲硝唑（灭滴灵）和阿苯达唑（肠虫清）**：咪唑的衍生物。其结构式为：

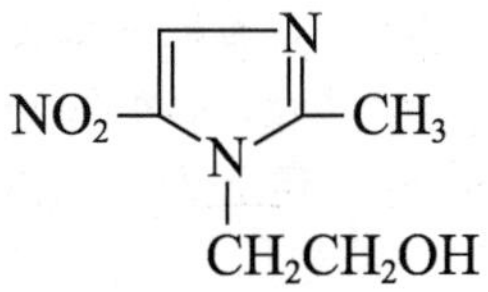

甲硝唑 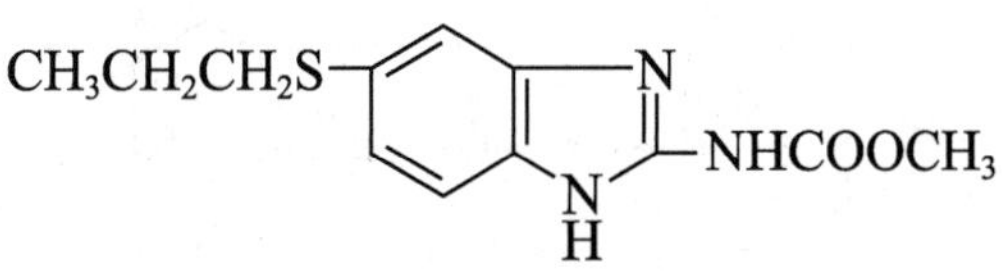   阿苯达唑

甲硝唑是常用的抗厌氧菌药物，是阑尾、结肠手术、妇产科手术后的常用药，能降低或避免手术感染。阿苯达唑对人、畜体内线虫、吸虫、绦虫及钩虫均有高效的杀灭作用。

（3）**诺氟沙星（氟哌酸）和氧氟沙星**：喹啉的衍生物。它们的结构式如下：

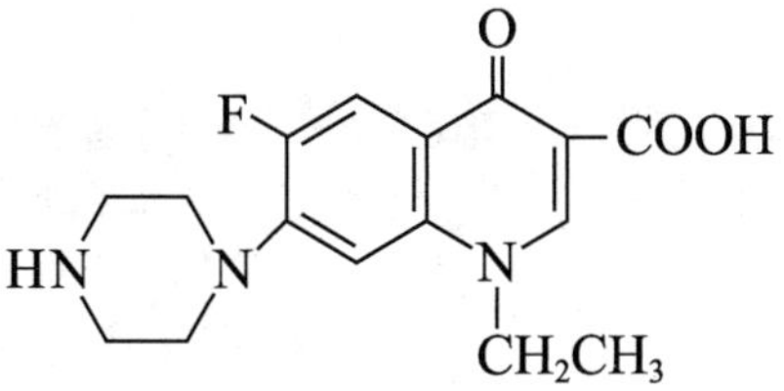

诺氟沙星 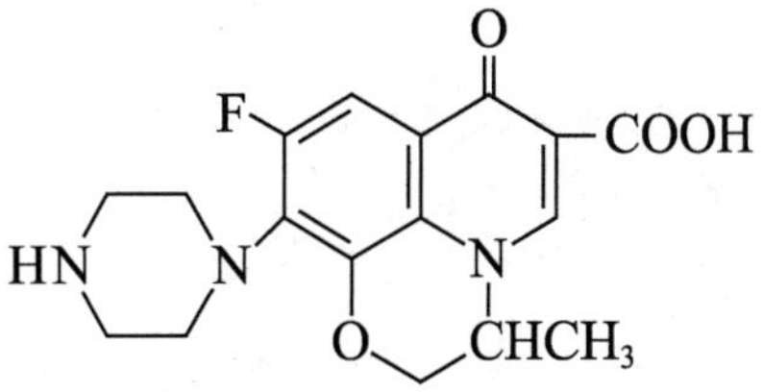   氧氟沙星

诺氟沙星和氧氟沙星均为氟喹诺酮类药物，是临床上常用的合成抗菌药。主要用于尿路感染

和肠道感染的治疗。

(二) 生物碱的护理应用

药物中常见的生物碱及护理应用（表 13-3）。

表 13-3　药物中常见的生物碱及护理应用

名称	结构式	来源	所含杂环	生理作用及疗效
麻黄碱（麻黄素）	$R_1=R_2=H$　　吗啡 $R_1=-CH_3$　$R_2=H$　可待因	麻黄	不含杂环	兴奋交感神经、升高血压、扩张支气管、收缩黏膜血管、发汗、止喘等 临床上常用其盐酸盐治疗支气管哮喘、过敏性反应、鼻黏膜肿胀和低血压等
吗啡、可待因、海洛因	$R_1=R_2=H$　　吗啡 $R_1=-CH_3$　$R_2=H$　可待因 $R_1=R_2=-\overset{O}{\underset{\parallel}{C}}-CH_3$　海洛因	罂粟（阿片）	异喹啉	镇痛、止痉、止咳、安眠、麻醉中枢神经等 临床上常用盐酸吗啡做镇痛剂、用磷酸可待因做镇咳药和镇痛药 应注意的是：吗啡有强效镇痛作用，易成瘾，严格控制下使用。可待因镇咳效果较好，但也能成瘾。而海洛因极易成瘾，从不作为药用
咖啡碱		茶叶、咖啡	嘌呤	具有兴奋中枢神经、兴奋呼吸和利尿作用 临床上常用其作为中枢兴奋药和利尿、强心药
常山碱乙		常山	喹啉酮环氢化吡啶	对良性或恶性疟疾均有疗效。但恶心强烈及催吐，应用上受一定限制
喜树碱		喜树	喹啉吡啶	具有显著的抗癌活性，是一种抗恶性肿瘤药。临床上用于治疗胃癌、肠癌、直肠癌、白血病
小檗碱（又名黄连素）		黄连、黄柏、三棵针等中	吡啶	具有显著的抗菌、消炎作用。也具有镇静、降压作用 临床上常用其盐酸盐治疗肠炎和细菌性痢疾

名称	结构式	来源	所含杂环	生理作用及疗效
阿托品（莨菪碱）		颠茄、莨菪、曼陀罗、洋金花等茄科植物	氢化吡咯 氢化吡啶	抑制腺体分泌；解除平滑肌痉挛；在眼科用作散瞳剂。临床用于全身麻醉前给药；也可用于治疗胃、十二指肠溃疡等
秋水仙碱		我国云南山慈菇的鳞茎中含有	不含杂环	一种抗恶性肿瘤药，尤其对乳腺癌疗效甚佳。也可治疗痛风。但毒性较大

（丁其春）

思考题

1. 为何医药上常将一些胺类药物制成盐使用？
2. 为什么叔胺不能发生酰化反应？

ER 13-8

练习题

第十四章 │ 糖 类

教学课件

思维导图

学习目标

1. 掌握：糖的概念、分类；单糖的结构特点；单糖的主要理化性质。
2. 熟悉：双糖的结构及主要理化性质，重要糖的护理应用。
3. 了解：多糖的结构和特性。
4. 学会：运用葡萄糖的性质解释尿糖的测定原理，对症应用不同浓度的葡萄糖注射液，治疗急性酒精中毒。
5. 具备运用糖类相关化学知识对患者进行健康教育，树立良好的职业素养和职业道德。

糖类（saccharide）是自然界存在最多、分布最广的一类天然有机物，也是人体所必需的营养物质之一。如淀粉、糖原、蔗糖、乳糖、葡萄糖、核糖等都是糖类化合物。糖类是生物体重要的结构物质和能源物质。某些糖类还有特殊的生理功能，如肝脏中的肝素有抗凝血作用，血型中的糖与免疫活性有关，氨基糖苷类抗生素是一大类含糖的抗生素，如链霉素、庆大霉素 C 复合物等。

从分子结构看，糖类是多羟基醛或多羟基酮及其脱水缩合产物和衍生物。根据水解情况，可将糖类分为单糖、低聚糖和多糖。

单糖（monosaccharide）是指不能水解的多羟基醛或多羟基酮。如葡萄糖为多羟基醛，果糖为多羟基酮。

低聚糖（oligosaccharide）又称寡糖，是指在酸性条件下能够水解成 2~10 个单糖分子的糖。根据水解生成单糖的数目，低聚糖又分为二糖、三糖、四糖等。其中重要的二糖有蔗糖、麦芽糖、乳糖。

多糖（polysaccharide）是指在酸性条件下能够水解成 10 个以上单糖分子的糖。多糖大多为天然高分子化合物。如纤维素、淀粉、糖原等。

糖类命名常根据来源采用俗名，如来自甘蔗的蔗糖、来自乳汁的乳糖等。

情景导入

血 糖

人体血液中的葡萄糖称为血糖，正常人空腹血糖（为静脉血浆葡萄糖，下同）为 3.9~6.1mmol/L，根据中国医学会糖尿病分会发布的《中国 2 型糖尿病防治指南（2020 年版）》，典型糖尿病症状加上下列条件之一者可诊断为糖尿病：①随机血糖≥11.1mmol/L；②空腹血糖≥7.0mmol/L；③75g 口服葡萄糖耐量试验后 2h 血糖≥11.1mmol/L。

请思考：

1. 血糖的主要成分，写出其化学结构式。
2. 分析引起糖尿病的病因有哪些。

第一节 单 糖

生物体内戊糖、己糖最普遍，与生命活动密切相关的有葡萄糖、果糖、核糖和脱氧核糖等。

一、单糖的结构

（一）葡萄糖的结构

1. 开链式结构 葡萄糖分子式为 $C_6H_{12}O_6$。分子中 6 个碳原子连接成直链，含有 1 个醛基和 5 个羟基，属于己醛糖。其分子的空间构型用费歇尔投影式表示如下（Ⅰ），为书写方便，还可以用（Ⅱ）或（Ⅲ）等简式表示。

（Ⅰ）　　　　　　　（Ⅱ）　　　　　　　（Ⅲ）

化学上把有机物分子中与 4 个不相同原子或原子团相连的碳原子称为手性碳原子。葡萄糖构造式中含有 4 个不同的手性碳原子（C_2、C_3、C_4、C_5），理论上存在 16 个旋光异构体，自然界广泛存在且能被人体利用的右旋葡萄糖仅是其中之一。

单糖的构型表示仍沿用 D、L 表示法。这种方法只考虑与羰基相距最远（编号最大）的那个手性碳原子上的羟基构型。即与羰基相距最远的那个手性碳原子上的羟基在右边的为 D- 型，羟基在左边的为 L- 型。自然界存在的单糖构型大多数属于 D- 型。本章所述单糖未标明构型的均为属于 D- 型糖。如 D- 葡萄糖、D- 果糖等。

2. 氧环式结构 进一步研究证明，在溶液中葡萄糖开链式结构很少，绝大多数是以环状形式存在。这是由于葡萄糖分子既含有醛基又含有羟基，两者可发生缩合反应。一般是醛基与 5 位碳上的羟基发生反应生成环状的半缩醛结构。糖分子中的半缩醛羟基又称苷羟基。由于 1 位碳上的苷羟基与氢原子在空间有两种排列方式，通常把苷羟基排在右边的称 α- 型，排在左边的称 β- 型。

这两种异构体在溶液中可以通过开链式结构相互转变，成为一个平衡体系。α- 葡萄糖和 β- 葡萄糖的氧环式结构及其相互转化如下：

α-葡萄糖（约占37%）　　　开链式葡萄糖（微量）　　　β-葡萄糖（约占63%）

3. 哈沃斯投影式结构 上述葡萄糖的环状结构是用直立费歇尔投影式表示的。但从环的稳定性来看，这种碳原子直线排列及过长而又弯曲的氧桥键是不合理的，英国学者哈沃斯用平面六元环表示的透视式代替了费歇尔投影式。葡萄糖的哈沃斯投影式如下：

α-吡喃葡萄糖 β-吡喃葡萄糖

在哈沃斯投影式中,成环的碳原子和氧原子构成一个六边形平面,垂直于纸平面。其中粗线表示的键在纸平面前方,细线表示的键在纸平面后方。氧原子在环的右上角,碳原子编号按顺时针方向排列。把氧环式中连在右边的氢原子(包括5位碳上的氢原子)和羟基写在环平面之下,连在左边的氢原子、羟基和6位碳(羟甲基)写在环平面之上。在哈沃斯投影式中,苷羟基和羟甲基在环平面异侧的为α-葡萄糖,同侧的为β-葡萄糖。由于葡萄糖的环状结构为含氧六元杂环,与吡喃的环型相似,故称为吡喃糖(pyranose)。

ER 14-3

葡萄糖的
3D 结构

(二) 果糖的结构

1. 开链式结构 果糖和葡萄糖是同分异构体,分子式也为$C_6H_{12}O_6$,两者结构和构型,从C_3到C_6完全相同,所不同的是果糖的C_2为酮基,属于己酮糖。其开链式结构为:

$$\begin{array}{c} ^1CH_2OH \\ | \\ ^2C=O \\ | \\ HO-^3C-H \\ | \\ H-^4C-OH \\ | \\ H-^5C-OH \\ | \\ ^6CH_2OH \end{array}$$

D-果糖

2. 环状结构 由于果糖分子中与酮基相邻的碳原子上都有羟基,提高了酮基的活泼性,使酮基可与C_5和C_6上的羟基作用形成半缩酮结构。因此,果糖也有α-和β-两种环状构型。果糖有两种不同的环状结构,即六元杂环的吡喃果糖和五元杂环的呋喃果糖。它的开链式和哈沃斯投影式结构之间也可以相互转化。

α-吡喃果糖 α-呋喃果糖

β-吡喃果糖 β-呋喃果糖

单糖在医药中的应用

在临床上，葡萄糖作为营养剂，50g/L 的葡萄糖溶液是临床上输液常用的等渗溶液，并有强心、利尿和解毒的作用。在制药工业中，葡萄糖是制备葡萄糖酸钙和维生素 C 等的原料。

人体内果糖和葡萄糖都能与磷酸作用形成磷酸酯，作为体内糖代谢的重要中间产物。果糖-1,6-二磷酸酯是高能营养性药物，有增强细胞活力和保护细胞的功能，可作为心肌梗死以及各类休克的辅助药物。

（三）核糖和脱氧核糖的结构

核糖分子式为 $C_5H_{10}O_5$，脱氧核糖分子式为 $C_5H_{10}O_4$，两者都属于戊醛糖，它们结构上的差异在于核糖的 C_2 上是羟基，而脱氧核糖的 C_2 上是氢原子。核糖和脱氧核糖分子中因同时存在羰基和羟基，在分子内也能形成半缩醛而构成环。环状构型也有 α- 和 β- 型两种。

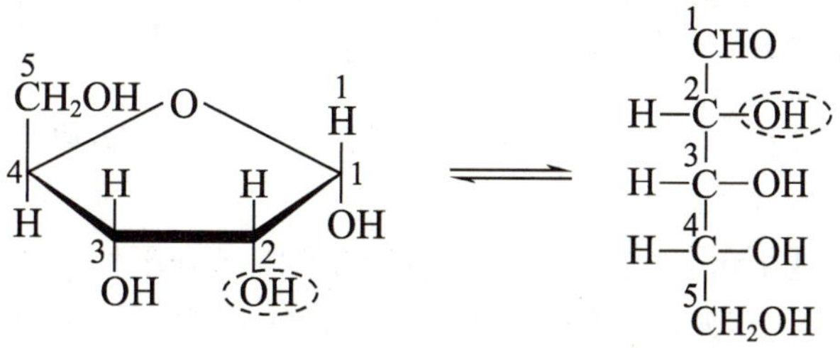

α-呋喃核糖　　　核糖

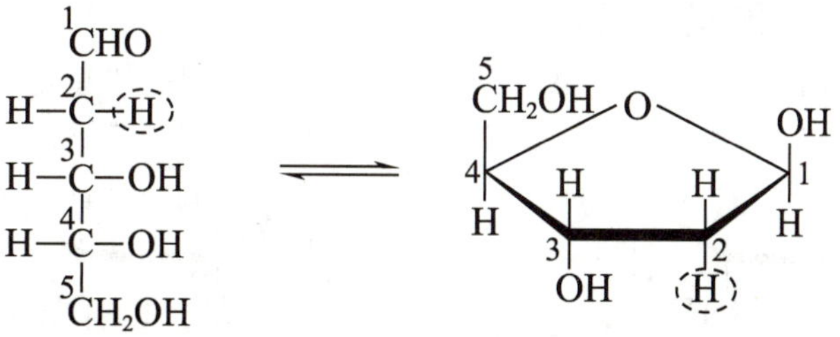

脱氧核糖　　　β-2-脱氧呋喃核糖

二、单糖的性质

单糖是无色或白色的结晶，有甜味，具有吸湿性，易溶于水，难溶于乙醇等有机溶剂，大多具有旋光性。

单糖具有醛基、羰基及环状半缩醛（酮）的结构，为多官能团化合物。因此，发生化学反应时，根据加入试剂的不同和反应部位的不同，有的反应是以开链结构进行，如与托伦试剂、斐林试剂、氨的衍生物的反应；有的以环状半缩醛（酮）结构进行，如成苷反应。

（一）氧化反应

1. 与碱性弱氧化剂反应　单糖都可以与碱性弱氧化剂发生氧化反应。常用的碱性弱氧化剂有托伦试剂、斐林试剂和本尼迪克特试剂。在碱性条件下，单糖能将托伦试剂还原生成单质银，能将斐林试剂或本尼迪克特试剂还原生成氧化亚铜砖红色沉淀，而单糖被氧化成比较复杂产物。

$$\text{单糖} + [Ag(NH_3)_2]^+ \xrightarrow[\triangle]{OH^-} Ag\downarrow + \text{复杂的氧化产物}$$

$$\text{单糖} + Cu^{2+}（配离子）\xrightarrow[\triangle]{OH^-} Cu_2O\downarrow + \text{复杂的氧化产物}$$

凡能被弱氧化剂氧化的糖称为还原糖，单糖都是还原糖。利用单糖的还原性可作定性定量检查。如临床检验上常用本尼迪克特试剂检验尿中是否含有葡萄糖，并根据产生 Cu_2O 沉淀的颜色深浅以及量的多少来判断葡萄糖的含量。

ER 14-4
葡萄糖与硝酸银溶液反应

ER 14-5
葡萄糖与新制氢氧化铜反应

2. 与酸性氧化剂的反应 溴水是一种酸性弱氧化剂，醛糖能被溴水氧化成糖酸，酮糖则不能，利用此性质可以区分醛糖和酮糖。

硝酸是酸性强氧化剂，醛糖与稀硝酸作用氧化成糖二酸。酮糖与稀硝酸则发生 C_1-C_2 键断裂，生成较小分子的二元酸。

$$D\text{-葡萄糖酸} \xleftarrow{Br_2/H_2O} D\text{-葡萄糖} \xrightarrow{稀HNO_3} D\text{-葡萄糖二酸}$$

（二）成酯反应

单糖环状结构中的羟基都可酯化。单糖的磷酸酯是体内许多代谢过程的中间产物，在生命过程中具有很重要的意义。例如，人体内的葡萄糖在体内酶的作用下可与磷酸作用生成葡萄糖 -1- 磷酸酯、葡萄糖 -6- 磷酸酯或葡萄糖 -1,6- 二磷酸酯。葡萄糖 -1- 磷酸酯和葡萄糖 -6- 磷酸酯两者区别仅在于磷酸基的位置不同，在酶的作用下，可相互转变。

$$\xrightarrow[2H_3PO_4]{酶} \beta\text{-葡萄糖-1, 6-二磷酸酯}$$

$$\xrightarrow[H_3PO_4]{酶} \beta\text{-葡萄糖-6-磷酸酯}$$

6-磷酸葡萄糖 $\xrightleftharpoons{磷酸葡萄糖变位酶}$ 1-磷酸葡萄糖

糖在体内首先要经过磷酸化，然后才能进行一系列的化学反应。因此，糖的磷酸酯是体内糖代谢的中间产物。例如，1- 磷酸葡萄糖是合成糖原的原料，也是糖原分解的最初产物。因此糖的磷酸化反应是体内糖原的储存和分解的关键步骤之一。

（三）成苷反应

在单糖的环状结构中的苷羟基是半缩醛羟基，能与含活泼氢的化合物（如糖、醇或酚等）中的羟基脱水生成缩醛化合物，这种缩醛化合物称为糖苷（简称苷）。例如葡萄糖在干燥氯化氢的作用下，能与甲醇反应脱去一分子水生成葡萄糖甲苷。

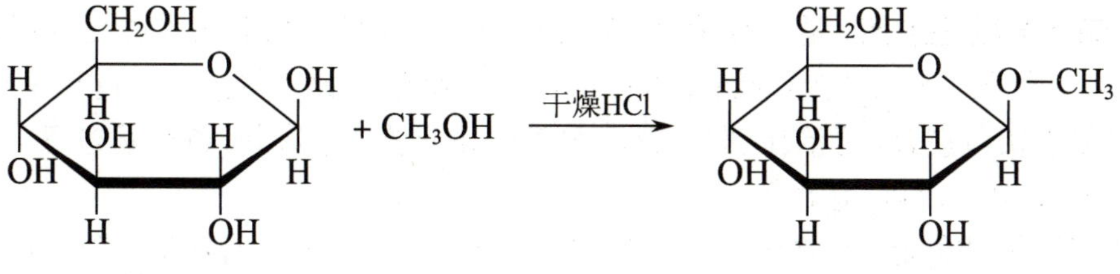

β-葡萄糖 + CH_3OH →(干燥HCl) β-葡萄糖甲苷

糖苷是由糖和非糖部分通过苷键连接而成的一类化合物。糖的部分称为糖苷基，非糖部分称为苷元或配糖基，糖苷基和苷元之间结合的键称为苷键。例如葡萄糖甲苷中的葡萄糖基就是糖苷基，甲基则是配糖基（或苷元）。糖苷基和配糖基相结合的键称为糖苷键，糖苷键是糖类所特有的键。大多数天然糖苷中的配糖基为醇类或酚类，它们与糖苷基之间是由氧连接的，称为氧苷键。糖苷类化合物在自然界分布很广，大多数具有生物活性，是许多中草药的有效成分之一。如水杨苷有止痛功效；苦杏仁苷有止咳作用；葛根黄素具有改善心脑血管功能，同时也具有抗癌、降血糖等作用。此外，核糖和脱氧核糖与含氮杂环生成的糖苷是生命活动的重要物质——核酸的组成部分。

（四）显色反应

1. 莫利许反应　在糖的水溶液中加入莫利许试剂（α-萘酚的乙醇溶液），然后沿试管壁慢慢加入浓硫酸，勿振荡，在浓硫酸和糖溶液的交界面很快出现紫色环，此颜色反应称为莫利许反应，所有糖都有发生此反应，而且反应很灵敏，常用于糖类物质的鉴别。

2. 塞利凡诺夫反应　在酮糖溶液中，加入塞利凡诺夫试剂（间苯二酚的盐酸溶液），加热很快出现红色，而在相同条件下，醛糖几乎观察不到变化。可用此反应区分醛糖和酮糖。

三、重要单糖的护理应用

（一）葡萄糖

葡萄糖（glucose）为无色或白色结晶形粉末，熔点为146℃，甜度约为蔗糖的70%。葡萄糖是最重要的单糖。

1. 血糖及尿糖　人和动物的血液和尿液中都含有葡萄糖。血液中的葡萄糖称为血糖（blood glucose）。正常人的血糖浓度为3.9~6.1mmol/L。尿液中的葡萄糖称为尿糖（urine sugar）。糖尿病患者的血液和尿液中含有过量的葡萄糖。

检测血液和尿液葡萄糖浓度是了解体内糖代谢状况的重要指标，在糖尿病诊断、治疗中具有重要意义。

知识拓展

尿糖的测定

糖尿病患者因糖代谢紊乱，尿液中的葡萄糖增高，临床上常用尿样和本尼迪克特试剂反应，根据反应呈现的颜色判断尿糖的含量。

若为蓝色，表明尿样中无糖，为阴性结果，表示为"－"。

若为绿色，表明每100ml尿中含糖量0.3~0.5g，表示为"＋"。

若为黄绿色，表明每100ml尿中含糖量0.5~1g，表示为"＋＋"。

若为橘黄色，表明每100ml尿中含糖量1~2g，表示为"+++"。

若为砖红色，表明每100ml尿中含糖量2g以上，符号为"++++"。

2. 葡萄糖注射液　不同浓度的葡萄糖注射液在临床上的用途不同。

（1）**50%的葡萄糖注射液**：是高渗溶液，静脉注射时，可产生脱水和渗透性利尿作用，常用于肺、脑水肿的脱水利尿。50%的葡萄糖还可用于重症低血糖静脉注射治疗。近年来高渗性的葡萄糖注射液还可促进切口愈合，可治疗创口溃疡、分泌性中耳炎、静脉炎、急性肠道感染、颈部囊状水瘤、肥厚性鼻炎、鼻出血、异位妊娠等。

（2）**5%的葡萄糖注射液**：是临床上输液常用的等渗溶液，临床上药物的稀释要用等渗溶液，才能保证不会因为渗透压变化引起红细胞皱缩或溶血。因此，没有糖尿病的患者一般多用5%的葡萄糖注射液作为药物滴注的稀释剂。

（3）**其他浓度的葡萄糖溶液**：葡萄糖可不经过消化过程而直接为人体所吸收，对进食不足或呕吐、腹泻造成大量体液丢失的患者，临床上静脉注射25%葡萄糖注射液，以补充能量和体液；使用胰岛素治疗高钾血症时，应配合静脉注射10%~25%葡萄糖注射液，以免出现低血糖。

3. 葡萄糖酸盐和葡萄糖醛酸

（1）**葡萄糖酸盐**：人体内的微量元素含量虽然很少，但对于维持人体的生长发育、保护人体的健康和防治疾病意义重大。如果缺少微量元素，会导致很严重的后果。有些微量元素多以葡萄糖酸盐的形式补充，便于吸收、安全、无胃肠刺激，收到良好的效果。如葡萄糖酸钙、葡萄糖酸锌、葡萄糖酸亚铁等，作为营养强化剂和药物吸收剂，均有很好的预防和治疗效果。

（2）**葡萄糖醛酸**：葡萄糖在肝内酶的催化下，葡萄糖的伯醇羟基被氧化成羧基，生成葡萄糖醛酸。

葡萄糖醛酸在肝内能与一些有毒物质，如醇、酚、胺类等结合成无毒的化合物，经肾排出体外，从而起到解毒和保护肝脏的作用。临床上常用的护肝药——葡醛内酯（肝泰乐），其主要成分就是葡萄糖醛酸内酯，在体内可转化成葡萄糖醛酸，用于治疗肝炎、肝硬化以及药物中毒等，亦可用于关节炎、风湿病的辅助治疗。

4. 氧化供能　葡萄糖是人体内主要的供能物质，有些器官完全依靠葡萄糖供给所需的能量，如大脑每日需要100~120g葡萄糖。此外。肾髓质、肺组织和红细胞等也必需依靠红细胞供能。

（二）果糖

纯净的果糖是无色晶体，熔点为102℃，易溶于水、乙醇和乙醚。果糖是最甜的糖，甜度是蔗糖的133%。果糖的临床应用主要表现在：

1. 糖尿病患者能量补充剂　果糖不需要依赖胰岛素控制，可以绕过糖酵解限速酶进行代谢，其代谢快慢取决于果糖的浓度，无论有无胰岛素，高浓度的果糖均可代谢为糖原。果糖代谢速度快的特点可使其在补充糖尿病患者能量的同时，有效控制血糖的波动。果糖注射液和葡萄糖注射液在机体供能方面效果相当，但果糖对病人血糖、胰岛素、血尿素都无明显的影响。对于糖尿病患者，果糖注射液用于常规输液治疗，不会引起血糖、血压的波动。

2. 烧伤、创伤及手术患者的能量补充剂　烧伤、创伤及手术患者对葡萄糖的代谢水平会显著下降，容易出现高血糖现象，此时再补充葡萄糖，就会导致血糖升高等现象，而果糖能突破胰岛素抵抗，在体内代谢速度快，使用果糖给患者供能的同时，不会引起体内糖、水分、电解质的丢失，同时它还可以减少蛋白质的水解，调节患者体内氮平衡。

3. 肝炎患者的能量补充剂　肝炎和肝硬化患者会出现胰岛素抵抗情况，由于肝细胞受损，导致胰岛素分泌减少，引起葡萄糖利用障碍。果糖不依赖胰岛素代谢，肝病患者体内用于氧化供能的果糖升高，肝脏的负担就会减轻。所以，可作为肝病患者的能量补充剂。

4. 治疗急性酒精中毒的辅助药物 果糖还可以加速乙醇代谢,可用于急性酒精中毒的辅助治疗。一般采用静脉注射或静脉滴注 5% 果糖注射液,用量视病情而定,常用量 500~1 000ml。通常情况下,果糖注射液和纳洛酮注射液配合治疗急性酒精中毒,可共同促进乙醇的解毒、快速催醒、使肢体短时间内恢复正常活动,疗效明显,无明显不良反应。

(三)核糖和脱氧核糖

天然核糖是结晶性固体,熔点为 87℃。核糖和脱氧核糖是两种极为重要的戊醛糖。均可以苷羟基与含氮的有机碱结合,形成核苷。核苷再以 C_5 上的羟基和磷酸成酯形成核苷酸。核糖和脱氧核糖分别是组成核苷酸和脱氧核苷酸的基本成分。

脱氧核苷酸钠是一种免疫增强剂,由来自鱼精蛋白或小牛胸腺中提取的脱氧核糖核酸经酶解制成,含脱氧核糖胞嘧啶核苷酸钠、脱氧核糖腺嘌呤核苷酸钠、脱氧核糖胸腺嘧啶核苷酸钠和脱氧核糖鸟嘌呤核苷酸钠,有片剂和注射剂 2 种剂型,临床上主要用于肝炎、白细胞减少症、特发性血小板减少性紫癜和再生障碍性贫血等的辅助治疗。

各种含有核糖的核苷类似物已被开发作为抗病毒和抗癌的药物。*L*- 核糖作为 *D*- 核糖的对映体,比 *D*- 核糖有更多的优势,近年来在医药行业的应用越来越多。

第二节 二 糖

能水解生成 2 分子单糖的糖称为二糖(又称双糖),其水解得到的单糖分子可以相同也可以不同。常见的二糖有蔗糖、麦芽糖和乳糖等,其分子式为 $C_{12}H_{22}O_{11}$,互为同分异构体。

从分子结构看,二糖是由 1 分子单糖的苷羟基与另 1 分子单糖的羟基(醇羟基或苷羟基)脱水所形成的糖苷。

根据形成的二糖分子是否保留有苷羟基,分为还原性二糖和非还原性二糖。还原性二糖与单糖一样,能被碱性氧化剂氧化,能发生成酯和成苷反应。

一、二糖的结构和性质

(一)蔗糖

蔗糖(sucrose)为无色晶体,易溶于水,较难溶于乙醇,其甜味仅次于果糖,是最重要的甜味食物,存在于许多植物体内,以甘蔗和甜菜中含量较多。

从结构上看,蔗糖是由 1 分子 *α-D*- 吡喃葡萄糖 C_1 上的苷羟基与 1 分子 *β-D*- 呋喃果糖 C_2 的苷羟基脱去 1 分子水缩合,通过 *α*-1,2- 苷键结合而成的糖苷,其哈沃斯投影式为:

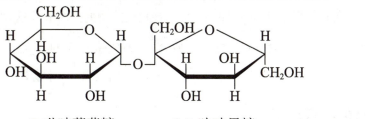

α-D-吡喃葡萄糖 　　　　　*β-D*-呋喃果糖

蔗糖分子中已无苷羟基,在水溶液中不能转变成含醛基或酮基的开链结构,因而无还原性,是非还原性二糖,与托伦试剂、斐林试剂、本尼迪克特试剂均不反应。蔗糖在酸或转化酶的作用下,水解生成等量的葡萄糖和果糖的混合物。因此,蔗糖水解后能发生银镜反应。

$$C_{12}H_{22}O_{11} + H_2O \xrightarrow{H^+ \text{或酶}} C_6H_{12}O_6 + C_6H_{12}O_6$$

蔗糖 　　　　　　　　　　　　葡萄糖　　果糖

（二）麦芽糖

麦芽糖（maltose）为白色晶体，易溶于水，有甜味，主要存在于发芽的谷物种子中，尤其麦芽中含量高。

在人体内，食物中的淀粉先经淀粉酶作用水解成麦芽糖，再经过麦芽糖酶的作用水解生成2分子葡萄糖，故麦芽糖是淀粉水解过程中的中间产物。

麦芽糖是由1分子*α-D*-吡喃葡萄糖C_1上的苷羟基与另一分子*D*-吡喃葡萄糖的C_4上的醇羟基之间脱水缩合，通过*α*-1,4-苷键结合而成的糖苷。其结构式为：

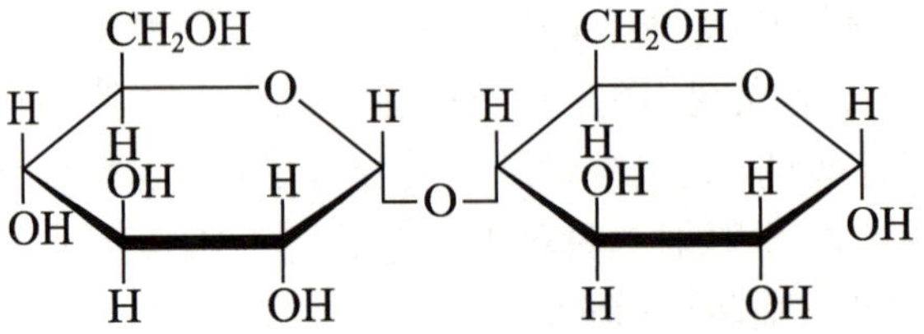

α-D-吡喃葡萄糖　　*D*-吡喃葡萄糖

ER 14-7 麦芽糖的3D结构

因为麦芽糖分子中仍有一个自由的苷羟基，所以具有还原性，是还原性糖。能与托伦试剂、斐林试剂、本尼迪克特试剂等弱氧化剂反应，也能发生成苷反应。在酸或酶的作用下，麦芽糖可水解生成2分子葡萄糖。

$$\underset{\text{麦芽糖}}{C_{12}H_{22}O_{11}} + H_2O \xrightarrow{H^+\text{或酶}} 2\ \underset{\text{葡萄糖}}{C_6H_{12}O_6}$$

（三）乳糖

乳糖（lactose）为白色结晶，通常含1分子结晶水，易溶于水，微甜。存在于哺乳动物的乳汁中，它是婴儿发育必需的营养物质。

乳糖是由1分子*β-D*-吡喃半乳糖C_1上的苷羟基与另1分子*D*-吡喃葡萄糖C_4的醇羟基脱水，通过*β*-1,4-苷键结合而成。其结构式为

β-D-吡喃半乳糖　　*D*-吡喃葡萄糖

ER 14-8 乳糖的3D结构

乳糖分子中保留有苷羟基，属于还原性二糖。在稀酸或酶的作用下，乳糖水解生成半乳糖和葡萄糖。

$$\underset{\text{乳糖}}{C_{12}H_{22}O_{11}} + H_2O \xrightarrow{H^+\text{或酶}} \underset{\text{葡萄糖}}{C_6H_{12}O_6} + \underset{\text{半乳糖}}{C_6H_{12}O_6}$$

二、重要二糖的护理应用

1. 蔗糖　日常食用的白糖、红糖、冰糖的主要成分均为蔗糖，富有营养，主要供食用。

（1）解毒保肝：蔗糖对肝病患者有提高肝的解毒能力，促进肝细胞恢复，保护肝脏的作用。食物中毒的患者，无医疗救助条件时，可立即服用大量的白糖水，能起到解毒保肝的作用。

（2）防腐抗氧：无医疗救助条件时，对于轻度烫伤、擦伤及创口出血，可将蔗糖敷在清洗后的伤口上，能起到抑菌、消炎、止血的效果，有助于伤口的愈合，高浓度蔗糖能抑制细菌生长。浓度越高，渗透压越大，细菌无法生长，因此，蔗糖在医药上可作为防腐剂和抗氧剂。

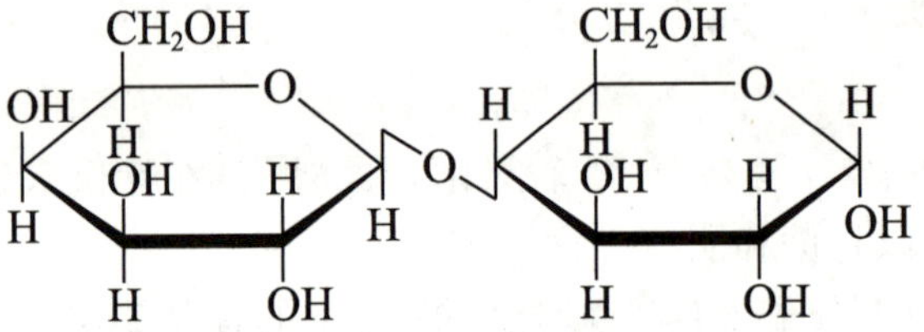

（3）**其他应用**：在医药上主要用作矫味剂和配制糖浆。蔗糖还能增加机体 ATP 的合成，提高氨基酸的活力与促进蛋白质的合成。

2. 乳糖　乳糖是哺乳动物乳腺分泌的一种双糖，是乳汁中最主要的一种碳水化合物。乳糖是婴幼儿及动物幼子哺乳期的营养的主要来源，是婴儿发育必需的营养物质；利用其易压缩成形和吸水性低的特点，在医药上常用作散剂、片剂的填充剂，在食品工业中，用作婴儿食品及炼乳品种。

乳糖在人体中不能直接吸收，需要在乳糖酶的作用下分解后才能被吸收，缺少乳糖分解酶的人群在摄入乳糖后，未被消化的乳糖直接进入大肠，刺激大肠蠕动加快，造成腹鸣、腹泻等症状称乳糖不耐受症。乳糖不耐受症对婴幼儿影响较大，并会同时伴有尿布疹、呕吐、生长发育迟缓等，成人有时伴恶心反应。食用酸奶、低乳糖奶可以缓解乳糖不耐受症。

第三节　多　糖

多糖是多个单糖分子脱水缩合，通过苷键连接而成的高分子化合物。广泛存在于动植物体内。根据其水解后的单糖是否相同，分为均多糖和杂多糖。水解生成同种单糖的称为均多糖，例如淀粉、糖原、纤维素等，可用通式 $(C_6H_{12}O_5)_n$ 表示。水解后生成两种或两种以上单糖或单糖衍生物的称为杂多糖，如透明质酸、肝素等。

一、多糖的结构和性质

多糖的结构单位是单糖，结构单位之间以苷键相连接，常见的苷键有 α-1,4- 苷键、α-1,6- 苷键和 β-1,4- 苷键。结构单位之间可连接成直链，也可连成支链。多糖不是纯净物，而是聚合程度不同的混合物。

多糖的性质与单糖和二糖有较大的区别。多糖一般为无定形粉末，没有甜味，大多数不溶于水，个别能与水形成胶体溶液。多糖的相对分子量很大，只有糖链末端的单糖保留了苷羟基，因此，多糖无还原性和旋光现象。多糖是糖苷，在酸或酶作用下逐步水解，生成一系列复杂的中间产物，但最终完全水解为单糖。

多糖是与生命现象有关的一类化合物。如淀粉是植物体内储存的养料，也是人类食物的主要成分；糖原是动物体内糖的储存形式；纤维素是形成植物骨干的原料等。

（一）淀粉

主要存在于植物的种子或块根里，其中谷类含淀粉较多。

淀粉是一种白色、无气味、无味道的粉末状物质。根据结构不同，淀粉可分为直链淀粉（amylose）和支链淀粉（amylopectin）。

1. 直链淀粉　又称可溶性淀粉，溶于热水呈胶体溶液，是一种没有分支的长链多糖，其分子含有 1 000~4 000 个 α- 葡萄糖单元。它们是 α- 吡喃葡萄糖通过 α-1,4- 苷键反复连接的线状聚合物。直链淀粉的结构式为：

α-1, 4-苷键

直链淀粉分子内通过氢键相互作用，有规律地卷曲成螺旋状，每个螺旋圈约有 6 个葡萄糖结构单位（图 14-1）。

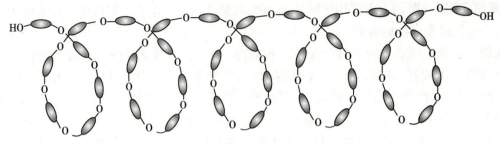

图 14-1　直链淀粉结构示意图

直链淀粉遇碘呈深蓝色，这个反应非常灵敏，加热时蓝色消失，冷却时又出现，常用于淀粉或碘的互相鉴别。

2. 支链淀粉　支链淀粉不溶于热水，但遇热水膨胀变黏而成糊状，又称为不溶性淀粉。其结构式如下：

支链淀粉中 *D*- 葡萄糖之间以 α-1,4- 苷键连接成直链，直链上每隔 20~25 个葡萄糖单位便分出 1 个分支，而所有支链的分支处连接点都以 α-1,6- 苷键连接（图 14-2）。

图 14-2　支链淀粉结构示意图

纯支链淀粉遇碘呈紫红色，因天然淀粉是直链淀粉和支链淀粉的混合物，遇碘显紫蓝色。

通常淀粉不显还原性，但它在催化剂（如酸）存在和加热条件下可逐步水解，生成一系列比淀粉分子小的化合物，最后生成还原性葡萄糖。

$$(C_6H_{10}O_5)_n \xrightarrow{H_2O} (C_6H_{10}O_5)_m \xrightarrow{H_2O} C_{12}H_{22}O_{11} \xrightarrow{H_2O} C_6H_{12}O_6$$

　　淀粉　　　　　　　糊精　　　　　　麦芽糖　　　　　葡萄糖

淀粉在人体内也可进行水解，如淀粉在小肠里，在胰腺分泌的淀粉酶作用下，最终水解成葡萄糖，经小肠壁进入血液，供人体组织的营养需要。

（二）糖原

糖原是人和动物体内储存的一种多糖。人体将食物中的淀粉在小肠水解为葡萄糖，吸收后经血液循环运送到全身，一部分可在肝脏和肌肉组织合成糖原储存，分别称为肝糖原和肌糖原。人体内约含糖原 400g。

糖原的结构单位是 *α-D-* 葡萄糖，相对分子质量可高达 1×10^8。糖原的结构和支链淀粉相似，

葡萄糖单位之间以 *α*-1,4- 苷键结合成直链，支链的分支点 *α*-1,6- 苷键连结，糖原比支链淀粉相对分子质量更大，分枝更密，结构更为复杂（图14-3）。

糖原是无定形粉末，可溶于水形成透明的胶体溶液，遇碘液呈棕红色。

糖原代谢对维持人体血糖浓度恒定有着重要的调节作用。当血液中葡萄糖含量增高时，在激素和酶作用下，肝把多余的葡萄糖转化成糖原储存；当血糖浓度降低时，肝糖原立即分解为葡萄糖进入血液，以维持血糖水平，为脑、心肌等组织提供能量。肌糖原可分解为乳酸，在肝脏异生为葡萄糖。

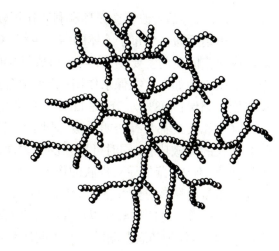

图 14-3　糖原

（三）纤维素

纤维素是自然界中分布最广、存在量最多的多糖，是构成植物细胞壁的主要成分，也是植物体的支撑物质。纤维素是 *D*- 葡萄糖单位通过 *β*-1,4- 糖苷键连接而不含支链的线性高分子化合物。其结构如下：

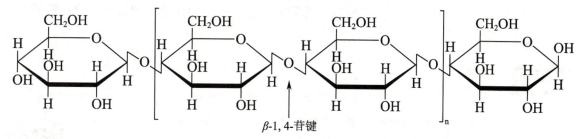

借助氢键的作用，各纤维素的直链互相平行成束状，进一步绞扭成绳索状（图14-4）。

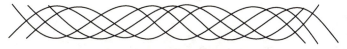

图 14-4　纤维素的绳索状排列

纤维素是白色物质，不溶于水，韧性很强，在高温、高压下经酸水解的最终产物是葡萄糖。纤维素没有还原性。

纤维素虽然是由葡萄糖组成，但人体内没有水解纤维素的酶，因此，纤维素不能直接作为人类的能源物质。膳食中的纤维虽不能被人体消化吸收，但能刺激胃肠蠕动、防止便秘、排除有害物质、减少胆酸和胆固醇的肝肠循环、降低血清胆固醇、影响肠道菌、抗肠癌等作用，因此，食物中含有一定量纤维素有益健康。牛、马、羊等食草动物的胃能分泌纤维素水解酶，能将纤维素水解成葡萄糖，所以纤维素可作为食草动物的饲料。纤维素的用途很广，医用纱布、脱脂棉是临床上的必需品，在药物制剂中，纤维素经处理后可用作片剂的粘合剂、填充剂、崩解剂、润滑剂和良好的赋形剂。

二、重要多糖的护理应用

1. 右旋糖酐　是人工合成的 *D*- 葡萄糖聚合物，因它是右旋糖的脱水产物，故名右旋糖酐。右旋糖酐的结构单位是 *D*- 葡萄糖，主要以 *α*-1,6- 苷键连接成长链，还有少量通过 *α*-1,3- 苷键或 *α*-1,4 苷键形成的分枝。临床上右旋糖酐常作为血容量扩充剂使用，用于大失血后补充血容量。它的主要作用是提高血浆的胶体渗透压，使细胞间质的水和电解质回流到血管内，从而扩充血容量，维持血压；并有改善微循环等作用。医用右旋糖酐有相对分子质量为 70 000 和 40 000 两种，前者扩充血容量较持久，后者改善微循环和利尿作用较好。

2. 透明质酸 分布于人体的结缔组织、黏液组织、眼球的晶状体等组织中。与蛋白质结合后，是构成细胞间质的主要物质；与水形成黏稠的凝胶，有很大的黏性，有粘合、润滑和保护细胞的作用。临床应用如下。①保水作用：分子中含有大量的羧基和羟基，具有强大保水作用，2% 纯透明质酸能牢固保持 98% 水分，是目前发现的自然界中保湿性最好的物质，被称为理想的天然保湿因子。真皮和表皮都含有透明质酸，透明质酸能促进皮肤吸收营养，增加皮肤弹性，延缓皮肤衰老，具有强大的除皱功能，同时可以在皮肤表面形成一层透气的薄层，使皮肤紧致、光滑和湿润，并可阻隔细菌、灰尘、紫外线对皮肤的伤害。是护肤品的重要组成部分。②眼科的理想材料：透明质酸作为医用新型材料安全可靠，没有任何副作用。临床上常作为眼科手术的理想材料，应用于眼球晶体手术移植等。透明质酸可以用作接触镜（隐形眼镜）的保湿剂和透皮保湿剂。透明质酸添加于眼药水中，可以保护和润湿眼睛。③透明质酸还具有刺激免疫系统，阻止癌细胞扩散，促进细胞修复和伤口愈合，防止感染和术后粘连等特殊功效。

3. 肝素 是由 *D*-葡糖胺、*L*-艾杜糖醛酸、N-乙酰葡糖胺及葡糖醛酸交替组成的黏多糖硫酸酯，分布在肝、肺、血管壁、肠黏膜等组织中，因最初在肝中发现，故名肝素。肝素是人和动物体内的一种天然抗凝血物质，是凝血酶的对抗物。临床上利用肝素的抗凝血作用，广泛用作血液的抗凝剂，也用于防止某些手术后可能发生的血栓及脏器的粘连。还可用作静脉留置针头的封管药物。

（邹 毅）

思考题

1. 如何用化学方法鉴别葡萄糖、果糖、蔗糖和淀粉？
2. 阐述蔗糖与麦芽糖在结构组成和性质上的差异。
3. 简述右旋糖酐的护理应用。

ER 14-9

练习题

第十五章 | 常用化学消毒剂

ER 15-1　　ER 15-2

教学课件　　思维导图

学习目标

1. 熟悉：化学消毒剂的分类及适用范围。
2. 了解：化学消毒剂的作用机制。
3. 学会：化学消毒剂配制、稀释和正确使用。
4. 培养学生具有严谨认真的职业道德与良好的职业素质。

　　化学消毒法在实际工作中应用广泛，如手术部位、注射部位皮肤的消毒；医护人员手的消毒；医疗器械的消毒；环境设备的消毒；被病原微生物的排泄物、分泌物所污染的物品及地区的处理等，都需灭菌或消毒。这需要熟悉各种化学消毒剂的理化性质，才能更好地发挥消毒灭菌作用。

第一节　消　毒　剂

情景导入

消　毒　剂

　　消毒灭菌是护理实践中预防疾病传播和控制院内感染的重要手段。化学消毒剂是进行消毒灭菌的重要物质，包括无机消毒剂和有机消毒剂。

　　请思考：
　　1. 列举出生活中见到的消毒剂。
　　2. 说出消毒剂稀释的方法。

　　消毒灭菌（sterilization）是指用物理或化学的方法杀灭或清除传播媒介上的病原微生物的过程。消毒灭菌法有物理消毒灭菌法和化学消毒灭菌法。

一、消毒剂

　　用于消毒的化学物质称为化学消毒剂（chemical disinfectant），简称消毒剂。常用的化学消毒法有：浸泡法、擦拭法、喷洒法、熏蒸法和环氧乙烷气体密闭消毒法等。

二、消毒剂的分类

　　化学消毒剂按照杀菌能力可分为灭菌剂、高效消毒剂、中效消毒剂、低效消毒剂；按照其化学成分的不同，可分为无机消毒剂和有机消毒剂。按用途可分为环境消毒剂、物体表面消毒剂、皮肤黏膜消毒剂。

三、消毒剂的作用原理

化学消毒剂的作用原理是：①破坏细胞膜的结构，改变细胞膜通透性，影响细胞传递活性或能量代谢，甚至引起细胞破裂、溶解。如表面活性剂、酚类及醇类等。②药物渗透到菌体内，使蛋白质变性或凝固，从而影响蛋白质结构、造成蛋白质变性。如乙醇、氧化剂、醛类等。③改变蛋白质与核酸功能基团或改变酶的活性，如氧化剂、重金属盐与细菌内酶的化学基团结合使其失去活性。

四、化学消毒剂的配制方法

(一) 根据有效成分含量配制

含氯消毒剂、含碘、过氧化氢及一些有机消毒剂，根据消毒剂的种类不同，原液和消毒液有效成分含量不同，可根据浓度计算公式或稀释定律进行配制。使用前要检测其有效成分。

如市售氯胺的有效成分为 5.5%~6.5%，而 0.5%~1% 氯胺常用于餐具、便具的浸泡；市售过氧乙酸的有效成分为 16%~40%，而 0.2% 过氧乙酸常用于手的消毒等，使用时需将其按需要稀释。

例 15-1 如何用 50% 的甲酚（来苏尔）配制 5% 的消毒液 1 000ml？

解：根据稀释定律：$C_1 \times V_1 = C_2 \times V_2$

$$V_1 = \frac{C_2 \times V_2}{C_1} = \frac{5\% \times 1\,000}{50\%} = 100\,(\text{ml})$$

配制方法：取 50% 的甲酚 100ml 加灭菌蒸馏水稀释到 1 000ml。

碘酒原液直接可以消毒。碘伏是碘与表面活性剂的不定型结合物。5% 的溶液含有效碘 250mg/L，20% 的溶液含有效碘 1 000mg/L，用时按有效碘含量用灭菌蒸馏水配制。

例 15-2 用 5% 的碘伏消毒液配制 0.5% 的碘伏消毒液 10L，如何配制？

解：根据稀释定律：$C_1 \times V_1 = C_1 \times V_2$

$$V_1 = \frac{C_2 \times V_2}{C_1} = \frac{0.5\% \times 10}{5\%} = 1.0\,(\text{L}) = 1\,000\,(\text{ml})$$

配制方法：取 1 000ml5% 的碘伏消毒液，加蒸馏水至 10L，混匀即可。

如碘伏用于阴道黏膜消毒时，将 5% 的碘伏稀释 10 倍即得所需浓度。

(二) 用固体物质配制消毒液

高锰酸钾、漂白粉等固体物质，可根据所需浓度计算用量，称量后加蒸馏水配制。消毒液盛放的容器应加盖，使用过程中应强化其浓度的检测。

例 15-3 如何配制 0.1% 的高锰酸钾溶液 5 000ml？

解：0.1% 的高锰酸钾溶液的密度约为 1g/cm^3，1 000ml 溶液可看作质量约 1 000g。

根据质量分数 $\omega = \dfrac{m_B}{m}$ 得：

$$m_B = m \times \omega = 5\,000 \times 0.1\% = 5\,(\text{g})$$

配制方法：称取 5g 高锰酸钾，加入 5 000ml 蒸馏水溶解即可。

(三) 调节溶液的酸碱性

市售戊二醛消毒液质量分数为 2% 的酸性、中性溶液，消毒用的戊二醛通常为 2% 碱性溶液，使用时应加入碳酸氢钠，调节 pH 为 7.5~8.5，静置 1h 后可直接使用。

(四) 按消毒箱说明操作

甲醛气体由福尔马林和多聚甲醛置于甲醛消毒箱中产生，再进行消毒，使用时参照甲醛消毒箱使用说明；环氧乙烷消毒液的配制，根据灭菌箱的要求进行；臭氧消毒根据臭氧消毒机的使用说明进行。

第二节　无机消毒剂

一、无机消毒剂

无机消毒剂有含氯消毒剂、含碘消毒剂、过氧化物类消毒剂、高锰酸钾等。

二、无机消毒剂的杀菌原理、适用范围、使用方法及注意事项

无机消毒剂的杀菌原理、适用范围、使用方法及注意事项见表 15-1。

表 15-1　无机消毒剂

消毒剂名称	杀菌原理	适用范围和使用方法	注意事项
含氯消毒剂（液氯、漂白粉、漂白精、次氯酸钠及 84 消毒液）	(1) 含氯消毒剂高浓度的为高效消毒剂、低浓度的为中效消毒剂 (2) 杀菌原理：①含氯消毒剂在水中均可生成的次氯酸（HClO），HClO 是电中性的小分子，易于扩散到带负电荷的细菌表面并渗透于细胞壁进入菌体。影响细菌和多种酶体系，造成细菌代谢障碍②HClO 是强氧化剂，能损害细菌的细胞膜改变其通透性，而致细菌死亡	常用于餐具、环境、水、环境及疫源地等消毒： (1) 浸泡法和擦拭法：对于一般污染的物品，用含有效氯 0.02% 的消毒液浸泡 10min 以上，不能浸泡的可以擦拭；对肝炎病毒、结核分枝杆菌和细菌芽孢的污染，用含有效氯 0.2% 的消毒液浸泡 30min 以上 (2) 喷雾法：对于一般物品表面，用含有效氯 0.05% 的消毒液均匀喷洒 30min 以上。对肝炎病毒、结核分枝杆菌和细菌芽孢污染的表面，用含有效氯 0.2% 的消毒液喷洒 1h 以上 (3) 干粉消毒法：对排泄物消毒，将排泄物 5 份加含氯消毒剂 1 份加以搅拌，放置 2~6h	(1) 放置密封容器中，阴凉、干燥、避光保存 (2) 因溶液不稳定，现用现配 (3) 消毒剂有腐蚀、漂白作用，不能用于金属、有色织物及油漆家具的消毒
含碘消毒剂（碘酊、碘伏）	(1) 碘酊（碘酒）、碘伏均为中效消毒剂 (2) 杀菌原理：①碘化作用可使蛋白质、核酸变性；②氧化巯基，使蛋白质活性丧失；③与酚羟基反应，阻碍酚羟的功能；④破坏不饱和脂肪酸分子中碳－碳双键，改变不饱和脂肪酸的性。⑤在酸性条件下杀菌作用最强	(1) 2% 的碘酊用于手术前注射部位、创面周围等皮肤的消毒，作用 1min 后需用 75% 的酒精脱碘 (2) 碘伏常用于皮肤、黏膜、外科手术和注射部位的消毒 ①浸泡法：0.05%~0.1% 碘伏溶液用于浸泡清洗并晾干后的物品，时间 30min ②擦拭法：0.5%~2% 碘伏溶液用于擦拭消毒部位，擦 2 遍，时间 1~2min ③冲洗法：0.05% 碘伏溶液用于冲洗伤口黏膜和阴道黏膜，时间 3~5min	(1) 碘酊不能用于黏膜消毒；碘过敏者禁用 (2) 碘伏稀释后稳定性差，宜现配现用 (3) 碘密闭于棕色瓶保存，碘酊避免与拮抗物质同用，新生儿慎用
过氧化氢	(1) 过氧化氢又称双氧水，属高效消毒剂 (2) 杀菌原理：过氧化氢不稳定，与黏膜、伤口、脓液、污物接触即分解生成原子氧，具有很强的氧化能力，与细菌接触时，能破坏细菌菌体，杀死细菌，且杀菌后不会造成二次污染	双氧水是伤口清理的理想消毒剂： (1) 擦拭法和浸泡法：3% 的双氧水可用于擦拭物品表面或浸泡器械，作用时间 30min (2) 喷雾法：1.5% 过氧化氢溶液喷成气溶胶，消毒房间，密闭作用 30min。6% 的过氧化氢喷雾用于灭菌，密闭作用 60min。用于消毒血液、脓液污染的物品，应适当延长消毒时间 (3) 其他方法：3% 的双氧水常用于伤口或中耳炎的消毒；1%~1.5% 过氧化氢溶液常用于扁桃体炎、口腔炎、齿龈脓肿、白喉、咽炎等患者漱口。2%~3% 常作为冲洗药物而应用于口腔医学	(1) 市售浓度有 3% 的稀溶液和 30%~35% 的浓溶液，稀溶液稳定性差，需贮存于阴凉、通风处，并在使用前检测其有效含量 (2) 属于无毒消毒剂，3% 以下浓度对皮肤无刺激性，1.5% 以下对黏膜无刺激性，但高于上述浓度时，不能接触皮肤和黏膜 (3) 对金属有腐蚀性，对织物有漂白作用，不能用于金属、有色织物等的消毒 (4) 稀释液不稳定，应现用现配

第三节　有机消毒剂

一、有机消毒剂

有机消毒剂有醛类消毒剂、醇类消毒剂、酚类消毒剂、烷基化类消毒剂、季铵盐类消毒剂等。

二、有机消毒剂的杀菌原理、适用范围、使用方法及注意事项

有机消毒剂的杀菌原理、适用范围、使用方法及注意事项见表15-2。

表15-2　有机消毒剂

消毒剂名称	杀菌原理	适用范围和使用方法	注意事项
甲醛	(1)属高效消毒剂和防腐剂 (2)杀菌原理:与菌体蛋白质中的氨基、羧基、羟基和巯基结合,使蛋白质凝固变性	40%的甲醛又称福尔马林,是常用的消毒剂和防腐剂,用于多数物品的消毒: (1)浸泡法:10%的甲醛水溶液用于浸泡解剖材料或病理组织标本;8%的甲醛-乙醇(70%)溶液用于浸泡医疗器械,时间5~10min消毒,18h达到灭菌;4%的甲醛-硼砂(5%)溶液,浸泡金属器械过夜可以灭菌 (2)熏蒸法:甲醛蒸气杀灭细菌芽孢。0.3%~0.4%的甲醛用于疫苗生产中灭活病毒	(1)使用甲醛气体消毒时,必须在甲醛消毒灭菌箱中进行,由专业培训人员操作 (2)熏蒸后,用抽气通风或氨水中和除去残留甲醛气体 (3)浸泡消毒的医疗器械或物品应用无菌水冲洗干净 (4)甲醛低于5℃易聚合,不宜在冰箱保存
戊二醛	(1)属高效广谱灭菌剂 (2)杀菌原理:同甲醛,因有2个醛基,杀菌能力比甲醛更强 (3)pH为7.5~8.5时,杀菌作用最强;pH>9时,杀菌作用丧失	常用于医疗器械的消毒及卫生防疫消毒,尤其适用于金属器械和耐湿忌热的精密仪器的消毒: (1)浸泡法:2%碱性戊二醛浸泡不耐高温度的器械、内镜等,消毒需10~30min,肝炎病毒需30min,灭菌需7~10h;2%的戊二醛用于金属器械浸泡消毒,时间30~60min,灭菌10h (2)擦拭法:可以用擦拭法对物品或器械表面消毒,作用时间同浸泡法;5%~10%的戊二醛溶液可除去面部以外的寻常疣	(1)浸泡碳钢类金属物品时(如手术刀),先碱化后加入0.5%亚硝酸钠防锈 (2)加强对浓度的测定,每周过滤一次 (3)对皮肤有刺激性,使用时戴橡皮手套
乙醇	(1)属中效消毒剂 (2)杀菌原理:①破坏蛋白质的肽链,使之变性。②侵入菌体,破坏蛋白质表面的水膜,使之失去活性,引起微生物新陈代谢障碍。③溶菌作用	可作为皮肤、医疗器械、物品表面的消毒: (1)擦拭法:75%的乙醇用于皮肤或物品表面消毒;20%的乙醇溶液用于涂擦卧床病人的皮肤防发生压疮 (2)浸泡法:75%的乙醇可以浸泡锐利金属器械及体温计,作用时间5~10min	(1)易挥发,需加盖保存,且定期检测有效浓度 (2)乙醇有刺激性,不宜用于黏膜及创面消毒 (3)乙醇浓度超过80%,消毒效果会降低
甲酚	(1)属中性消毒剂 (2)杀菌原理:作用于细胞膜,导致细胞成分嘌呤、嘧啶、核糖等丢失,同时也作用于呼吸酶系统,抑制微生物细胞色素氧化酶,导致微生物死亡	甲酚是医药上用途最广的酚类消毒剂,常用于手、器械、环境及排泄物等消毒,使用时可用乙醇稀释: (1)擦拭法:1%~3%溶液可对污染物体表面进行消毒,需30~40min (2)浸泡法:1%~5%的甲酚溶液浸泡实验室器皿,需30~60min;5%的溶液对结核分枝杆菌污染的物品进行浸泡消毒,需1~2h (3)喷洒法:5%~10%的溶液可对排泄物消毒	(1)配制来苏儿不宜用硬水 (2)甲酚毒性大,使用时不能与皮肤接触,若不慎沾到皮肤,应用酒精洗涤 (3)应贮存于阴凉、通风处密封保存;与氧化剂、酸碱类、脂类等化学品分开存放,以免减弱杀菌能力

消毒剂名称	杀菌原理	适用范围和使用方法	注意事项
过氧乙酸	(1)过氧乙酸属高效灭菌剂 (2)杀菌原理:①溶于水产生过氧化氢,发挥氧化作用。可直接与微生物蛋白质、核酸作用,导致其死亡。②其强酸性和电离出的乙酸可改变细菌内pH,影响微生物的正常代谢	常用于皮肤、体温计、室内表面、餐具等消毒: (1)擦拭法:0.2% 溶液用于皮肤消毒;0.02% 溶液用于黏膜冲洗消毒 (2)浸泡法:0.1%~0.2% 溶液用于洗手消毒,浸泡 1min;0.3%~0.5% 溶液用于器械消毒,浸泡 15min;1% 的溶液浸泡可治疗手足癣 (3)喷洒法:0.04% 溶液用于餐具、空气及垃圾物消毒 (4)熏蒸法:20% 的成品熏蒸用于无菌室消毒;2% 过氧乙酸喷雾或加热过氧乙酸可在密闭条件下用于空气消毒,1h 后开窗通风	(1)具有腐蚀性和漂白性,消毒后必须立即洗涤干净 (2)稳定性差,遇明火、高温发生自燃或爆炸,需放阴凉通风处,加盖密封保存。应现配现用 (3)有强腐蚀性,不能浸泡金属类物品,使用时必须稀释,否则会造成灼伤 (4)有强烈的刺激性,配制溶液时需戴口罩及橡皮手套防护
季铵盐类消毒剂(苯扎溴铵、杜米芬等)	(1)属低效消毒剂 (2)杀菌原理:①改变细胞渗透性,使菌体破裂;②使蛋白质变性,灭活菌细胞;③具有良好的表面活性作用,可高度聚集于菌体表面,影响细菌新陈代谢	苯扎溴铵对化脓性细菌、肠道菌及部分病毒有一定的杀灭能力;不能用于灭活乙肝病毒、结核分枝杆菌的消毒,也不能用于杀灭细菌芽孢: (1)浸泡法:0.05%~0.1% 溶液用于外科手术前的洗手,浸泡 5min;0.1% 的溶液用于器械浸泡消毒,煮沸 15min,再浸泡 30min (2)擦拭法:0.1% 的溶液可用于皮肤消毒和霉菌感染,需 5min (3)喷洒法:0.1%~0.2% 溶液用于环境表面消毒,需 30min	(1)对阴离子表面活性剂和多数金属离子有拮抗作用,不能与肥皂、碘伏、硝酸银、高锰酸钾、水杨酸及铁、镁、铝、钙等的金属离子合用 (2)用于器械浸泡消毒,须加入 0.5% 亚硝酸钠防锈
烷基化类消毒剂(如环氧乙烷、环氧丙烷等)	(1)属高效灭菌剂 (2)灭菌原理:通过对微生物的蛋白质、DNA 和 RNA 的烷基化作用,干扰酶的正常代谢而对微生物灭活	环氧乙烷气体穿透能力强,适用于电子仪器、光学仪器、医疗器械、化纤织物、皮毛、棉、塑料制品及一次性使用的医疗卫生用品的灭菌: (1)大型环氧乙烷灭菌器:用于大量物品的灭菌,用药量为 0.8~1.2kg/m³,55~60℃温度下作用 6h (2)中型环氧乙烷灭菌器:用于一次性诊疗用品的灭菌。其灭菌条件为:浓度为 800 ~ 1 000mg/L,温度为 55~60℃,相对湿度 60%~80%,作用时间 6h (3)小型环氧乙烷灭菌器:灭菌用量 800mg/L 消毒用量 450mg/L,其他条件同中型灭菌器	(1)环氧乙烷易燃、易爆,对人体有害,消毒灭菌应在密闭环氧乙烷灭菌箱内进行,需专业培训上岗 (2)应存放在无火源,阴凉通风处,温度低于 40℃,但不能将其放置冰箱内 (3)消毒完后,必须打开门窗充分通风散气;消毒后的物品,放入解析器内清除残留环氧乙烷,其残留量应低于 10ppm

在临床工作中,合理选用消毒剂。在使用气体和液体消毒剂时,应防止有害消毒气体的泄漏、过敏现象发生及对皮肤、黏膜的损伤。坚持现配现用原则;严格按照使用期限应用,按要求进行浓度检测;防止消毒剂受到污染。

知识拓展

消毒液不能与日化用品混用

洁厕灵是酸性洗涤剂,主要成分是盐酸;84 消毒液是碱性消毒剂,其主要成分是次氯酸钠,两者不能混合使用,不起洁净作用,而会产生有毒气体(Cl_2)。其反应式为:

$$2HCl + NaClO == NaCl + Cl_2\uparrow + H_2O$$

彩漂（主要成分是过氧碳酸钠，其水解产物是 H_2O_2）和漂白剂（主要成分是 NaClO）两者不能混合使用。否则两者都不能发挥有效消毒作用。其化学反应为：

$$HClO + H_2O_2 \rule[0.5ex]{1.5em}{0.4pt} HCl + O_2\uparrow + H_2O$$

（孙丽花）

思考题

1. 医院医务工作者在使用消毒剂的过程中，应该如何配制消毒剂？
2. 如何存放消毒剂才能避免污染？

练习题

第十六章 | 实验指导

教学课件

思维导图

ER 16-1　ER 16-2

> **学习目标**
>
> 1. 掌握：化学实验的基本操作技能，正确使用各种仪器，加深对理论知识的理解和掌握。
> 2. 熟悉：化学实验规则、药品使用规则、实验室安全规则及实验意外事故的处理方法。
> 3. 学会：认真观察、缜密思考、准确记录实验数据及处理数据的能力和实验结果的表达方法。
> 4. 养成团队协作精神、严谨求实的学习态度和认真细致的操作习惯，为后续课程和未来科学研究及实际工作奠定基础。

化学是一门以实验为基础的科学，化学实验在医用化学中占有重要地位。开设化学实验有助于理解和掌握医用化学的基本理论和基础知识。

第一节　实验基础知识

一、实验基本要求

1. 预习是做好实验的前提　实验前必须认真预习、认真阅读实验指导及有关参考书，明确实验目的，领会实验基本原理、实验内容、操作步骤及注意事项等，书写预习报告，且提前设计实验数据记录表格。

2. 认真独立完成实验　根据教材规定的方法、步骤和试剂用量进行实验，每一步都认真操作，仔细观察实验现象、认真记录实验数据。若发现实验和理论不符，应尊重实验事实，认真分析查找原因，必要时多次重复验证查找原因，从中得到有益的科学结论。实验过程中应勤于思考、仔细分析，力争自己解决问题。但遇到确实自己难以解决的疑难时，可以请老师指点。

3. 实验报告　实验完成后，整理有关的数据、材料，对实验现象进行分析，归纳总结，按一定的格式及时、独立完成实验报告。实验报告要简明扼要，条理清楚，字迹工整，图表清晰，格式规范。

二、实验室规则

1. 进入实验室要安静、整洁、有序，不迟到早退，不高声喧哗，不擅自离岗，严禁实验室内进食。

2. 实验过程中要严格规范操作、细致观察，认真思考，客观真实地记录实验数据。正确使用各种仪器和设备，药品和试剂按规定量取用，共用试剂和仪器随时放回原处，随时把观察到的现象、实验数据及结论简明地记录在实验记录本上。

3. 爱护公共财产，精心维护实验仪器，节约实验药品和试剂、节水节电。保持实验地面、台面干净整洁，实验废液、废物按要求放入指定收集容器，严禁扔出窗外、倒入水槽，以免腐蚀管道、污染环境，养成良好的实验室工作习惯。

4. 实验完毕，及时清洗实验所用器皿，整理、清洁实验台面，实验用品归放回原位。仪器如有破损,必须报损补充。

　　5.离开实验室时,检查煤气、自来水、电源及门窗是否关好。

三、试剂取用规则

　　1.取用试剂前要看清楚名称和所需浓度,切勿用错。共用试剂未经许可不得随意挪动原位置。

　　2.禁止用鼻子直接接近容器口闻药品气味,禁止用手触摸药品和尝试药品。

　　3.严格按照实验规定用量取用药品,若无说明用量,一般按最少量取用,液体 1~2ml,固体只需盖满试管底部即可。药品试剂取出后,立即盖好瓶盖,放回原处。已取出的药品、试剂不得再倒回原试剂瓶,以免污染瓶内试剂,也不能随意丢弃,更不能带出实验室,要放在指定的容器中。

　　4.取用固体试剂要用干净、干燥的药匙或镊子,用后立即擦拭干净;取用液体试剂应使用滴管、量筒或移液管,使用这几个仪器移液时,不得用未经清洗或量过其他溶液的量器移液,以免污染其他试剂。用过的量器应立即清洗干净。

　　5.量器读数时,都应使视线与量器内液体凹液面最低处保持水平。量筒应平放实验台,移液管读数时应保持垂直向下。注意:俯视或仰视都会使读数偏差较大。

四、实验室安全规则

　　化学实验中用到许多易燃、易爆、有毒、有腐蚀性的试剂,另外,实验中常用到水、电、煤气等,仪器大部分是易破易碎的玻璃仪器,稍有不慎,就易发生割伤、烧伤、中毒,甚至爆炸等意外事故。所以应该遵守安全规则,采用必要的安全措施,才能保证实验的正常进行。

　　1.实验前认真预习,了解实验所用试剂和药品的性质和注意事项。

　　2.实验中所用试剂和药品不得随意散落和丢弃,严禁带出实验室,应放在实验指定回收处。

　　3.乙醚、乙醇、丙酮等易燃试剂应远离火源。

　　4.嗅气体时应用手将逸出的气体拂向自己,切忌直接用鼻嗅之。

　　5.倾注试剂和加热液体,切勿俯视容器,以免溅在脸上。

　　6.试管加热时,不要将管口对着别人和自己,以免液体喷溅,造成烧伤。

　　7.浓酸、浓碱具有腐蚀性,切勿溅到衣服和皮肤上,尤其注意不要溅入眼睛。稀释浓硫酸应将浓硫酸沿器壁慢慢倒入水中,而不能将水倒入浓硫酸中,以免迸溅造成烧伤。

　　8.实验室内任何药品,特别是有毒药品不得进入口中或接触伤口。也不能将有毒药品或废液倒入下水道中,以免污染环境。

　　9.注意防火,一旦发生火灾,首先切断火源(关闭煤气、切断电源),并快速移开附近的易燃物;有机物着火应立即用灭火器或湿布、细沙灭火,切忌用水浇泼。

第二节　实验基本操作

一、玻璃仪器的洗涤与干燥

　　玻璃仪器的洁净程度,直接影响实验结果。通常要求洗涤干净后器皿内壁附着一层均匀的水膜,不挂水珠。

(一) 洗涤方法

　　一般用自来水冲洗,如需要可用试管刷刷洗。若洗不干净,再用毛刷蘸少量肥皂水或洗衣粉刷洗,然后用自来水冲洗,最后用少量蒸馏水淋洗。如用上述方法仍洗不干净,选用铬酸洗液或其他洗涤液浸泡后按上述方法洗涤。

（二）干燥方法

常用晾干或烘干。洗净后的玻璃仪器，可倒置于干燥处自然晾干；也可在除去水分后放入电烘箱或红外干燥箱内烘干。

二、配制溶液常用仪器及使用方法

（一）容量瓶

1. 容量瓶的形态和规格　容量瓶常用于准确配制和稀释溶液，为细长颈梨形平底玻璃瓶，配有磨口玻璃塞；规格有 25ml、50ml、100ml、250ml、500ml、1 000ml 等，使用时根据需要选择。

2. 容量瓶的使用方法　容量瓶的使用有检漏、洗涤、转移、定容、摇匀五步。

（1）**检漏**：容量瓶使用前必须检查是否漏水。检查方法是在瓶内注入适量水，塞紧塞子，一手按住瓶塞，一手手指握住瓶底，将瓶倒立 2min，观察瓶塞周围是否有水渗出。如果不漏水，转动瓶塞180°再检查 1 次，仍不漏水才可使用。

（2）**洗涤**：和其他玻璃仪器的洗涤方法相同，尽可能用自来水冲洗，再用蒸馏水润洗。

（3）**转移**：配制溶液时，先将称好的固体放入小烧杯中，加入少量蒸馏水溶解，然后在玻璃棒的引流下，将溶液转移到容量瓶中，溶液全部流完后，将烧杯嘴沿玻璃棒向上提起 1~2cm，并同时直立，使附着在玻璃棒和烧杯嘴之间的溶液流回烧杯中，再用少量蒸馏水洗涤烧杯 2~3 次，洗涤液一并转入容量瓶中（图 16-1）。

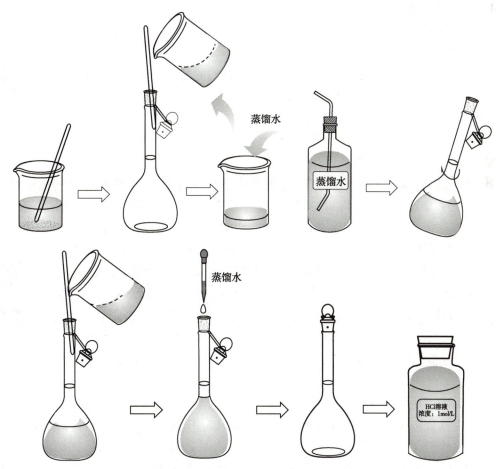

图 16-1　容量瓶的操作和溶液的配制

（4）**定容**：定量转移后，继续加蒸馏水至液面距刻度线 1~2cm 处，改用滴管滴加至凹液面最低点与标线相切。

（5）摇匀：盖好瓶塞，一手手指握住瓶底，另一手示指压住瓶塞，将容量瓶倒转摇动数次，再直立。如此反复 10~20 次，使溶液混合均匀。

（二）电子天平和电子秤

1. 电子天平　电子天平用于精确度较高的称量，规格有万分之一、十万分之一等规格，可精确到 0.000 1g、0.000 01g（图 16-2）。

（1）**电子天平的结构**：电子天平是依据电磁力平衡原理设计的新一代天平。具有自动校正、自动除皮、质量电信号输出、超重指示和故障报警等功能。性能稳定、操作简单、灵敏度高等优点。主要部件有秤盘、质量显示器、ON/OFF 键、去皮键（TAR）、水平仪、水平调节脚等。

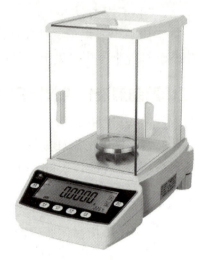

图 16-2　电子天平

（2）**电子天平的使用**：①使用前检查并调节天平水平，接通电源预热 30min。②轻按天平 ON 键，系统自动实现自检功能，当显示器为 0.000 0 后，自检完成，即可称量。③称量时将洁净并干燥的表面皿、小烧杯或称量瓶等容器放在秤盘上，关上天平门，稍候，轻轻按下去皮键，显示 0.000 0 后，打开天平门，在容器中用直接称量法（或减重称量法及递减称量法）称取所需质量。记录所称物质的质量。④称量结束后，取出称量物，关上天平门，轻按天平 OFF 键，切断电源，罩天平罩，并作登记。

（3）**电子天平的称量方法**

1）直接称量：主要用于称固体物质的质量，或一次性称取一定量的样品。要求被称量物性质应稳定，在空气中不易吸湿或挥发。

操作步骤：直接称量法称取样品时，按上述操作轻按除皮键，天平显示 0.000 0 后，用药勺直接向秤盘上器皿中加入样品，直到显示器显示所需质量即可。加样品时，右手手持药勺，左手轻轻拍打右手，小心使样品加入器皿。

2）减重称量法：主要用于称取易吸湿、易挥发、易氧化、易与二氧化碳反应的固体样品或多份样品的平行称量。

操作步骤：①在洁净、干燥的称量瓶内提前装入适量所需样品；②将装样品的称量瓶放于天平盘，按除皮键，天平显示 0.000 0g 即可称量；③将称量瓶拿出天平，使称量瓶倾斜在小锥瓶口，用称量瓶盖轻轻敲打称量瓶口，使少量固体试剂慢慢倒入锥形瓶中，再将称量瓶放入天平称取剩余质量，显示器显示负值即是锥形瓶中取出样品的第 1 份质量，记录数据 m_1；④同样的方法，将称量瓶放回天平盘，按除皮键称第 2 份样品质量 m_2，依次类推，称取 m_3。

3）递减称量法：利用每两次称量之差，求得被称量物质的质量。称量时不需要调零点，定量分析中称取多份样品或基准物质时常用该方法。主要用于称取易吸湿、易挥发、易氧化、易与二氧化碳反应的固体样品或多份样品的平行称量。递减称量法称取样品的质量一般在指定的范围内（一般要求 $m\pm m\times10\%$ 范围内）。

操作步骤：①在洁净、干燥的称量瓶内提前装入适量所需样品（一般情况加入的样品质量应略大于 3 份样品的总质量）；②将装样品的称量瓶放于天平盘上，天平显示的质量即为样品的总质量 m_1；③将称量瓶拿出天平，使称量瓶倾斜在小锥瓶口，用称量瓶盖轻轻敲打称量瓶口，使接近所需量的固体样品慢慢倒入锥形瓶中，再将称量瓶放入天平称取剩余质量 m_2，则倾出样品的质量为 $P=m_1-m_2$。如超重（即 $P>$ 所需质量），则该份样品应弃去，另重称。重复上述步骤，即可称出第 2、第 3 样品的质量，两次质量之差即为倾出样品的质量。

若需称取 3 份样品，计算 3 份样品的质量（g）分别为：

$$P_1=m_1-m_2$$

$$P_1 = m_2 - m_3$$
$$P_1 = m_3 - m_4$$

2. 电子秤 用于较粗略地称量,可精确到 0.1g、0.01g。用法和电子天平基本相同(图 16-3)。

图 16-3 电子秤

(三) 量筒和量杯

量筒和量杯是用于粗略量取或配制一定体积溶液的量器。量筒的规格有 10ml、25ml、50ml、100ml 等,使用时根据需要选择。加液时,距离刻度 1ml 左右改用滴管滴加;读数时应将量筒平放在台面上,使视线和凹液面最低点刻度线保持水平(图 16-4)。

(四) 移液管

1. 移液管的形状和规格 移液管又称吸量管,是精密移取一定体积溶液的量器。通常有 2 种形状,一种管体中部膨大,两端细长的称为移液管或腹式吸管。常有 10ml、20ml、25ml、50ml、100ml 等规格。另一种为直形管,带有准确刻度,称为吸量管或刻度吸管。常有 1ml、2ml、5ml、10ml 等规格(图 16-5)。

2. 移液管的使用方法 检查、洗涤、润洗、吸液、放液。

(1) **检查**:使用前应检查管尖是否完整,若有破损,则不能使用。

(2) **洗涤**:洗涤方法与滴定管相同。尽可能用自来水冲洗、蒸馏水荡洗,必要时采用洗液浸洗。

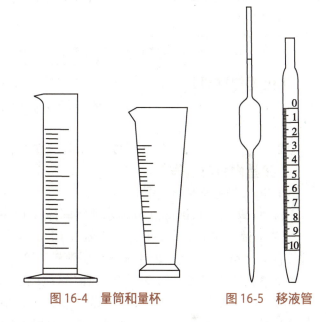

图 16-4 量筒和量杯　　图 16-5 移液管

(3) **润洗**:用右手拇指和中指持移液管刻度线以上部分,左手拿洗耳球,将移液管下口插入欲吸取的溶液中。先挤出洗耳球内空气,然后将球的尖嘴插入移液管颈的管口中,慢慢放开左手指,使溶液吸入管内 1/3 左右。用右手的示指按紧管口,取出横放,转动移液管,使内壁被完全浸润,然后弃去。反复荡洗 3 次即可。

(4) **吸液**:将荡洗后的移液管放入待吸溶液中,吸取溶液至刻度线以上时,移取洗耳球,立即用右手示指按紧管口,使尖嘴离开液面,管体始终保持垂直,稍减示指压力,使液面缓慢下降至凹液面下缘与刻度线相切,立即紧按管口,使液体不再流出。

(5) **放液**:移液管竖直,容器倾斜,移液管尖与容器内壁接触,松开右手示指,溶液自然流出,待溶液全部流尽,再停留 15s,方可取出移液管。

残留在尖嘴部分的溶液,不要吹出。因移液校准时,这部分液体没有计算在内。移液管用完立即洗净,置于移液管架上备用。

第三节　基础实验

实验一　生理盐水的配制和消毒液的稀释

【实验目的】

1. 熟练掌握一定浓度溶液的配制方法。

2. 学会电子天平（或托盘天平）、量筒、容量瓶等仪器的使用方法。

3. 学会取用固体试剂和倾倒液体试剂的方法。

4. 树立实验室安全意识和质量意识。

【实验原理】

在配制溶液时，需考虑所要配制溶液的浓度和量，然后计算出所需溶液的质量和体积。

1. 配制一定质量浓度的溶液　公式为：$\rho_B = \dfrac{m_B}{V}$

2. 配制一定物质的量浓度的溶液　公式为：$c_B = \dfrac{n_B}{V} = \dfrac{m_B}{M_B V}$

3. 用稀释法配制溶液　稀释前后溶质的量不变，即：$c_1 \times V_1 = c_2 \times V_2$

4. 配制过程

$$\boxed{计算} \Longrightarrow \boxed{称量或量取} \Longrightarrow \boxed{溶解或稀释} \Longrightarrow \boxed{定量转移} \Longrightarrow \boxed{定容混匀} \Longrightarrow \boxed{装瓶贴签}$$

【仪器与试剂】

1. **仪器**　10ml 量筒、100ml 烧杯、100ml 容量瓶、电子天平（或托盘天平）、玻璃棒、试剂瓶、胶头滴管。

2. **试剂**　固体 NaCl（AR）、95% 乙醇、84 消毒液、蒸馏水。

【实验内容与操作】

1. 9g/L 的生理盐水的配制

（1）**计算**：配制 100ml 生理盐水所需固体 NaCl 的质量。

（2）**配制**：在电子天平上称取所需 NaCl 固体的质量，置于 100ml 小烧杯中，加 10~20ml 蒸馏水搅拌使其溶解，将上述溶液用玻璃棒引流转移到 100ml 的容量瓶中，再用少量蒸馏水洗涤烧杯和玻璃棒 2~3 次，将清洗液一并转入容量瓶中（注：在操作过程中不能损失点滴液体）。再向容量瓶中继续加蒸馏水至距刻度线 1~2cm 时，改用胶头滴管小心地滴加蒸馏水至溶液凹面与刻度线相切。盖好瓶塞摇匀。将配好的溶液转入试剂瓶中并贴上标签（试剂名称、浓度和配制日期），保存备用。

2. 75% 消毒酒精的配制

（1）**计算**：配制 10ml 75% 消毒酒精所需 95% 酒精的体积。

（2）**配制**：用 10ml 量筒量取所需 95% 酒精的体积，再加蒸馏水稀释至溶液的凹面与 10ml 刻度线相切为止，并用玻璃棒搅拌均匀，最后转入试剂瓶并贴上标签，保存备用。

3. 0.5% 的 84 消毒液配制

（1）**计算**：配制 10ml 0.5% 的 84 消毒液所需原溶液（5%）的体积。（注：原液有效氯含量≥5%，相当于 50g/L）

（2）**配制**：用 10ml 量筒量取所需原溶液的体积，再加蒸馏水稀释至溶液的凹面与 10ml 刻度线相切为止，并用玻璃棒搅拌均匀，最后转入试剂瓶并贴上标签，保存备用。

4. 配制 0.040 00mol/L 的 HAc 标准溶液 100ml

（1）**计算**：配制 100ml 0.040 00mol/L 的 HAc 标准溶液所需 0.200 0mol/L HAc 溶液的体积。

计算过程：根据稀释定律，$c_1 \times V_1 = c_1 \times V_2$

$$V_1 = \frac{c_2 \times V_2}{c_1} = \frac{c_2 \times V_2}{c_1} = \frac{100 \times 0.040\ 00}{0.200\ 0} = 20.00\text{ml}$$

（2）**配制**：用 20ml 移液管准确移取 20.00ml 0.200 0mol/LHAc 溶液置于 100ml 的容量瓶。再向容量瓶中继续加蒸馏水至距刻度线 1~2cm 时，改用胶头滴管小心地滴加蒸馏水至溶液凹面与刻度线相切。盖好瓶塞摇匀。将配好的溶液转入指定的试剂瓶中并贴上标签，保存备用。

【注意事项】

1. 在配制溶液时，应根据要求选取所用仪器。如果对溶液浓度的准确度要求不高，可用托盘天平、台秤、量筒等仪器进行配制，这种配制溶液的方法称为粗配；如果对溶液浓度的准确度要求较高，则应用电子天平（或分析天平）、精确度较高的电子秤、吸量管或移液管及容量瓶等高准确度的仪器，这种配制溶液的方法称为精配。

2. 称量 NaCl 固体时，不要取多，取多的药品，不能倒回原瓶。

3. 容量瓶不能长期存放溶液，尤其是碱性溶液会侵蚀瓶塞，使之无法打开，应转移到试剂瓶中保存，必要时试剂瓶应先用配好的少量溶液润洗 2~3 次。

4. 容量瓶用完应洗净，且在瓶口和瓶塞处夹上纸片，防止瓶口和瓶塞粘接再用时打不开。

5. 在稀释消毒液时，不要溅到衣服或皮肤上。

【问题讨论】

1. 能否在量筒、容量瓶中直接溶解 NaCl 固体？为什么？

2. 用容量瓶配制溶液时，是否要用干燥的容量瓶？为什么？

实验二　缓冲溶液配制及性质

【实验目的】

1. 熟练掌握缓冲溶液的配制方法，并加深认识缓冲原理和缓冲溶液的性质。

2. 熟悉 pH 试纸的正确使用。

3. 养成严谨求实的学习态度和认真细致的操作习惯。

【实验原理】

能抵抗外来少量外加的强酸、强碱或适当稀释，而保持溶液 pH 基本不变的作用称为缓冲作用，具有缓冲作用的溶液称为缓冲溶液。缓冲溶液应由足够浓度、适当比例的共轭酸碱对组成。缓冲溶液的近似 pH 可用亨德森 - 哈赛尔巴赫方程式计算：

$$pH = pK_a + \lg\frac{c_b}{c_a}$$

其中，K_a 为共轭酸的解离常数，c_a、c_b 分别为共轭酸和共轭碱的浓度。若配制缓冲溶液时，所用共轭酸碱的浓度相同，则上式可写为：

$$pH = pK_a + \lg\frac{V_b}{V_a}$$

【仪器与试剂】

1. **仪器**　试管、试管架、烧杯（50ml）、量筒（10ml）、玻璃棒、pH 试纸。

2. **试剂**　0.1mol/L HAc、0.1mo/L NaAc、0.2mol/L HCl、0.2mol/L NaOH、0.1mol/L NaH$_2$PO$_4$、0.2mol/L Na$_2$HPO$_4$。

【实验内容与操作】

1. 缓冲溶液的配制

（1）向小烧杯中加入 0.1mol/L HAc 和 0.1mol/L NaAc 溶液各 15ml（用量筒尽可能准确量取），用玻璃棒搅匀，配制成 HAc-NaAc 缓冲溶液待用，用 pH 试纸测定该缓冲溶液的 pH，并与计算值比较，数据填入表 16-1。

（2）向烧杯中加入 10ml 0.1mol/L NaH$_2$PO$_4$ 溶液和 1ml 0.2mol/L Na$_2$HPO$_4$ 溶液，混合均匀，配制成 NaH$_2$PO$_4$-Na$_2$HPO$_4$ 缓冲溶液待用，测定其 pH，并与计算值比较（H$_3$PO$_4$ 的 pK$_{a2}$ = 7.21）。数据填入表 16-1。

表 16-1　缓冲溶液的配制

试剂	pH 测量	pH 计算	△ pH
HAc–NaAc 缓冲溶液			
NaH$_2$PO$_4$–Na$_2$HPO$_4$ 缓冲溶液			

2. 缓冲溶液的性质

（1）纯溶液的抗酸碱能力

取 2 支试管，各加入 5ml 蒸馏水，用 pH 试纸测定其 pH；在其中一支试管的蒸馏水中加入 5 滴 0.2mol/L HCl 溶液，测其 pH；在另一支试管的蒸馏水中加入 5 滴 0.2mol/L NaOH 溶液，测 pH，比较 pH 的变化。数据填入表 16-2。

取 2 支试管，各加入 5ml 0.1mol/L HAc 溶液，用 pH 试纸测定其 pH。在其中一支试管的 HAc 溶液中加入 5 滴 0.2mol/L HCl，测其 pH；在另一支试管的 HAc 溶液中加入 5 滴 0.2mol/L NaOH 溶液，测其 pH，比较 pH 的变化。数据填入表 16-2。

取 2 支试管，各加入 5ml 0.1mol/L NaAc 溶液，用 pH 试纸测定其 pH。在其中一支试管的 NaAc 溶液中加入 5 滴 0.2mol/L HCl，测其 pH；在另一支试管的 NaAc 溶液中加入 5 滴 0.2mol/L NaOH 溶液，测其 pH，比较 pH 的变化。数据填入表 16-2。

表 16-2　纯溶液的抗酸碱能力

试剂	pH	加酸后 pH	加碱后 pH	pH 有无变化
蒸馏水				
0.1mol/L HAc				
0.1mol/L NaAc				
结论				

（2）缓冲溶液的抗酸碱作用

取两支试管，各加入 5ml 刚配制的 HAc-NaAc 缓冲溶液，其中一支试管中加入 1 滴 0.2mol/L HCl，另一支试管中加入 1 滴 0.2mol/L NaOH，用 pH 试纸分别测定溶液的 pH，并与原缓冲溶液的 pH 比较，结果填入表 16-3。

表 16-3　HAc-NaAc 的抗酸碱作用

缓冲溶液	加入 HCl（1 滴）	加入 NaOH（1 滴）
pH$_{测}$		
pH 有无变化		
解释现象		

取两支试管，各加入 5ml 刚配制的 NaH$_2$PO$_4$-Na$_2$HPO$_4$ 缓冲溶液，其中一支试管中加入 1ml 0.2mol/L HCl，另一支试管中加入 1ml 0.2mol/L NaOH，用 pH 试纸分别测定溶液的 pH，并与原缓冲溶液的 pH 比较，pH 有无变化？结果填入表 16-4。

表 16-4　NaH$_2$PO$_4$-Na$_2$HPO$_4$ 的抗酸碱作用

缓冲溶液	加入 HCl（1ml）	加入 NaOH（1ml）
pH$_{测}$		
pH 有无变化		
解释现象		

（3）**缓冲溶液的抗稀释作用**：取 3 支试管，各加入刚配制的 HAc-NaAc 缓冲溶液 3ml，然后分别加蒸馏水 5 滴、3ml、30ml、测定 pH，并与原缓冲溶液的 pH 比较。数据填入表 16-5。

表 16-5　HAc-NaAc 的抗稀释作用

加水	5 滴	3ml	30ml
pH$_测$			
pH 有无变化			
解释现象			

分析上述实验结果，对缓冲溶液的性质作出结论。

结论：_____

【注意事项】

在配制缓冲溶液时，为获得适宜的缓冲容量，要有适当总浓度，总浓度太低，缓冲容量过小；总浓度太高也不必要，一般为 0.05~0.5mol/L。

【问题讨论】

1. 用同离子效应分析缓冲溶液的缓冲原理。

2. 为什么在缓冲溶液中加入少量强酸或强碱时，pH 无明显变化？

3. 怎样来配制 pH 一定的缓冲溶液？

实验三　电解质溶液

【实验目的】

1. 掌握强电解质和弱电解质的区别。

2. 掌握盐类的水解反应及抑制水解的方法。

3. 学会酸碱指示剂和 pH 试纸的使用方法。

4. 养成实事求是，求真务实的工作作风。

【实验原理】

1. 弱电解质的解离平衡及同离子效应　强电解质在水溶液中全部解离，而弱电解质在水溶液中只是部分解离，存在着解离平衡。如一元弱酸 HAc 的解离平衡。

$$HAc \rightleftharpoons H^+ + Ac^-$$

若在上述弱电解质的平衡体系中，加入含有相同离子的强电解质（如增加 Ac^- 或 H^+ 的浓度），则平衡向生成 HAc 分子的方向移动，使 HAc 的解离度降低，这种现象称同离子效应。

2. 盐类的水解　盐的离子与水解离出来的 H^+ 或 OH^- 生成弱电解质的过程称盐类的水解，盐类的水解使盐的水溶液呈现不同的酸碱性。

（1）强碱弱酸盐水解，溶液呈碱性。如 Na_2CO_3 的水解方程如下：

$$CO_3^{2-} + H_2O \rightleftharpoons HCO_3^- + OH^-$$

（2）强酸弱碱盐水解，溶液呈酸性。如 NH_4Cl 的水解方程如下：

$$NH_4^+ + H_2O \rightleftharpoons NH_3 \cdot H_2O + H^+$$

（3）弱酸弱碱盐水解，溶液的酸碱性则视生成的弱酸或弱碱的相对强弱而定，如 Na_2CO_3 与 $Al_2(SO_4)_3$ 溶液混合，立即双水解，其水解方程如下：

$$Al^{3+} + CO_3^{2-} + H_2O \rightleftharpoons Al(OH)_3 \downarrow + CO_2 \uparrow + H_2O$$

盐类的水解受到温度、浓度及溶液 pH 影响，如升温会促进水解反应。

【仪器与试剂】

1. 仪器　烧杯、量筒、试管、试管架、酒精灯、点滴板。

2. 试剂 　0.1mol/L HCl、0.1mol/L HAc、0.1mol/L NH₃·H₂O、0.1mol/L Na₂CO₃、0.1mol/L NaCl、0.1mol/L NH₄Cl、0.1mol/L Na₂HPO₄、0.1mol/L NaH₂PO₄、0.1mol/L Na₃PO₄、NH₄Cl（固体）、NaAc（固体）、1% 酚酞指示剂、1% 甲基橙指示剂、广泛 pH 试纸、锌片。

【实验内容与操作】

1. 强电解质与弱电解质的比较

取 2 支试管，分别加入少量 0.1mol/L HCl 和 0.1mol/L HAc，用 pH 试纸分别测定两溶液的 pH，并与计算值比较，结果填入表 16-6。

取 2 支试管，分别加入 2ml 0.1mol/L HCl 溶液和 2ml 0.1mol/L HAc 溶液，再各放入一小片锌片，用酒精灯加热，比较反应快慢。结果填入表 16-6。

表 16-6　强弱电解质的比较

溶液	pH计	pH测	与 Zn 反应现象	原因
HCl（0.1mol/L）				
HAc（0.1mol/L）				

2. 弱电解质的解离平衡与同离子效应

取 2 支试管，均加入 1ml 0.1mol/L HAc 溶液，再各滴入 1 滴甲基橙（MO）指示剂，在 1 支试管中加入少量 NaAc 固体，摇匀，观察现象，并与另一支试管的颜色比较，解释实验现象，写出有关的反应方程，填入表 16-7。

取 2 支试管，均加入 1ml 0.1mol/L 氨水溶液，再各滴入 1 滴酚酞（PP）指示剂，在 1 支试管中加入少量 NH₄Cl 固体，摇匀，观察现象，并与另一支试管的颜色比较，解释实验现象，写出有关的反应方程，填入表 16-7。

表 16-7　弱电解质的解离平衡与同离子效应

试剂	HAc（0.1mol/L），加 1 滴 MO	NH₃·H₂O（0.1mol/L），加 1 滴 PP
溶液颜色		
加入固体	NaAc（少量）	NH₄Cl（少量）
颜色变化		
原因		
反应方程式		

3. 盐类的水解与溶液的酸碱性

取 3 支试管，分别加入少量浓度均为 0.1mol/L 的 Na₂CO₃、NaCl 和 NH₄Cl 溶液，用 pH 试纸测定它们的酸碱性，写出水解的离子方程式并解释，结果填入表 16-8。

表 16-8　盐水解与溶液的酸碱性

试剂	Na₂CO₃	NaCl	NH₄Cl
pH测			
酸碱性			
离子方程式			
原因			

取 3 支试管，分别加入少量浓度均为 0.1mol/L 的 Na₃PO₄、NaH₂PO₄、Na₂HPO₄，用 pH 试纸测定它们的酸碱性，并解释之，结果填入表 16-9。

表 16-9　磷酸盐水解与溶液的酸碱性

试剂	Na_3PO_4	NaH_2PO_4	Na_2HPO_4
pH$_测$			
酸碱性			
离子方程式			
原因			

【注意事项】

1. 用 pH 试纸测溶液的酸碱性时，不能用手直接拿取 pH 试纸及将试纸伸进待测溶液中。应将一小片试纸放在干净的点滴板上，用干净玻璃棒蘸待测溶液后，接触试纸，观察其颜色的变化。

2. 取液体试剂时，不能将滴瓶内的滴管伸入试管中，以防污染。

3. 试管加热时，管内液体体积不能超过试管容积的三分之一，试管受热要均匀，管口不能对着别人和自己。

【问题讨论】

1. 为什么 NaH_2PO_4 溶液呈弱酸性，Na_2HPO_4 溶液呈弱碱性？

2. 如何简单地鉴别 Na_2CO_3、NaCl、NH_4Cl、NH_4Ac、NaAc 溶液？

第四节　定性实验

实验一　醇酚化学性质

【实验目的】

1. 熟练掌握醇、酚的鉴别方法。

2. 学会验证醇、酚的主要化学性质。

3. 养成严谨求实的学习态度和认真细致的操作习惯。

【实验原理】

1. **醇**　乙醇和水在结构上有相似之处，醇羟基中的氢原子能被活泼金属（如钠、钾等）置换，生成醇钠。醇钠遇水立即水解为原来的醇并生成氢氧化钠，遇酚酞变红色。

乙二醇、丙三醇等具有邻二醇结构的多元醇，能与新配制的氢氧化铜反应，生成深蓝色的溶液。此反应可以鉴别具有邻二醇结构的化合物。

2. **酚**　凡是具有烯醇式结构的化合物都能与三氯化铁发生显色反应。酚的结构不同，与三氯化铁反应可显现不同的颜色。如苯酚和间苯二酚与三氯化铁溶液反应显紫色；邻苯二酚和对苯二酚与三氯化铁溶液反应显绿色；甲酚与三氯化铁溶液反应显蓝色。此反应常用于酚类的鉴别。

酚类分子中，由于羟基的作用，苯环的电子云密度增大，活泼性增加，尤其以羟基的邻、对位更容易发生亲电取代反应。苯酚与溴水在室温下立刻发生取代反应，苯环上两个邻位、一个对位上的 3 个氢原子均被溴取代，生成不溶于水的 2,4,6- 三溴苯酚白色沉淀，反应非常灵敏，常用于酚类的鉴别。

【仪器与试剂】

1. **仪器**　试管、烧杯、试管架。

2. **试剂**　无水乙醇、异丙醇、叔丁醇、甘油、饱和溴水、金属钠。0.03mol/L $KMnO_4$、2mol/L NaOH、0.5mol/L $CuSO_4$、0.2mol/L 苯酚、0.2mol/L 对苯二酚、0.2mol/L 甲酚、0.05mol/L $FeCl_3$、1% 的酚酞试液。

【实验内容与操作】

1. 醇的性质

(1) **乙醇与金属钠的反应**: 取 1 支干燥的试管, 加入无水乙醇 3ml, 再加入一小粒新切的、并用滤纸擦干的金属钠, 观察现象, 感受试管是否发热。待钠完全反应, 试管冷却后, 加一滴酚酞试液, 观察现象变化, 解释现象。

(2) **甘油与氢氧化铜的反应**: 取 2 支试管, 各加入 2ml 2mol/L NaOH 溶液和 1ml 0.5mol/L $CuSO_4$ 溶液, 振荡试管, 观察现象, 再分别加入甘油和乙醇各 5 滴, 振荡, 观察并解释现象。

(3) **醇与高锰酸钾的反应**: 取 3 支试管, 各加入 0.03mol/L 的 $KMnO_4$ 溶液, 再分别加入 5 滴乙醇、异丙醇、叔丁醇。充分振荡试管, 观察混合液颜色的变化。

将观察的实验现象填入表 16-10。

表 16-10 醇的化学性质

加入试剂	现象	原因或化学方程式
乙醇与钠		
甘油与新制氢氧化铜		
乙醇与高锰酸钾		
异丙醇与高锰酸钾		
叔丁醇与高锰酸钾		

2. 酚的性质

(1) **苯酚与溴水的反应**: 取 1 支试管, 加入 0.2mol/L 苯酚溶液 5 滴, 逐滴加入饱和溴水, 振荡, 观察并解释现象。

(2) **苯酚与 $FeCl_3$ 的显色反应**: 取 3 支试管, 各加入 0.5ml 0.2mol/L 苯酚、对苯二酚、甲酚溶液, 再各加入 0.05mol/L $FeCl_3$ 溶液 2 滴, 振荡, 观察并解释现象。

将观察的实验现象填入表 16-11。

表 16-11 酚的化学性质

试剂	现象	原因或化学方程式
苯酚和饱和溴水		
苯酚和三氯化铁		
对苯二酚和三氯化铁		
甲酚和三氯化铁		

【注意事项】

1. 醇与金属钠反应的试管和试剂必须是无水的。

2. 做具有邻二醇结构的多元醇与新制氢氧化铜反应的实验时, 应先制备氢氧化铜, 然后再加入醇, 才能得到非常明显的变化, 而且反应应在碱性环境下进行, 即制备氢氧化铜时氢氧化钠略过量。

3. 金属钠暴露在空气中易被氧化, 须现用现取。金属钠遇水将发生强烈的化学反应, 使用时必须十分小心。

4. 苯酚具有较强的腐蚀性, 做酚的实验时要注意安全, 如沾到皮肤上应立即用乙醇洗涤, 并用大量的水冲洗

【问题讨论】

1. 为什么醇与金属钠反应的试管和试剂必须是无水的?

2. 用什么方法可以鉴别一元醇和邻二醇?

3. 鉴别苯酚的主要方法有哪些？

实验二 醛酮化学性质

【实验目的】
1. 熟练掌握醛、酮的鉴别方法。
2. 学会验证醛、酮的主要化学性质。
3. 养成认真细致的操作习惯，树立安全环保意识。

【实验原理】
1. 醛和酮 醛和酮分子结构中都含有羰基，它们有许多相似的化学性质，主要表现在羰基上的加成，如与 2,4- 二硝基苯肼作用，生成不溶于水 2,4- 二硝基苯腙。

乙醛和甲基酮 α- 碳上都有 3 个氢原子，能与碘的氢氧化钠溶液发生碘仿反应，利用此反应可以鉴别乙醛、甲基酮及甲基醇。

醛分子中的氢原子受羰基的影响，性质活泼，易被弱氧化剂如托伦试剂和斐林试剂氧化。酮分子中无此活泼氢，不易被氧化。另外醛可和希夫试剂作用显紫红色，上述反应均可用于醛类物质的鉴别。

2. 酮 丙酮可与亚硝酰铁氰化钠的碱性溶液发生特效反应，呈鲜红色，临床上利用此反应检验患者尿液中过量丙酮的存在。

【仪器与试剂】
1. 仪器 试管、烧杯、酒精灯、试管夹、石棉网、铁架台、水浴锅、温度计（100℃）。

2. 试剂 甲醛、乙醛、丙酮、苯甲醛、碘 - 碘化钾溶液、2mol/L NaOH、0.05mol/L AgNO₃、0.5mol/L 氨水、斐林 A 试剂、斐林 B 试剂、希夫试剂、0.05mol/L 亚硝酰铁氰化钠、2,4- 二硝基苯肼。

【实验内容与操作】
1. 醛酮的化学共性

(1) **与 2,4- 二硝基苯肼的反应**：取 4 支试管，各加 15 滴 2,4- 二硝基苯肼，然后分别滴入 5 滴甲醛、乙醛、丙酮和苯甲醛溶液，振荡试管，观察并解释现象。若无沉淀析出，可水浴加热，待冷却后观察现象。填入实验表 16-12。

(2) **碘仿反应**：在 1 支试管中加入 1ml 碘 - 碘化钾溶液，逐滴加入 2mol/L NaOH 溶液至碘的颜色褪去，即得碘仿试剂。

取 4 支试管，分别滴入 3 滴甲醛、乙醛、丙酮和苯甲醛溶液，再各滴入 10 滴碘仿试剂，观察现象。再将它们温水浴加热，观察并解释现象。填入表 16-12。

表 16-12 醛酮的共性

试剂	甲醛	乙醛	丙酮	苯甲醛
2,4- 二硝基苯肼				
碘仿试剂				

2. 醛酮的特性

(1) **银镜反应**：取 1 支洁净的大试管，加入 2ml 0.05mol/L 的 AgNO₃ 溶液和 1 滴 2mol/L NaOH 溶液，再逐滴加入 0.5mol/L 的氨水，边滴加边摇，直至生成的沉淀恰好溶解为止，即为托伦试剂。把已配好的托伦试剂分装在 4 支洁净的试管中，再分别滴入 5 滴甲醛、乙醛、丙酮和苯甲醛溶液，振摇（摇匀后不能再摇）后，放在 50~60℃水浴中加热几分钟，观察并解释现象。填入表 16-13。

(2) **斐林反应**：取一支大试管，加入斐林 A 试剂和斐林 B 试剂各 1ml，摇匀，平均分装到 4 支洁净的试管中，依次加入甲醛、乙醛、丙酮、苯甲醛各 5 滴，振荡，放在 80℃水浴中加热数分钟。观察并解释现象。填入实验表 16-13。

（3）**与希夫试剂反应**：取 4 支试管，依次加入甲醛、乙醛、丙酮、苯甲醛各 5 滴，再分别加入希夫试剂 10 滴，振荡，静置，观察现象。然后再向试管中加入浓硫酸，振荡，静置，观察并解释现象。填入表 16-13。

（4）**丙酮的显色反应**：取 2 支试管，各加入 10 滴 0.05mol/L 亚硝酰铁氰化钠和 5 滴 2mol/L 的氢氧化钠溶液，摇匀，再分别加入 5 滴乙醛和丙酮，观察并解释现象。填入表 16-13。

表 16-13　醛酮的特性

试剂	甲醛	乙醛	丙酮	苯甲醛
托伦试剂				
斐林试剂				
希夫试剂				
亚硝酰铁氰化钠溶液（碱性）				

【注意事项】

1. 银镜反应实验的试管一定要洁净，实验完毕后，立即用少量硝酸洗去银镜。托伦试剂须现配现用，以免久置生成爆炸性物质雷银（AgN_3）。反应只能水浴加热。

2. 2,4- 二硝基苯肼毒性较大，使用时要特别小心，不要沾到皮肤。若不慎触及皮肤，应先用稀醋酸洗，再用清水洗。

3. 碘仿反应实验中加入氢氧化钠用量不能过多，加热时间不宜过长，温度不能过高，否则会使生成的碘仿消失，造成判断错误。

4. 芳香醛、酮不能与斐林试剂反应，若加热时间过长也会分解产生砖红色沉淀。

5. 与希夫试剂的显色反应，不能加热，溶液中避免有碱性物质或氧化性物质存在。

【问题讨论】

1. 醛和酮有哪些共性和特性？
2. 进行银镜反应时应该注意什么问题？

实验三　羧酸和糖的化学性质

【实验目的】

1. 熟练掌握羧酸鉴别方法。
2. 学会验证羧酸和糖类主要化学性质。
3. 养成认真细致操作习惯和严谨求实的工作态度。

【实验原理】

1. **羧酸的酸性**　羧酸分子中含有羧基（—COOH），能电离出 H^+ 而表现出酸性，其酸性受烃基的结构和烃基上取代基的影响。

2. **甲酸的还原性**　甲酸分子中由于同时具有羧基和醛基，因此甲酸除了具有羧酸的性质，还具有醛的性质，如具有还原性，可与弱氧化剂（托伦试剂、斐林试剂等）反应；也能被高锰酸钾氧化。

3. **脱羧反应**　含有 2~3 个碳原子的二元羧酸受热易发生脱羧反应，生成少 1 个碳原子的一元羧酸，同时放出二氧化碳。

4. **酯化反应**　羧酸在浓硫酸作用下与醇脱水生成酯的反应称为酯化反应。生成的低级酯多数具有水果香味，如乙酸乙酯就具有苹果香味。

5. **糖的性质**　糖是多羟基醛、多羟基酮及其脱水缩合化合物。单糖和分子结构中有半缩醛（酮）羟基的二糖是还原糖，能与托伦试剂、斐林试剂和本尼迪克特试剂等反应。而蔗糖因其分子结构中不含有半缩醛（酮）羟基而没有还原性，属非还原性糖。但蔗糖在酸或酶作用下水解，得到葡萄糖和果糖，具有还原性。

【仪器与试剂】

1. **仪器** 试管、试管夹、药匙、带导管的橡胶塞、铁架台、酒精灯、烧杯、量筒、火柴、点滴板、玻璃棒、广泛 pH 试纸、白瓷点滴板、水浴锅。

2. **试剂** 0.1mol/L 甲酸、0.1mol/L 醋酸、0.1mol/L 乙二酸、10g/L NaOH、50g/L AgNO₃、10g/L 氨水、2mol/L 氨水、1mol/L 醋酸、水杨酸、甲醇、澄清石灰水、冰醋酸、浓硫酸、浓盐酸、无水碳酸钠、草酸固体、0.2mol/L 葡萄糖、0.2mol/L 果糖、0.2mol/L 蔗糖、0.2mol/L 麦芽糖、20g/L 淀粉、1mol/L Na₂CO₃、斐林试剂、本尼迪克特试剂。

【实验内容与操作】

1. 羧酸的性质

（1）**羧酸的酸性比较**：分别取 2 滴 0.1mol/L 甲酸、0.1mol/L 醋酸和 0.1mol/L 乙二酸溶液于点滴板的 3 个凹穴中，将 3 片 pH 试纸置于表面皿上，用干净玻璃棒分别蘸取上述 3 种溶液滴至 pH 试纸上，测定各溶液 pH，比较 3 种酸的酸性强弱并解释原因。填入表 16-14。

表 16-14　羧酸的酸性

试剂	甲酸	乙酸	乙二酸
pH			
酸性强弱顺序			
解释原因			

（2）**与碳酸盐反应**：取 1 支试管，加入少许无水碳酸钠，再滴加 1mol/L 醋酸约 2ml。观察并解释现象。填入表 16-15。

（3）**甲酸的还原性**：取 1 支洁净的试管，加入 5 滴 50g/L AgNO₃ 和 1 滴 10g/L NaOH 溶液，然后逐滴加入 10g/L 氨水至沉淀刚好溶解为止。再往试管里滴入 5 滴甲酸，摇匀，放入 50~60℃ 的水浴中加热数分钟，观察并解释现象。填入表 16-15。

（4）**脱羧反应**：在干燥的大试管中放入约 3g 草酸固体，用带导管的橡胶塞塞紧试管口，固定在铁架台上（图 16-6），将导管口插入盛有澄清石灰水的试管中，小心加热大试管，仔细观察石灰水的变化，记录并解释实验现象。填入表 16-15。

（5）**酯化反应**：在干燥的小锥形瓶中，溶解 0.5g 水杨酸于 5ml 甲醇中，再滴入 10 滴浓硫酸，振摇均匀，放入水浴中温热 5min，再将混合物倒入装有大约 10g 冰的烧杯中，充分振摇，注意观察产物外观和气味，并解释现象。填入表 16-15。

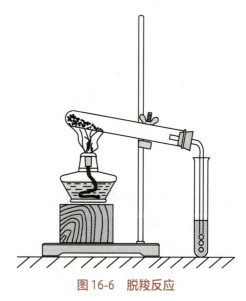

图 16-6　脱羧反应

表 16-15　羧酸的化学性质

试剂	现象	原因或化学方程式
醋酸与碳酸钠		
甲酸与托伦试剂		
草酸脱羧		
水杨酸与甲醇		

2. 糖的还原性

（1）**与托伦试剂的反应**：取 5 支洁净试管，编号，各加入 2ml 托伦试剂，再分别加入 0.2mol/L 葡萄糖、0.2mol/L 果糖、0.2mol/L 麦芽糖、0.2mol/L 蔗糖溶液和 20g/L 淀粉溶液各 5 滴，摇匀，放入 50~60℃水浴中加热 5~10min，观察有无银镜生成，观察并解释实验现象。填入表 16-16。

（2）**与斐林试剂的反应**：取斐林试剂（A）、斐林试剂（B）各 4ml，混合均匀，分装于 5 支洁净试管中，编号，放在水浴中温热。分别加入上述糖溶液各 5 滴，摇匀，水浴中加热 2~3min，观察并解释现象。填入表 16-16。

（3）**与本尼迪克特试剂的反应**：取 5 支洁净试管，编号，各加入本尼迪克特试剂 1ml，分别加入上述糖溶液各 5 滴，放入沸水浴中加热 2~3min，观察并解释现象。填入表 16-16。

表 16-16　糖的性质

试剂	葡萄糖	果糖	麦芽糖	蔗糖	淀粉
托伦试剂					
斐林试剂					
本尼迪克特试剂					

【注意事项】

1. 酯化反应中滴入浓硫酸时一定要慢，以 2min 内滴完 10 滴浓硫酸为好。

2. 脱羧反应完毕，应先移走装有石灰水的试管，后移酒精灯，以免石灰水倒吸入装有草酸的灼热试管，使试管炸裂。

3. 托伦试剂须现用现配。

【思考题】

1. 甲酸为什么能发生银镜反应？

2. 酯化反应时，加入浓硫酸的作用是什么？

3. 如何鉴别甲酸、乙酸、草酸？

4. 如何区分还原性糖和非还原性糖？

第五节　综合实验

实验一　醋酸解离常数的测定

【实验目的】

1. 掌握 pH 计法测定醋酸解离常数的原理和方法。

2. 通过测定醋酸的解离常数，加深对弱电解质解离常数的理解。

3. 学会 pH 计的使用。

4. 养成认真细致的操作习惯和合作共处的协作精神。

【实验原理】

醋酸是一元弱酸，在溶液中存在解离平衡，当 $\alpha<5\%$ 时，其解离常数 K_a 可用醋酸原始浓度 c 和平衡时 $[H^+]$ 来计算：

$$HAc \rightleftharpoons H^+ + Ac^-$$

$$K_a = \frac{[H^+][Ac^-]}{[HAc]} = \frac{[H^+]^2}{c-[H^+]} \approx \frac{[H^+]^2}{c}$$

测定已知浓度的醋酸溶液的 pH，计算 [H⁺]，继而求出 K_a 值。为了获得较为准确的实验结果，在一定温度下，可测定一系列不同浓度的 HAc 溶液的 pH，求得一系列的 K_a 值，取其平均值。

【仪器与试剂】

1. **仪器** pHS-3C 型酸度计、复合 pH 玻璃电极、50ml 容量瓶、移液管（25ml、10ml、5ml）、50ml 烧杯。

2. **试剂** 0.100 0mol/L HAc、pH＝4.00 和 pH＝6.66 标准缓冲溶液、蒸馏水。

【实验内容与操作】

1. **配制不同浓度的醋酸溶液** 用移液管分别量取 5.00ml、10.00ml、25.00ml 已标定过的 0.100 0mol/L 的 HAc 溶液于 3 个 50ml 容量瓶中，用蒸馏水稀释至刻度，摇匀，编号备用。

2. **测定醋酸溶液的 pH** 取 4 个干燥的 50ml 烧杯，分别取 25ml 上述 3 种浓度的 HAc 溶液及未经稀释的原始 HAc 溶液，按照浓度由小到大的顺序分别用酸度计测定 pH，测定数据记录于表 16-17 中，并计算 HAc 的 K_a 值。

表 16-17 K_a 测定实验数据及处理（温度：_____℃）

HAc 溶液编号	1	2	3	4
c(HAc)(mol/L)				
pH				
[H⁺](mol/L)				
K_a				
K_a 平均值				

【注意事项】

1. 配制不同浓度醋酸溶液时，接近容量瓶刻度时要改用胶头滴管滴加。

2. 使用 pH 计时，要注意保护电极。测定时，要先用缓冲溶液校准仪器；测定结束时，清洗电极，戴上装有保护液的电极帽。

3. 测定 HAc 溶液的 pH 时应按浓度由小到大的顺序。

4. pH 计每次测定时，电极必须先用蒸馏水清洗，再用待测 pH 的标准溶液润洗 1 次。

【问题讨论】

1. 对醋酸来说，溶液越稀，解离度越大，酸度也越大，这种说法对吗？为什么？

2. 改变醋酸的浓度或温度，K_a 值有无变化？为什么？

实验二 乙酰水杨酸的制备

【实验目的】

1. 掌握重结晶、抽滤等基本操作。

2. 熟悉酰化反应原理和乙酰水杨酸的制备方法。

3. 养成认真细致的操作习惯，树立严格的"量"的概念和质量意识。

【实验原理】

乙酰水杨酸是乙酸酐和水杨酸在一定条件下，经乙酰化反应，酚羟基上的氢原子被乙酰基取代而制得。反应方程式为：

为加速反应,通常加入少量浓硫酸作催化剂;反应温度应控制在75~80℃,温度过高,将增加副产物的生成。

粗产品不纯,除含有副产物外,还含有未反应的水杨酸等杂质。本实验采用醇水混合溶剂进行重结晶加以提纯。用$FeCl_3$溶液检查产品的纯度。

【仪器与试剂】

1. 仪器 150ml 的锥形瓶、水浴锅、温度计(150℃)、小烧杯、量筒、布氏漏斗、吸滤瓶、水泵或真空泵、滤纸、台称、表面皿、玻璃棒等。

2. 药品 水杨酸、乙酸酐、浓硫酸、95% 乙醇、0.06mol/L $FeCl_3$。

【实验内容与操作】

1. 乙酰水杨酸的制备

(1)**乙酰水杨酸的制备**:称取 3.0g 干燥水杨酸于干燥的锥形瓶中,再加 5ml 乙酸酐和 5 滴浓硫酸,充分摇动。水浴上缓慢加热,待水杨酸溶解后,保持瓶内温度在 70℃(或用 80℃左右的水浴),维持 10min,并不时振摇,取出锥形瓶,冷却至室温,晶体析出,加入 20ml 的蒸馏水,并用冷水冷却 10min,直至白色结晶完全析出。减压过滤(抽滤)上述溶液,锥形瓶用 5ml 蒸馏水冲洗 3 次,洗液倒入布氏漏斗,压紧结晶抽干,即得乙酰水杨酸的粗产品。

(2)**检验**:取少量粗产品,溶于几滴乙醇中,加 0.06mol/L $FeCl_3$ 溶液 1~2 滴,观察颜色变化。

2. 乙酸水杨酸的提纯(重结晶法)

(1)**纯化的乙酰水杨酸**:将粗制的乙酰水杨酸转入干净的 50ml 烧杯中,并用 10ml 乙醇将黏附在布氏漏斗及滤纸上的乙酰水杨酸都冲入烧杯。在水浴中温热,使其完全溶解。稍冷却后,加入 20ml 的蒸馏水,搅拌后放入冷水中冷却 10min,结晶完全析出后,再次抽滤,烧杯用 5ml 蒸馏水冲洗 2 次,洗液倒入漏斗中,压紧抽干。即得纯化的乙酰水杨酸。

(2)**检验**:取少量纯化产品,溶于几滴乙醇中,加 0.06mol/L $FeCl_3$ 溶液 1~2 滴,观察颜色变化,鉴别产品的纯度。若无颜色变化,表明产品纯度已达要求。反之,须再提纯。

3. 计算产率 将产品干燥后称重,计算产率。

【注意事项】

1. 水杨酸能形成分子内氢键,阻碍酚羟基的酰化反应。加入少量硫酸可破坏分子内氢键,使酰化反应顺利进行。

2. 加热升温过程要缓慢,反应温度不宜太高。防止水杨酸升华或受热分解,以及增加副产物的生成。

3. 粗产品中往往混入一些未反应的水杨酸,可与三氯化铁发生显色反应。

【问题讨论】

1. 制备乙酰水杨酸的仪器为什么必须干燥?

2. 制备乙酰水杨酸为何要加入少量浓硫酸?反应温度应控制在什么范围内?

3. 前后 2 次 $FeCl_3$ 溶液检测,目的是什么?

附录一　实验技能考核方案及评分标准

一、溶液的配制

（一）说明

1. 满分 100 分，完成时间 20min。

2. 要求独立完成，不得相互询问或讨论。

3. 考核成绩为操作过程评分、操作结果及分析评分和考核时间评分之和。

4. 全部操作过程时间和操作后处理时间计入时间限额。

（二）实验原理

用分析纯固体直接配制溶液

（1）**公式**：质量浓度为 $\rho_B = \dfrac{m_B}{V}$，单位为 g/L。

（2）**配制过程**：

计算 ⇒ 称量 ⇒ 溶解 ⇒ 定量转移 ⇒ 定容混匀 ⇒ 装瓶贴签

（三）实验用品

1. **仪器**　电子秤、表面皿、药匙、小烧杯、玻璃棒、滴管、试剂瓶、容量瓶（100ml）。

2. **试剂**　分析纯 NaCl、蒸馏水。

（四）考核项目

准确配制 100ml 生理盐水，供外伤患者处理伤口。

（五）操作步骤

1. **计算**　配制 100ml 生理盐水需要 NaCl 的质量。

2. **称量**　用电子秤准确称取所需 NaCl 的质量。

3. **溶解**　将称得的 NaCl 晶体放入小烧杯中，加 10~20ml 蒸馏水并用玻璃棒不断搅拌使其全部溶解。

4. **定量转移**　将烧杯中的溶液转移至 100ml 容量瓶中，然后用 10~20ml 蒸馏水冲洗烧杯 2~3 次，冲洗液一并转移至容量瓶中，旋摇容量瓶，使溶液初步混合均匀。

5. **定容混匀**　继续加蒸馏水至距离刻度线 1~2cm，改用胶头滴管滴加蒸馏水至凹液与刻度线相切为止。盖好瓶塞，一只手手指握住瓶底，另一只手示指压住瓶塞，将容量瓶倒转摇动数次，再直立。如此反复数次，使溶液混合均匀。

6. **装瓶贴签**　将配好的溶液倒入试剂瓶中，贴好标签。标签要求注明溶液的名称、浓度、配制时间。装瓶前先用欲装的溶液荡洗试剂瓶 2~3 次。

（六）数据记录与计算

生理盐水的浓度（g/L）：＿＿＿＿＿＿＿＿＿＿＿＿＿＿＿＿＿＿＿＿。

溶液的体积（ml）：_____。

NaCl 的质量（g）：_____。

（七）评分标准

序号	项目	考核内容	分值	扣分标准		扣分	得分
1	素质要求	着白大衣，帽、鞋整洁，符合职业要求	6	着装不整洁、不规范	2		
		仪表端庄、头发符合要求		情绪紧张、状态低沉、精神不饱满、姿态不端正、头发不符合要求	2		
		语言流畅清晰，态度和蔼可亲		语言不流畅、态度生硬	2		
2	操作前准备	选用仪器 检查玻璃仪器是否干净 选用公式 计算结果 准备时间不超过 2min	13	缺选或多选或台面凌乱	2		
				玻璃仪器不干净	2		
				生理盐水的浓度不知道	2		
				公式不正确	2		
				计算结果不正确	3		
				准备时间超过 2min	2		
3	称量	用千分之一的电子秤称取 NaCl 0.9g（精确到 0.001g）	15	开机不正确	2		
				电子秤各功能键选择不正确	3		
				除皮功能键使用不正确	3		
				加样方法不正确	3		
				有效数字记录不准确	2		
				实验结束没关闭显示屏、没清理用毛刷清理	2		
4	溶解	将称得的 NaCl 放入小烧杯中，加入 10~20ml 蒸馏水使其溶解	6	加入蒸馏水量过多	2		
				玻璃棒搅拌不正确，碰容器内壁	2		
				固体没全部溶解	2		
5	定量转移	将小烧杯中的溶液转移到容量瓶，且用 10~20ml 蒸馏水冲洗烧杯 2~3 次，一并转移到容量瓶中	22	容量瓶没检漏或检漏操作不正确	3		
				容量瓶没洗干净	2		
				没有按规定用蒸馏水荡洗	2		
				烧杯嘴没靠玻璃棒	2		
				玻璃棒下端没靠容器内壁	2		
				引流时溶液外溢	3		
				引流完烧杯嘴没有沿玻璃棒上提	2		
				没有用蒸馏水冲洗烧杯或冲洗烧杯的蒸馏水过多	3		
				冲洗烧杯的蒸馏水没转入容量瓶中	3		
6	定容混匀	加蒸馏水距离刻度线 1~2cm，改用胶头滴管加蒸馏水稀释至刻度线，摇匀	14	没有进行 2/3 预混匀	2		
				接近刻度线时没用胶头滴管	3		
				胶头滴管没有悬垂于容量瓶上、斜拿、倒拿	3		
				读数时视线没有和凹液面最低处相切	2		
				定容体积加多或加少了	2		
				没按容量瓶混匀要求翻转混匀或混匀操作错误	2		

序号	项目	考核内容	分值	扣分标准		扣分	得分
7	装瓶贴签	将配制好的溶液装入试剂瓶中,贴上标签,(注明溶液名称、浓度、日期)装瓶前先用欲装的溶液荡洗试剂瓶2~3次	12	配好的溶液没有倒入指定的试剂瓶中	2		
				试剂瓶塞取下没倒放在桌面上	2		
				没有用欲装的溶液荡洗试剂瓶	2		
				装瓶时溶液外洒	2		
				没贴标签	2		
				标签书写不正确	2		
8	整体质量	操作安全,规范,流畅,美观,完成质量好,仪器清洗干净、台面整洁	6	仪器没洗或台面没收拾	2		
				有损坏仪器	2		
				结果不正确	2		
9	数据与报告	原始记录完整、规范报告完整	6	没原始记录	2		
				记录不完整、不规范	2		
				报告不完整、不正确	2		
10	完成时间	规定时间到就终止操作		未完成项目不给相应分			
	合计		100	总扣分			
	操作时间			总得分			

二、溶液的稀释

(一)说明

1. 满分100分,完成时间20min。

2. 要求独立完成,不得相互询问或讨论。

3. 考核成绩为操作过程评分、操作结果及分析评分和考核时间评分之和。

4. 全部操作过程时间和操作后处理时间计入时间限额。

(二)实验原理

1. 稀释前后溶质的量不变,即:$C_1 \times V_1 = C_2 \times V_2$

2. 配制过程:

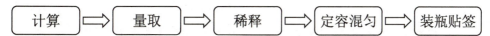

计算 ⇒ 量取 ⇒ 稀释 ⇒ 定容混匀 ⇒ 装瓶贴签

(三)实验用品

1. **仪器** 量筒(100ml)、烧杯、玻璃棒、胶头滴管、试剂瓶。

2. **试剂** 95%的医用酒精、蒸馏水。

(四)考核项目

用95%的医用酒精配制100ml 40%的擦浴酒精,供高热患者擦浴。

(五)操作步骤

1. **计算** 配制40%酒精溶液100ml需要95%的酒精溶液的体积。

2. **量取** 用量筒量取所需95%的酒精溶液的体积。

一只手拿量筒,另一手拿试剂瓶,标签朝手心。量筒略倾斜,使试剂瓶口靠紧量筒口,沿量筒内壁倾倒95%的酒精溶液使得缓慢流入,注意观察量筒内壁溶液体积,将要到达所需体积时停止倾倒。试剂瓶口最后一滴要靠到量筒内。把量筒放平,等待1~2min使量筒壁上的液体回流,再改用胶头滴管滴加到溶液的凹液面最低处与刻度线相平。

3. **稀释** 向量筒中加蒸馏水稀释到距离刻度线1~2cm处停止。

4. 定容混匀　改用胶头滴管滴加蒸馏水至凹液最低处与刻度线相平。并用玻璃棒搅拌均匀。

5. 装瓶贴签　将配好的溶液倒入试剂瓶中，贴好标签。标签要求注明溶液的名称、浓度、配制时间。装瓶前先用欲装的溶液荡洗试剂瓶 2~3 次。

（六）数据记录与计算

所配酒精浓度（%）：＿＿＿＿＿＿＿＿＿＿＿＿＿＿＿＿。

计算公式：＿＿＿＿＿＿＿＿＿＿＿＿＿＿＿＿＿＿。

量取 95% 酒精的体积（ml）：＿＿＿＿＿＿＿＿＿＿。

（七）评分标准

序号	项目	考核内容	分值	扣分标准		扣分	得分
1	素质要求	着白大衣，帽、鞋整洁，符合职业	6	着装不整洁、不规范	2		
		仪表端庄、头发符合要求		情绪紧张、状态低沉、精神不饱满、状态不端正、头发不符合要求	2		
		语言流畅清晰，态度和蔼可亲		语言不流畅、态度生硬	2		
2	操作前准备	选用仪器 检查玻璃仪器是否干净 选用公式 计算结果 准备时间不超过 2min	14	缺选或多选台面凌乱	3		
				玻璃仪器不干净	3		
				公式不正确	3		
				计算结果不正确	3		
				准备时间超过 2min	2		
3	量取	用量筒量取 95% 的乙醇溶液所需的体积	30	试剂瓶塞取下没倒放桌面	3		
				手拿试剂瓶标签没向手心	3		
				量筒没倾斜	3		
				试剂瓶口没紧靠量筒	3		
				没有沿量筒内壁倒入溶液	3		
				加液太快超过所需体积	3		
				没管最后 1 滴溶液	3		
				没有静置 1~2min 使量筒内壁的液体回流	3		
				没用胶头滴管滴加	3		
				酒精加少	3		
4	稀释	向量筒中加蒸馏水稀释到距离刻度线 1~2cm 处	6	注入蒸馏水速度太快，超过刻度	3		
				观察量筒刻度时俯视或仰视	3		
5	定容混匀	改用胶头滴管滴加蒸馏水至凹液与所需刻度线相切为止。并用玻璃棒搅拌均匀	16	没用胶头滴管加蒸馏水	3		
				胶头滴管倾斜拿或倒拿	3		
				观察视线没有与刻度、溶液的凹液面最低处相平	4		
				定容时蒸馏水加少了	3		
				没有用玻璃棒搅拌混匀	3		
6	装瓶贴签	将配制好的溶液装入试剂瓶中，贴上标签，（注明溶液名称、浓度、日期），待用 装瓶前先用欲装的溶液荡洗试剂瓶 2~3 次	15	没有将配好的溶液倒入指定试剂瓶中	3		
				试剂瓶塞取下没倒放在桌面上	2		
				没有用欲装的溶液荡洗试剂瓶	2		
				装瓶时溶液外洒	3		
				没贴标签	2		
				标签书写不正确	3		

序号	项目	考核内容	分值	扣分标准		扣分	得分
7	整体质量	操作安全，规范，流畅，美观，完成质量好，仪器清洗干净、台面整洁	7	实验结束后仪器没洗	2		
				台面没收拾	2		
				损伤仪器	3		
8	数据与报告	原始记录完整、规范报告完整、正确	6	无原始记录	2		
				记录不完整、不规范	2		
				报告不完整、不正确	2		
9	完成时间	规定时间到就终止操作		未完成项目不给相应分			
	合计		100	总扣分			
	操作时间			总得分			

附录二　弱电解质在水溶液中的解离常数（298K）

名称	分子式	电离常数 K	pK	名称	分子式	电离常数 K	pK
砷酸	H_3AsO_4	$K_1 = 5.8 \times 10^{-3}$	2.24	硫酸	H_2SO_4	$K_2 = 1.02 \times 10^{-2}$	1.91
		$K_2 = 1.1 \times 10^{-7}$	6.96	亚硫酸	H_2SO_3	$K_1 = 1.23 \times 10^{-2}$	1.91
		$K_3 = 3.2 \times 10^{-12}$	11.50			$K_2 = 6.6 \times 10^{-8}$	7.18
亚砷酸	H_3AsO_3	6.0×10^{-10}	9.23	草酸	$H_2C_2O_4$	$K_1 = 5.9 \times 10^{-2}$	1.23
醋酸	CH_3COOH	1.76×10^{-5}	4.75			$K_2 = 6.4 \times 10^{-5}$	4.19
甲酸	$HCOOH$	1.8×10^{-4}	3.75	酒石酸	$H_2C_4H_4O_6$	$K_1 = 9.2 \times 10^{-4}$	3.036
碳酸	H_2CO_3	$K_1 = 4.3 \times 10^{-7}$	6.37			$K_2 = 4.31 \times 10^{-5}$	4.366
		$K_2 = 5.61 \times 10^{-11}$	10.25	柠檬酸	$H_3C_6H_5O_7$	$K_1 = 7.44 \times 10^{-4}$	3.13
铬酸	H_2CrO_4	$K_1 = 1.8 \times 10^{-1}$	0.74			$K_2 = 1.73 \times 10^{-5}$	4.76
		$K_2 = 3.20 \times 10^{-7}$	6.49			$K_3 = 4.0 \times 10^{-7}$	6.40
氢氟酸	HF	3.53×10^{-4}	3.45	苯甲酸	C_6H_5COOH	6.46×10^{-5}	4.19
氢氰酸	HCN	4.93×10^{-10}	9.31	苯酚	C_6H_5OH	1.1×10^{-10}	9.95
氢硫酸	H_2S	$K_1 = 9.5 \times 10^{-8}$	7.02	氨水	$NH_3 \cdot H_2O$	1.75×10^{-5}	4.75
		$K_2 = 1.3 \times 10^{-14}$	13.9	氢氧化钙	$Ca(OH)_2$	$K_1 = 3.74 \times 10^{-3}$	2.43
过氧化氢	H_2O_2	2.4×10^{-12}	11.62			$K_2 = 4.0 \times 10^{-2}$	1.40
次溴酸	$HBrO$	2.06×10^{-9}	8.69	氢氧化铅	$Pb(OH)_2$	9.6×10^{-4}	3.02
次氯酸	$HClO$	3.0×10^{-8}	7.53	氢氧化银	$AgOH$	1.1×10^{-4}	3.96
次碘酸	HIO	2.3×10^{-11}	10.64	氢氧化锌	$Zn(OH)_2$	9.6×10^{-4}	3.02
碘酸	HIO_3	1.69×10^{-1}	0.77	羟胺	NH_2OH	9.1×10^{-9}	8.04
高碘酸	HIO_4	2.3×10^{-2}	1.64	苯胺	$C_6H_5NH_2$	4.6×10^{-10}	9.34
亚硝酸	HNO_2	7.1×10^{-4}	3.16	乙二胺	$H_2NCH_2CH_2NH_2$	$K_1 = 8.5 \times 10^{-5}$	4.07
磷酸	H_3PO_4	$K_1 = 7.52 \times 10^{-3}$	2.12			$K_2 = 7.1 \times 10^{-8}$	7.15
		$K_2 = 6.23 \times 10^{-8}$	7.21				
		$K_3 = 2.2 \times 10^{-13}$	12.66				

附录三　常见配离子的稳定常数($K_{稳}$)

配离子	$K_{稳}$	$\lg K_{稳}$	配离子	$K_{稳}$	$\lg K_{稳}$
$[Ag(CN)_2]^-$	1.3×10^{21}	21.11	$[Fe(CN)_6]^{4-}$	1.0×10^{35}	35
$[Ag(NH_3)_2]^+$	1.1×10^7	7.04	$[Fe(CN)_6]^{3-}$	1.0×10^{42}	42
$[Ag(SCN)_2]^-$	3.7×10^7	7.57	$[Fe(C_2O_2)_3]^{3-}$	2.0×10^{20}	20.30
$[Ag(S_2O_3)_2]^{3-}$	2.9×10^{13}	13.46	$[Fe(NCS)_2]^+$	2.3×10^3	3.36
$[Al(C_2O_4)_3]^{3-}$	2.0×10^{16}	16.3	FeF_3	1.13×10^{12}	12.05
$[AlF_6]^{3-}$	6.9×10^{19}	19.83	$[HgCl_4]^{2-}$	1.2×10^{15}	15.08
$[Cd(CN)_4]^{2-}$	6.0×10^{18}	18.78	$[Hg(CN)_4]^{2-}$	2.5×10^{41}	41.40
$[CdCl_4]^{2-}$	6.3×10^2	2.8	$[HgI_4]^{2-}$	6.8×10^{29}	29.83
$[Cd(NH_3)_4]^{2+}$	1.3×10^7	7.11	$[Hg(NH_3)_4]^{2+}$	1.9×10^{19}	19.28
$[Cd(SCN)_4]^{2-}$	4.0×10^3	3.60	$[Ni(CN)_4]^{2-}$	2.0×10^{31}	31.30
$[Co(NH_3)_6]^{2+}$	1.3×10^5	5.11	$[Ni(NH_3)_6]^{2+}$	5.5×10^8	8.74
$[Co(NH_3)_6]^{3+}$	2.0×10^{35}	35.30	$[Pb(CH_3COO)_4]^{2-}$	3.0×10^8	8.48
$[Co(NCS)_4]^{2-}$	1.0×10^3	3	$[Pb(CN)_4]^{2-}$	1.0×10^{11}	11
$[Cu(CN)_2]^-$	1.0×10^{24}	24	$[Zn(CN)_4]^{2-}$	5.0×10^{16}	17.70
$[Cu(CN)_4]^{3-}$	2.0×10^{30}	30.30	$[Zn(C_2O_4)_2]^{2-}$	4.0×10^7	7.60
$[Cu(NH_3)_2]^+$	7.2×10^{10}	10.86	$[Zn(OH)_4]^{2-}$	4.6×10^{17}	17.66
$[Cu(NH_3)_4]^{2+}$	2.1×10^{13}	13.32	$[Zn(NH_3)_4]^{2+}$	2.9×10^9	9.46
$FeCl_2$	98	1.99			

附录四　常用试剂的配制

1. 酸碱试剂溶液的配制

试剂名称	浓度/($mol \cdot L^{-1}$)	配制方法
浓盐酸(HCl)	12	
稀盐酸(HCl)	6	浓盐酸500ml,加水稀释到1 000ml
稀盐酸(HCl)	3	浓盐酸250ml,加水稀释到1 000ml
稀盐酸(HCl)	2	浓盐酸167ml,加水稀释到1 000ml
浓硝酸(HNO_3)	16	
稀硝酸(HNO_3)	6	浓硝酸375ml,加水稀释到1 000ml
稀硝酸(HNO_3)	2	浓硝酸127ml,加水稀释到1 000ml
浓硫酸(H_2SO_4)	18	
稀硫酸(H_2SO_4)	3	浓硫酸167ml,慢慢倒入800ml水中,并不断搅拌,最后加水稀释到1 000ml
稀硫酸(H_2SO_4)	1	浓硫酸53ml,慢慢倒入800ml水中,并不断搅拌,最后加水稀释到1 000ml
冰醋酸(CH_3COOH)	17	
稀醋酸(CH_3COOH)	6	冰醋酸353ml,加水稀释到1 000ml
稀醋酸(CH_3COOH)	2	冰醋酸118ml,加水稀释到1 000ml
浓氨水($NH_3 \cdot H_2O$)	15	
稀氨水($NH_3 \cdot H_2O$)	6	浓氨水400ml,加水稀释到1 000ml
稀氨水($NH_3 \cdot H_2O$)	2	浓氨水133ml,加水稀释到1 000ml
稀氨水($NH_3 \cdot H_2O$)	1	浓氨水67ml,加水稀释到1 000ml

试剂名称	浓度 /(mol·L⁻¹)	配制方法
氢氧化钠(NaOH)	6	氢氧化钠 250g,溶于水后,加水稀释到 1 000ml
氢氧化钠(NaOH)	2	氢氧化钠 80g,溶于水后,加水稀释到 1 000ml
氢氧化钠(NaOH)	1	氢氧化钠 40g,溶于水后,加水稀释到 1 000ml
氢氧化钾(KOH)	2	氢氧化钾 112g,溶于水后,加水稀释到 1 000ml

2. 常用缓冲溶液的配制

试剂名称	配制方法
CH_3COOH–CH_3COONa 缓冲溶液(pH = 4.75)	取醋酸钠 82g,加水 200ml 溶解后,加冰醋酸 59ml,再加水稀释到 1 000ml
CH_3COOH–CH_3COONH_4 缓冲溶液(pH = 4.5)	取醋酸铵 7.7g,加水 20ml 溶解后,加冰醋酸 6ml,再加水稀释到 1 00ml
$NH_3·H_2O$–NH_4Cl 缓冲溶液(pH = 10)	取氯化铵 5.4g,加水 200ml 溶解后,加浓氨水 35ml,再加水稀释到 100ml

3. 指示剂的配制

试剂名称	配制方法
甲基橙	取甲基橙 0.1g,加水 100ml 溶解后,过滤
酚酞	取酚酞 1g,加 95% 的乙醇溶液 100ml 溶解
淀粉	取淀粉 0.5g,加水 5ml 搅匀后,缓缓加入 100ml 沸水中,边加边搅拌
碘化钾淀粉	取碘化钾 0.5g,加新制的淀粉指示液 100ml,使其溶解。本液配制 24h 后,即不能再使用
铬黑 T 的配制	方法 1:取铬黑 T 与干燥 NaCl 按 1:100 的比例混合研细,放入干燥器内,用时取少许 方法 2:称取铬黑 T 0.1g,溶于 15ml 三乙醇胺中,待完全溶解后,加入 5ml 无水乙醇

4. 几种特殊试剂的配制

试剂名称	配制方法
托伦试剂	量取 20ml 5% 的硝酸银溶液,放在 50ml 的锥形瓶中,滴加 2% 的氨水,振摇,直至沉淀刚好溶解,现用现配
斐林试剂	斐林(A):溶解 3.5g 硫酸铜晶体于 100ml 水中,如混浊,可过滤 斐林(B):溶解酒石酸钾钠 17g 于 20ml 热水中,加入 20ml 20%NaOH 溶液稀释到 100ml
希夫试剂	称取 0.2g 品红盐盐酸,溶于 100ml 热水中,冷却后,加入 2g 亚硫酸氢钠和 2ml 浓盐酸,加蒸馏水稀释到 200ml,待红色褪去即可使用。若呈浅红色,可加入少量活性炭振摇并过滤,贮存于棕色瓶子中
本尼迪克特试剂	称取柠檬酸钠 20g,无水碳酸钠 11.5g,溶于 100ml 热水中,放冷。慢慢加入含有 2g 硫酸铜的 20ml 溶液,不断搅拌。得到的应是澄清溶液,否则需过滤
卢卡斯试剂	将 68g 熔融过的无水氯化锌溶解在 45ml 浓盐酸中(ρ = 1.18),搅拌混合
碘试剂	将 1g 碘化钾溶于 10ml 蒸馏水中,加入 0.5g 碘,加热溶解至红色澄清溶液
2,4- 二硝基苯肼	称取 2g 2,4- 二硝基苯肼,溶于 15ml 浓硫酸,将此溶液慢慢加入 70ml 乙醇(95%)中,再加蒸馏水稀释到 100ml,搅拌均匀,必要时过滤
莫立许试剂	将 2g α- 萘酚溶于 20ml 体积分数为 0.95 乙醇溶液中,再用同样浓度的乙醇稀释至 100ml,贮存于棕色瓶中。临用前配制
塞利凡诺夫试剂	称取间苯二酚 0.05g 溶于 50ml 浓盐酸,用水稀释到 100ml
氯化亚铜氨溶液	取氯化亚铜 1g,加入 1~2ml 浓氨水和 10ml 水,用力振摇,静置片刻,倾出溶液,并投入 1 块铜片(或 1 根铜丝),贮存备用。因亚铜易被空气中的氧氧化显蓝色,可在温热下滴加 20% 的盐酸羟胺溶液,使蓝色褪去,再用于实验

附录五　常用化合物的相对分子质量

化合物	相对分子质量	化合物	相对分子质量
$AgBr$	187.77	KI	166.00
$AgCl$	143.32	KIO_3	214.00
AgI	234.77	$KHC_4H_4O_6$（酒石酸氢钾）	188.18
$AgNO_3$	169.87	$KHC_8H_4O_4$（邻苯二甲酸氢钾）	204.44
Al_2O_3	101.96	$KMnO_4$	158.03
As_2O_3	197.84	$KAl(SO_4)_2 \cdot 12H_2O$	474.38
$BaCl_2 \cdot H_2O$	244.27	KBr	119.00
BaO	153.33	$KBrO_3$	167.00
$Ba(OH)_2 \cdot 8H_2O$	315.47	KCl	74.55
$BaSO_4$	233.39	$KClO_4$	138.55
$CaCO_3$	100.09	$KSCN$	97.18
CaO	56.08	$MgCO_3$	84.31
$Ca(OH)_2$	74.09	$MgCl_2$	95.21
CO_2	44.01	$MgSO_4 \cdot 7H_2O$	246.47
CuO	79.55	MgO	40.30
Cu_2O	143.09	$Mg(OH)_2$	58.32
$CuSO_4 \cdot 5H_2O$	249.68	$NaBr$	102.89
FeO	71.85	$NaCl$	58.44
Fe_2O_3	159.69	$NaHCO_3$	84.01
$FeSO_4 \cdot 7H_2O$	278.01	NH_3	17.03
$FeSO \cdot (NH_4)_2SO_4 \cdot 7H_2O$	392.13	$NaCO_3$	105.99
H_3BO_3	61.83	$Na_2C_2O_4$	134.00
HCl	36.46	$NaC_7H_5O_2$（苯甲酸钠）	144.41
$HClO_4$	100.47	$Na_3C_6H_5O_7 \cdot 2H_2O$（枸橼酸钠）	294.12
HNO_3	63.02	Na_2O	61.98
$HC_2H_3O_2$（醋酸）	60.05	$NaOH$	40.00
$H_2C_2O_4 \cdot 2H_2O$（草酸）	126.07	$Na_2S_2O_3$	158.10
H_2O	18.02	$Na_2S_2O_3 \cdot 5H_2O$	248.17
H_2O_2	34.01	P_2O_5	141.94
H_3PO_4	98.00	PbO_2	239.20
H_2SO_4	98.07	$PbSO_4$	303.26
I_2	253.81	$PbCrO_4$	323.19
K_2CO_3	138.21	SO_2	64.06
K_2CrO_4	194.19	SO_3	80.06
$K_2Cr_2O_7$	294.18	SiO_2	60.08
KH_2PO_4	136.09	ZnO	81.38

［1］ 孙彦坪. 化学基础［M］. 北京：人民卫生出版社，2019.

［2］ 杨怀霞. 医用化学［M］. 2版. 北京：人民卫生出版社，2021.

［3］ 李维斌，陈哲洪. 分析化学［M］. 3版. 北京：人民卫生出版社，2020.

［4］ 牛秀明，林珍. 无机化学［M］. 3版. 北京：人民卫生出版社，2020.

［5］ 傅春华，黄月君. 基础化学［M］. 3版. 北京：人民卫生出版社，2020.

［6］ 刘斌，卫月琴. 有机化学［M］. 北京：人民卫生出版社，2020.

［7］ 段卫东，庞满坤. 化学及护理应用［M］. 北京：人民卫生出版社，2016.

［8］ 孙彦坪. 有机化学［M］. 3版. 北京：人民卫生出版社，2016.

［9］ 陈常兴，秦子平. 医用化学［M］. 8版. 北京：人民卫生出版社，2018.

［10］ 陆涛. 有机化学［M］. 8版. 北京：人民卫生出版社，2019.

［11］ 曹晓群，张威. 有机化学［M］. 北京：人民卫生出版社，2015.

［12］ 何旭辉，吕士杰. 生物化学［M］. 7版. 北京：人民卫生出版社，2014.

［13］ 刘斌，刘景晖，许颂安. 化学［M］. 2版. 北京：高等教育出版社，2014.

［14］ 马丽英. 基础化学［M］. 北京：科学出版社，2015.

［15］ 项岚，段广河. 医用化学［M］. 北京：中国医药科技出版社，2013.

［16］ 陈哲洪，于辉. 医用化学［M］. 北京：科学出版社，2016.

10

元素周期表

图例说明：

- 原子序数 — 92 **U**
- 元素名称 注*的是人造元素 — 铀
- 外围电子排布 括号指可能的电子层排布 — $5f^36d^17s^2$
- 元素符号,红色指放射性元素
- 相对原子质量（加括号的数据为该放射性元素半衰期最长同位素的质量数）— 238.0

颜色/框说明：非金属（绿色）、金属、过渡元素（红框）

注：相对原子质量录自2001年国际原子量表，并全部取4位有效数字。

主表（按周期与族）

周期	I A (1)	II A (2)	III B (3)	IV B (4)	V B (5)	VI B (6)	VII B (7)	VIII (8)	VIII (9)	VIII (10)	I B (11)	II B (12)	III A (13)	IV A (14)	V A (15)	VI A (16)	VII A (17)	0 (18)
1	1 H 氢 $1s^1$ 1.008																	2 He 氦 $1s^2$ 4.003
2	3 Li 锂 $2s^1$ 6.941	4 Be 铍 $2s^2$ 9.012											5 B 硼 $2s^22p^1$ 10.81	6 C 碳 $2s^22p^2$ 12.01	7 N 氮 $2s^22p^3$ 14.01	8 O 氧 $2s^22p^4$ 16.00	9 F 氟 $2s^22p^5$ 19.00	10 Ne 氖 $2s^22p^6$ 20.18
3	11 Na 钠 $3s^1$ 22.99	12 Mg 镁 $3s^2$ 24.31											13 Al 铝 $3s^23p^1$ 26.98	14 Si 硅 $3s^23p^2$ 28.09	15 P 磷 $3s^23p^3$ 30.97	16 S 硫 $3s^23p^4$ 32.06	17 Cl 氯 $3s^23p^5$ 35.45	18 Ar 氩 $3s^23p^6$ 39.95
4	19 K 钾 $4s^1$ 39.10	20 Ca 钙 $4s^2$ 40.08	21 Sc 钪 $3d^14s^2$ 44.96	22 Ti 钛 $3d^24s^2$ 47.87	23 V 钒 $3d^34s^2$ 50.94	24 Cr 铬 $3d^54s^1$ 52.00	25 Mn 锰 $3d^54s^2$ 54.94	26 Fe 铁 $3d^64s^2$ 55.85	27 Co 钴 $3d^74s^2$ 58.93	28 Ni 镍 $3d^84s^2$ 58.69	29 Cu 铜 $3d^{10}4s^1$ 63.55	30 Zn 锌 $3d^{10}4s^2$ 65.41	31 Ga 镓 $4s^24p^1$ 69.72	32 Ge 锗 $4s^24p^2$ 72.64	33 As 砷 $4s^24p^3$ 74.92	34 Se 硒 $4s^24p^4$ 78.96	35 Br 溴 $4s^24p^5$ 79.90	36 Kr 氪 $4s^24p^6$ 83.80
5	37 Rb 铷 $5s^1$ 85.47	38 Sr 锶 $5s^2$ 87.62	39 Y 钇 $4d^15s^2$ 88.91	40 Zr 锆 $4d^25s^2$ 91.22	41 Nb 铌 $4d^45s^1$ 92.91	42 Mo 钼 $4d^55s^1$ 95.94	43 Tc 锝* $4d^55s^2$ [98]	44 Ru 钌 $4d^75s^1$ 101.1	45 Rh 铑 $4d^85s^1$ 102.9	46 Pd 钯 $4d^{10}$ 106.4	47 Ag 银 $4d^{10}5s^1$ 107.9	48 Cd 镉 $4d^{10}5s^2$ 112.4	49 In 铟 $5s^25p^1$ 114.8	50 Sn 锡 $5s^25p^2$ 118.7	51 Sb 锑 $5s^25p^3$ 121.8	52 Te 碲 $5s^25p^4$ 127.6	53 I 碘 $5s^25p^5$ 126.9	54 Xe 氙 $5s^25p^6$ 131.3
6	55 Cs 铯 $6s^1$ 132.9	56 Ba 钡 $6s^2$ 137.3	57~71 La~Lu 镧系	72 Hf 铪 $5d^26s^2$ 178.5	73 Ta 钽 $5d^36s^2$ 180.9	74 W 钨 $5d^46s^2$ 183.8	75 Re 铼 $5d^56s^2$ 186.2	76 Os 锇 $5d^66s^2$ 190.2	77 Ir 铱 $5d^76s^2$ 192.2	78 Pt 铂 $5d^96s^1$ 195.1	79 Au 金 $5d^{10}6s^1$ 197.0	80 Hg 汞 $5d^{10}6s^2$ 200.6	81 Tl 铊 $6s^26p^1$ 204.4	82 Pb 铅 $6s^26p^2$ 207.2	83 Bi 铋 $6s^26p^3$ 209.0	84 Po 钋 $6s^26p^4$ [209]	85 At 砹 $6s^26p^5$ [210]	86 Rn 氡 $6s^26p^6$ [222]
7	87 Fr 钫 $7s^1$ [223]	88 Ra 镭 $7s^2$ [226]	89~103 Ac~Lr 锕系	104 Rf 鑪* $(6d^27s^2)$ [261]	105 Db 𬭊* $(6d^37s^2)$ [262]	106 Sg 𬭳* [266]	107 Bh 𬭛* [264]	108 Hs 𬭶* [277]	109 Mt 鿏* [268]	110 Uun 鐽* [281]	111 Uuu * [272]	112 Uub * [285]						

镧系

57 La 镧 $5d^16s^2$ 138.9	58 Ce 铈 $4f^15d^16s^2$ 140.1	59 Pr 镨 $4f^36s^2$ 140.9	60 Nd 钕 $4f^46s^2$ 144.2	61 Pm 钷* $4f^56s^2$ [145]	62 Sm 钐 $4f^66s^2$ 150.4	63 Eu 铕 $4f^76s^2$ 152.0	64 Gd 钆 $4f^75d^16s^2$ 157.3	65 Tb 铽 $4f^96s^2$ 158.9	66 Dy 镝 $4f^{10}6s^2$ 162.5	67 Ho 钬 $4f^{11}6s^2$ 164.9	68 Er 铒 $4f^{12}6s^2$ 167.3	69 Tm 铥 $4f^{13}6s^2$ 168.9	70 Yb 镱 $4f^{14}6s^2$ 173.0	71 Lu 镥 $4f^{14}5d^16s^2$ 175.0

锕系

89 Ac 锕 $6d^17s^2$ [227]	90 Th 钍 $6d^27s^2$ 232.0	91 Pa 镤 $5f^26d^17s^2$ 231.0	92 U 铀 $5f^36d^17s^2$ 238.0	93 Np 镎 $5f^46d^17s^2$ 237	94 Pu 钚 $5f^67s^2$ 244	95 Am 镅* $5f^77s^2$ [243]	96 Cm 锔* $5f^76d^17s^2$ [247]	97 Bk 锫* $5f^97s^2$ [247]	98 Cf 锎* $5f^{10}7s^2$ [251]	99 Es 锿* $5f^{11}7s^2$ [252]	100 Fm 镄* $5f^{12}7s^2$ [257]	101 Md 钔* $5f^{13}7s^2$ [258]	102 No 锘* $(5f^{14}7s^2)$ [259]	103 Lr 铹* $(5f^{14}6d^17s^2)$ [262]

电子层与 0 族电子数

周期	电子层	0族电子数
1	K	2
2	L, K	8, 2
3	M, L, K	8, 8, 2
4	N, M, L, K	8, 18, 8, 2
5	O, N, M, L, K	8, 18, 18, 8, 2
6	P, O, N, M, L, K	8, 18, 32, 18, 8, 2